HEILIGER ZORN

Der Streit in der Kirche

Herausgegeben von
Thomas Chorherr

Ueberreuter

CIP-Titelaufnahme der Deutschen Bibliothek

Heiliger Zorn: Der Streit in der Kirche /
hrsg. von Thomas Chorherr. – Wien : Ueberreuter,
1989
(Ueberreuter Sachbuch)
ISBN 3-8000-3321-6
NE: Chorherr, Thomas [Hrsg.]

AU 117/1

Umschlag von Brigitte Schwaiger

Gesamtherstellung: Carl Ueberreuter Druckerei Ges. m. b. H.,
Korneuburg
Printed in Austria

Inhalt

Vorwort

Zorn ist Sünde. Gilt dies auch für heiligen Zorn? Selbst Jesus konnte grimmig sein, erzählt das Evangelium. Nicht nur, als er die Händler aus dem Tempel prügelte. Wer sich ereifert, muß noch kein Eiferer sein. Sich engagieren zu können, wird einem gemeinhin als Positivum angerechnet. In einer Zeit, da es – vielleicht auch aus Mangel an Zivilcourage – mehr Meinungsübernehmer als Meinungsbildner gibt, tut es gut, feststellen zu können, daß nicht jede Frontstellung vom Haß arrangiert wurde. Zornige Diskussion bleibt eben doch Diskussion. Und Streit schließt Versöhnung nicht aus. Nicht jede Bruchlinie läßt ein Erdbeben erwarten. Wenn sich Risse zeigen, können sie überbrückt werden. Bisweilen auch geschlossen.

Dieses Buch handelt vom Streit in der Kirche. Er ist ebenso aktuell, wie er ungewöhnlich ist. Er brach aus – ja, wann eigentlich? Als es vor Jahrzehnten in der holländischen Kirche zu gären begann? Als Papst Paul VI. seine Pillenenzyklika veröffentlichte? Als – nicht nur in Österreich – die ersten umstrittenen Bischofsernennungen bekannt wurden?

Oder hat er nicht schon viel früher begonnen, dieser Streit? Etwa damals, als der Begriff Demokratisierung auch zum Marsch durch die Institution Kirche animierte? Oder als Johannes XXIII. das »Aggiornamento« forderte, die Modernisierung der Kirche, die »Heranführung an den Tag« und dessen Ansprüche? Dieser »Übergangspapst«, der indessen zu einer der größten kirchenhistorischen Persönlichkeiten des zwanzigsten Jahrhunderts geworden ist, hatte, wie damals viele sagten, »die Fenster geöffnet«, er hatte »frischen Wind hereingelassen«. Der Wind blies viel Staub auf und brachte viel durcheinander. Wer die Fenster aufreißt, darf sich nicht wundern, wenn auch der Zeitgeist hereinweht.

Dieser Zeitgeist bringt es mit sich, daß »Law and Order«, Gesetz und Ordnung, zu Reizwörtern wurden. »Macht kaputt, was euch kaputt macht«, lautete ein Kampfruf der 68er-Generation. Er scheint heute auch Teile des Kirchenvolks anzutreiben. Aber der vermeintlich heilige Zorn hat, wie man glauben könnte, auch Menschen erfaßt, die ein Gotteshaus bestenfalls als Kunstdenkmal akzeptieren. Im Streit um die Kirche reden Diskutanten mit, die »No future« ebenso verkünden wie die Feststellung, daß Gott tot sei. Die Kombattanten sind ein bunter Haufen. Im Zeichen des Mitredens engagierten sich heute Menschen, die vor zwanzig Jahren nicht den Namen eines einzigen Weihbischofs nennen konnten. Der Zeitgeist verlangt Mitbestimmung. Der heilige – manchmal freilich auch durchaus unheilige – Zorn konzentriert sich auf jene Punkte, die zu neuralgischen in der Kirche geworden – oder gemacht worden? – sind.
Es sind zumeist solche, die das unmittelbare Umfeld des Menschen – und vielleicht auch seine seelische Bequemlichkeit – betreffen. Nicht alle sind immer Schmerzpunkte gewesen. Aber etliche sind chronische. Andere wieder sind durch eine langsame Klimaveränderung akut geworden. Wer das Klima nicht verträgt, nimmt eine Ortsveränderung vor. Die Zahl der Kirchenaustritte ist besorgniserregend gestiegen.
Man neigt dazu, die erwähnte Klimaveränderung auf zunehmenden Zentralismus, auf Verstärkung der Autorität, wohl auch auf ein Umsichgreifen von dem zurückzuführen, was mit dem Modewort Fundamentalismus bezeichnet wird. Ist die Kirche rigoroser geworden? »Rigor« heißt Starre. Aber rigoros sind ja doch alle, die im Streit in der Kirche befangen sind – befangen übrigens in jeder Bedeutung des Wortes.
Und befangen sind auch die Medien. Sie tragen den Streit nicht aus, aber sie tragen ihn. Die Kirche bietet Stoff. Und weil nur schlechte Nachrichten gute Nachrichten sind, soll heißen: Weil das Negative immer spektakulärer ist als das Positive, hat die Berichterstattung über kirchliche Probleme, die zumeist innerkirchliche sind, enorm zugenommen. Der Kommunikationsfluß spielt sich mehr horizontal als vertikal ab.
Deshalb ist die Kirche ins Gespräch geraten. Das muß nichts Schlechtes sein. Wir sind heute gewohnt – und werden schon in der Schule

dazu angehalten –, zu »hinterfragen«. Das ausgehende zwanzigste Jahrhundert ist eine Zeit der Denkmalstürmer. Zu den verbalen Anachronismen gehört auch der Begriff Ehrerbietung: Seit vielen Jahren müssen die Priester, und sie tun es gerne, auf die Anrede »Hochwürden« verzichten.

Es ist auch nichts und niemand mehr von Kritik ausgenommen. Kritik ist dann konstruktiv, wenn daraus gelernt werden kann. Sie ist destruktiv, wenn sie zerstören möchte. Macht kaputt, was euch kaputt macht: Das setzt bösen Willen auf beiden Seiten voraus. Er soll in diesem Buch von vornherein ausgeschlossen bleiben.

Aber dieses Buch will dennoch Schmerzpunkte berühren und vielleicht dadurch Schmerz bereiten. »Wo tut es weh?« fragt der Arzt, bevor er auch nur daran denken kann, eine Diagnose zu stellen. Wo es weh tut, ist auf den folgenden Seiten aufgelistet. Die Aufzählung ist demonstrativ, nicht taxativ. Sie erhebt keinen Anspruch auf Vollzähligkeit. Aber sie beschränkt sich auch nicht auf die Primitivpunkte, die nach Meinung vieler die Quelle aller Schmerzen sind: die Sexualität und das Geld.

Nein, der Streit in der Kirche geht um mehr. In Frage gestellt, besser: erkundet werden Grundbegriffe und Grundwerte. Daß manche zum Biertischthema abqualifiziert wurden, spricht nicht gegen den Wert, sondern gegen die Diskutanten. Aber daß mitgeredet wird, auch wenn nicht mitverstanden wird, soll die Demokratisierung nicht madig machen. Sie ist dennoch gut und notwendig.

Auch in der Kirche? Dieses Buch will darauf keine Antwort geben. Es ist eine Bestandsaufnahme. Ein Beitrag behandelt das Gewissen. Vielleicht ist dieses zur Antwort berufen. Aber wenn der Zeitgeist braust, kann sich das Gewissen zuwenig vernehmbar machen.

Das freilich gilt nicht nur für die Kirche und den Streit in ihr.

Der Herausgeber

Kirche und Wende

Warum Streit? Und warum gerade jetzt? Die Zeit ist sensibel geworden. Die Kirche ist eine Institution festgefügter Hierarchien – und Institutionen als solche, hierarchische gar, werden in Frage gestellt. Ist es ein Zufall, daß sich in eben derselben Zeit auch andere gefallen lassen müssen, zum Anachronismus abqualifiziert zu werden?
Der Staat, die Familie, die Kirche, die Justiz, die Parteien – alles bewegt sich. Alte Lager werden aufgesprengt. Auch in der Weltpolitik. Überall zeigen sich Risse. Das, was gestern noch als festgefügtes Fundament schien, beginnt zu zerbröckeln. Wer hätte noch vor kurzem zu ahnen vermocht, daß sich im Ostblock veritable Demokratisierungserscheinungen bemerkbar machen, daß Krusten aufgeweicht werden, zweihundert Jahre nach der Französischen Revolution ein neuer Geist der Freiheit zu wehen beginnt, auch im Osten?
Und dann erinnert man sich, daß die zweite Jahrtausendwende sich nähert, daß die letzten zehn Jahre angebrochen sind. Schon Jahrhundertwenden sind Zäsuren – wie erst schneidet eine Periode ein, in der ein Jahrtausend zu Ende geht! Die Wahrscheinlichkeit eines Ost-West-Konflikts ist weitaus geringer geworden, dafür bahnt sich ein Nord-Süd-Konflikt an: Krieg der Armen gegen die Reichen, Krieg, der auch einer im übertragenen Sinn sein kann?
Neue Ängste plagen die Menschen, wie sie es schon zur Wende des ersten Jahrtausends taten. Unheilspropheten zeichnen auch diesmal das Weltende. Aber sie meinen, daß es durch die Explosion der ökologischen Bombe hervorgerufen werde: daß die Erde in ihrem eigenen Unrat ersticken könnte.
Der Streit in der Kirche ist nur eine Facette des Bilds, das wankende Felsen zeigt. Daß dies im letzten, im jüngsten Jahrzehnt des Jahrtausends geschieht, läßt nachdenklich werden.

Thomas Chorherr

Das Jüngste Jahrzehnt

Leben in einer Epoche der Zäsuren

Der Countdown zur Jahrtausendwende hat längst begonnen. Countdown – ein Wort, das böse in den Ohren klingt, weil es – wie sagt man so schön auf neudeutsch? – negativ besetzt ist. Countdown, aus der Lingua franca unserer Zeit, dem Englischen, kommend, hat sich längst auch im Deutschen eingebürgert. Man zählt herunter, meist bei Zehn beginnend, und egal ob es nun Sekunden sind oder Minuten oder Jahre: Bei Null kracht es.

Den Countdown hat es zuallererst bei den Atomversuchen der vierziger Jahre gegeben, Radio und Wochenschau haben ihn damals nach Europa verpflanzt, er ist zum Begriff geworden. Zum negativen Begriff: Null, Zero, heißt »aus«. Und mögen die Raketen, deren Start der Countdown von heute vorausgeht, auch durchaus friedliche Wettersatelliten oder Telekommunikationsgeräte ins All tragen, die Menschheit kann sich nicht von dem Gefühl freimachen, daß am Ende dieses Herunterzählens irgend etwas Unbekanntes, Fremdes, Furchterregendes steht.

Noch einmal: Der Countdown zur Jahrtausendwende hat schon begonnen.

Die jüngste Dekade der zweiten tausend Jahre unserer Zeitrechnung mahnt zur Betrachtung – und fast ist dies in der doppelten Bedeutung des Worts gemeint. Daß manchem der Boden unter den Füßen zu schwanken beginnt, ist gewiß nicht darauf zurückzuführen, daß wir bald das Jahr 2000 schreiben werden. Aber daß große Zäsuren, und seien es auch nur solche des Kalenders, zum Nachdenken zwingen, steht außer Diskussion. Wir leben schon mitten in einer solchen, in einer gewaltigen Zäsurperiode. Gewiß, die Menschheit des ausgehenden zwanzigsten Jahrhunderts ist mit jener des ausgehenden zehnten nicht zu vergleichen. Aber daß sie eine ähnliche Beklommenheit fühlt,

wie es jene taten, die vor dem Jahr 1000 lebten, darf angenommen werden.
Auch der Zeitgeist, nicht nur der Geist – beide sind streng voneinander zu trennen –, weht, wo er will. Daß Österreich im jüngsten Jahrzehnt des ersten Jahrtausends seine urkundlich bestätigte Existenz erfuhr, ist Zufall. Daß aber Kaiser Otto III. um die erste Jahrtausendwende davon träumte, das römische Weltreich in kirchlicher Verklärung wiederherzustellen, daß er die kaiserliche Residenz nach Rom verlegen wollte, daß er aber andererseits, von Gemütsschwankungen heimgesucht, Einsiedeleien schätzte, in Versonnenheit brütete, dem himmelhohen imperialen Jauchzen die Betrübnis des gläubigen Christen gegenübersetzte, der sich von Furcht und Sorge nicht freimachen konnte – alles das mag als Beweis dafür gelten, daß Kaiser, Papst und Volk zumindest gefühlsmäßig einander ähnlich waren.
Die Angst ging um. Daß der Papst, der 999 gewählt wurde, den Namen Silvester annahm, sieht aus der Sicht der Heutigen wie zusätzliche Mystik aus. Daß zur ersten Jahrtausendwende nach Christi Geburt auch die erste Entdeckung Amerikas durch den Wikinger Leif Erikson stattfand, gehört gleichfalls zu jenen historischen Zufällen, in die man retrospektiv einiges hineingeheimnissen möchte.
Vor allem aber: Es waren einerseits Träume und Visionen, Ideen und Pläne, die um die erste Jahrtausendwende in Europa deutlich wurden, bei den Mächtigen zumal. Und es war andererseits – ja, eben die Angst. Erdbeben gab es damals und andere Naturkatastrophen, sie beflügelten die Erwartung, daß auch dieser, der allererste Countdown am Ende zum großen Knall führen werde. Nur daß man damals »Weltende« sagte oder gar »Jüngstes Gericht«. Der Begriff Destabilisierung, angesichts der jüngsten Dekade des zwanzigsten Jahrhunderts so oft gebraucht, läßt sich auch auf die erste Jahrtausendwende münzen. Aber damals ist es, wie es heute scheint, eher eine Destabilisierung des Gemüts gewesen. Man sah den vermeintlichen Schlußpunkt deutlich vor Augen und handelte danach. Die Bautätigkeit wurde eingestellt, man ließ Häuser verfallen, nahm notwendige Reparaturen nicht mehr vor. Resignation machte sich breit.
Und gleichzeitig war da die Hoffnung, sich gewissermaßen durch eine Anzahlung den Himmel zu öffnen. Auf die Kirche ging ein goldener Regen nieder: Sie erbte – Grundstücke, Häuser, Vermögen.

»Die Erde bedeckte sich mit einem weißen Mantel von Gotteshäusern«, heißt es in einer Chronik.

Der Zeitgeist weht, wie er will. Wer mag, kann Parallelen entdecken. Auch in der jüngsten Dekade vor der zweiten Jahrtausendwende ist auf der einen Seite die Vision, auf der anderen die Sorge, sind da Träume und Ideen, hier Angst und Destabilisierung. Der Countdown ist unüberhörbar, und auch wer in Europa 1992 als magische Zahl ansieht, muß 2000 als eine andere, eine ins Unbekannte führende Schwelle betrachten. Optimisten wie Pessimisten starren gebannt auf das ominöse Datum. Nein, man glaubt nicht an den Weltuntergang im buchstäblichen Sinn, und man scheint auch nicht zu resignieren, wie anno 999. Aber Sorge und Hoffnung halten einander die Waage. Und so wie vor tausend Jahren destabilisiert sich die Welt, weil die Fundamente nicht mehr stabil zu sein scheinen.

Im Klartext: Der Streit in der Kirche, der Streit um die Kirche ist nur ein Symptom solcher Destabilisierung. Alles, was früher einmal festgefügt schien, wird weich, zerbröckelt, beginnt sich aufzulösen. Man kann es positiv sehen: Erstarrungen lösen sich, Verkrustungen fallen ab. Man kann es negativ sehen: Die Institutionen, die Halt gaben, werden in Frage gestellt. Die Kirche ist ein Teil des Bildes, für viele der wichtigste. Aber ist das, was in der Kirche geschieht, nicht bloß eine Erscheinungsform vielgestalteter Entwicklungen? Wir werden sie der Reihe nach zu untersuchen haben.

Bleiben wir vorerst noch bei den ungewollten, aber doch auffallenden Parallelen zwischen der jüngsten Dekade des zwanzigsten und jener des zehnten Jahrhunderts. Angst vor dem Weltuntergang? Noch einmal: Sie herrscht heute nicht im buchstäblichen, wohl aber im übertragenen Sinn vor, und sie hat uns alle erfaßt. Nicht mehr sosehr die Furcht davor, daß der Mensch seine Erde einer atomaren Katastrophe preisgeben werde, grassiert zu Beginn der neunziger Jahre, sondern die Angst vor der ökologischen Bombe. Deren Sprengkraft ist kaum geringer als die einer nuklearen. Machen wir uns nichts vor: Auch heute, so wie vor der ersten Jahrtausendwende, geht die Angst vor dem Ende um. Sie mutet heute weitaus begründeter an als um 1000. Damals war die Furcht ein Hirngespinst, gewoben aus der Zahlenmystik. Heute fußt sie auf Realität.

Wir fürchten das Waldsterben. Es gibt bezeichnenderweise in keiner anderen Sprache als im Deutschen einen so treffenden Ausdruck dafür, daß die Bäume zugrunde gehen. Wir sorgen uns um die Müllawine. Daß eine Gesellschaft, in der noch immer der geplante Verschleiß die Maschinen laufenläßt und die Arbeitsplätze sichert, daß eine solche Gesellschaft auf die Dauer im eigenen Abfall ersticken wird, weiß heute jedes Kind. Wir sind traurig über die Gewässerverunreinigung. Aber solange Rohöl über die Weltmeere transportiert wird, besteht die Gefahr, daß aus einem Leck Öl ausfließt – mit unabsehbaren Folgen angesichts der Dimension von Riesentankern.

Die Ängste in der jüngsten Dekade des zwanzigsten Jahrhunderts sind mannigfach. Die Angst vor der Gen-Manipulation, vor neuen Frankensteins, vor Reagenzglaswesen ist eine davon, eine der bedrükkendsten, weil die Konsequenzen so im wahrsten Sinn unvorstellbar sind, in der Tat, der Weltuntergang von 2000 kann einer in Etappen sein, aber er ist ein weitaus realistischerer als jener, vor dem die Menschen zu Jahresende 999 in die Berge flüchteten.

Gleichzeitig aber gerät das seelische Gleichgewicht in Gefahr. So wie wenn einem ein Teppich unter den Füßen weggezogen wird, beginnen die Wertvorstellungen zu wanken. Das, was fix in die Güterhierarchie eingepaßt schien, hat sich gelockert. Das, worauf man sich verlassen konnte – oder meinte, sich verlassen zu können –, ist unverläßlich geworden.

Nennen wir es der Reihe nach: In Frage gestellt wird die Familie, die nach abendländischem Muster jedenfalls, die Dreisamkeit Mann–Frau–Kind. Der Familienbegriff ist ausgeweitet worden, permanente gleichgeschlechtliche Beziehungen fallen nun darunter, auch der Staat sanktioniert mancherorts deren Etablierung. Auch Kinder dürfen in solchen Familien aufgezogen werden. Für die einen ist es ein Fortschritt in der Vielfalt menschlichen Zusammenlebens, für die anderen das Ende eines Grundwerts.

In Frage gestellt wird, neben der Familie, auch die Autorität, jede Autorität. Da mögen in der Reihe der »angesehensten Berufe« die Richter und die Universitätsprofessoren und die Lehrer und die Geistlichen noch so weit oben rangieren, in der Volksmeinung jedenfalls und aufgrund von Umfragen bestätigt: Im jüngsten Jahrzehnt sind sie nicht gefragt. Und betreiben freilich gelegentlich auch ihre Selbstauflösung: Wer immer peinlichere Details über Korruption in der staatlichen und halbstaatlichen Verwaltung hört, neigt zur Generalisierung. Der Staat ist schlecht, und die sind schlecht, welche ihn vertreten. Und folgerichtig wird dann auch die Frage gestellt, ob – womit eine weitere Institution zu wanken beginnt – ein solcher Staat überhaupt verteidigungswürdig sei. Wenn selbst die wehrhafte Schweiz über die Abschaffung der Armee diskutieren konnte – wen wundert da, was sich diesbezüglich in Österreich tut?

Daß die Kirche in einem solchen Umfeld heil bleiben konnte, war nicht anzunehmen. Daß von der Destabilisierung nicht nur der Staat, sondern eben auch die Kirche erfaßt würde, war zu erwarten. Der Countdown der Jahrtausendwende dröhnt durch die Gotteshäuser – die des Westens, der sich frei nennt, jedenfalls. Der Osten hat seine eigenen Destabilisierungserscheinungen. Zu Beginn der neunziger Jahre wanken auch in der Sowjetunion und ihrem Satellitenbereich die Fundamente.

Aber bleiben wir vorerst noch im Westen.

Das Infragestellen der Autoritäten, der Verlust an Werten, das Aufweichen der Institutionen führt hier, bei den Jungen vor allem, zur Suche nach neuen festen Punkten. Man möchte sich irgendwo anhalten können. Man wünscht sich Geborgenheit, auch geistige. Der Flucht aus der Realität, erleichtert durch Drogenkonsum, steht die Tatsache gegenüber, daß der Mensch offenbar dem Nihilismus nichts abgewinnen kann. Man fragt nach dem Sinn des Lebens, und die Suche danach führt häufig in den Dschungel von Sekten und neuen »Bewegungen«.

Drüben, auf der anderen Seite Europas, ist indessen eine gegenläufige Entwicklung bemerkbar. Auch dort hat die »Kirche« Sprünge bekommen, aber es war die als Kirche ausgegebene kommunistische Weltanschauung, deren Anhänger sich zu verlaufen beginnen, weltweit. Dafür füllen sich in der Sowjetunion und den anderen kommunistischen – kann man sie noch so nennen? – Staaten wieder die wirklichen Kirchen.

Auch hier ist die Suche nach neuem Halt, nach neuen festen Punkten aktuell.

Es ist eine abenteuerliche Zeit, dieses jüngste Jahrzehnt. Nicht »sub specie aeternitatis«, aber im Angesicht der nahenden Jahrtausendwende ist, scheint es, auch das zu sehen, was sich in der katholischen

Kirche tut. Otto III. wollte vor genau tausend Jahren Rom zum Zentrum eines neuen Weltreichs machen, den Osten und den Westen solcherart vereinend.

Es fällt schwer, nicht nachdenklich zu werden, wenn man an der Schwelle des dritten Jahrtausends steht.

Kirche und Politik

Österreich ist »durchpolitisiert« – freilich nicht im positiven Sinn. Viele Jahre lang ist der Staat von zwei Großparteien gleichsam aufgeteilt worden – die eine Hälfte mir, die andere dir.
Relikte des Proporzes unseligen Andenkens sind auch heute noch festzustellen, und wem Gott ein Amt gab, dem gab er nicht immer auch Verstand, wohl aber zumeist vorher das entsprechende Parteibuch; wer sich nicht einordnen ließ, war eo ipso negativ beschrieben und wurde als »Blutgruppe null« abgestempelt.
Es galt als Wunder – das, wie Goethe schrieb, ja des Glaubens, auch des Glaubens an die Politik, liebstes Kind ist –, daß wenigstens auf den Programmen der – staatseigenen – Bundestheater nicht neben den Namen von Schauspielern, Regisseuren, Bühnenbildnern und Souffleusen die Parteizugehörigkeit oder -zurechenbarkeit vermerkt war. In den staatseigenen Unternehmungen wurden zumindest bis in jüngste Zeit Manager weit mehr nach der politischen Verläßlichkeit als nach den kommerziellen und technischen Fähigkeiten ausgesucht.
Muß die Kirche im Parteienstaat nicht politisiert, muß sie nicht eine politische Institution, ein politisches Instrument sein?
Die Republik Österreich hat diesbezüglich etliche historische Konten aufzuweisen und nicht durchwegs auf der Habenseite. Aber die Beziehung der Kirche zur Politik und umgekehrt ist im Grunde so alt wie die Kirche.
Daß sich gerade in jüngster Zeit in den Streit um diese Kirche auch politische Töne, Urtöne, Kulturkampftöne mischen, liegt offenbar am erwähnten historischen Umfeld.
Oder an der Unbelehrbarkeit der Kontrahenten?
Man versucht, Begriffe wie »konservativ« und »fortschrittlich« aus dem politischen Bereich in den kirchlichen hineinzutragen, und vergißt, daß

gerade die Kirche in anderen Kategorien denken muß. Auch das wird ihr vorgeworfen. In einem durchpolitisierten Staat ist es schwer, die Trennungslinie sauber zu ziehen. Kirche und Politik – das wird immer ein Streitpunkt bleiben.

Rudolf Kirchschläger

Pontifex heißt Brückenbauer

Zerrissenheit als Weg zum Unglücklichsein

»Glauben heißt nichts wissen. Wo das Wissen hinkommt, weicht der Glaube.« Mit diesen Worten leitete ein Fachlehrer für Naturgeschichte an einer Bürgerschule in einer oberösterreichischen Industriestadt im Herbst 1927 den Unterricht ein. Die Unsinnigkeit des Glaubens zu beweisen blieb ihm während des ganzen Schuljahres ein großes Anliegen. Auch die Reaktion darauf folgte sehr schnell. »Was hat der rote Kinderverführer euch heute wieder gesagt?« war die in einer der nächsten Stunden gestellte Frage eines anderen Fachlehrers. In diesem Erlebnis eines zwölfjährigen Buben spiegelt sich die politische Situation, aber auch die Stellung der katholischen Kirche in der politischen Auseinandersetzung zwischen Sozialdemokraten und Christlichsozialen in der Zwischenkriegszeit wider. Die Großdeutschen beziehungsweise das sogenannte Dritte Lager beteiligten sich, obwohl kaum kirchenfreundlich eingestellt, an dieser Auseinandersetzung nicht, da in der Koalitionsvereinbarung mit den Großdeutschen im Jahre 1922 von der Christlichsozialen Partei die Fragen von Kirche und Religion als außerhalb der Diskussion stehend vereinbart wurden, eine Vereinbarung, die bis 1932 wirksam geblieben ist.

Die Gründe für die Gegnerschaft Kirche und Sozialdemokratie, die vielfach bis zur Feindschaft ausartete, wurden auf beiden Seiten mit tiefer Überzeugung vertreten.

Die Sozialdemokratie identifizierte die katholische Kirche mit der Christlichsozialen Partei, also mit ihrem damals erbittertsten Gegner. Sie sah hiefür eine Rechtfertigung in der Tatsache, daß in den ersten eineinhalb Jahrzehnten der Republik katholische Priester einen gestaltenden Einfluß auf die Christlichsoziale Partei ausübten. Es waren dies neben rund einem Dutzend Abgeordneten auf Bundes- und Landesebene vor allem Univ.-Prof. Prälat Dr. Ignaz Seipel, Bundeskanzler von 1922 bis 1924 und von 1926 bis 1929 und kurzzeitig 1930 auch Außenminister, zugleich auch langjähriger Parteiobmann der Christlichsozialen Partei und als solcher stärkster, an Intellekt und Taktik mindestens ebenbürtiger Gegenspieler von Otto Bauer.

Nicht in gleichem Maß umkämpft, boten sich dennoch zusätzlich als Beweis für die Identität zwischen Kirche und Christlichsozialer Partei an:

Prälat Dr. Johann Nepomuk Hauser, Landeshauptmann von Oberösterreich von 1919 bis 1931, dem allerdings von den Sozialdemokraten sein Eintreten für die Republik im Jahre 1918 stets hoch angerechnet wurde, und

Univ.-Prof. Prälat Dr. Theodor Innitzer, Sozialminister in den Jahren 1929 und 1930.

Bestärkt wurde die Sozialdemokratische Partei in ihrer Identitätsüberzeugung noch dadurch, daß die Genannten nicht schlichte nachgeordnete Priester gleichsam am Rande der Kirche waren, sondern Priesterpersönlichkeiten, die jeweils auch für Bischofsernennungen im Gespräch waren; Prälat Dr. Theodor Innitzer wurde auch tatsächlich 1932 zum Erzbischof von Wien ernannt und hat ein Jahr später auch die Kardinalswürde erhalten.

Auf der anderen Seite identifizierte die katholische Kirche die Sozialdemokratische Partei sehr weitgehend mit dem Antichristen und sah sie in ihrer Zielsetzung sehr nahe der Religionsverfolgung in der Sowjetunion angesiedelt. Das Schimpfwort oder die Kampfeslosung von den »Austrobolschewiken« tat seine Wirkung. Die Kirche sah sich zu dieser Qualifikation vor allem aus zwei Gründen berechtigt:

Im Linzer Programm des Jahres 1926 bekräftigte die Sozialdemokratische Partei zwar, daß sie nicht die Religion, die Überzeugung und Gefühle der einzelnen bekämpfe, aber erklärte gleichzeitig ihren Kampf den »Kirchen und Religionsgesellschaften, welche ihre Macht über die Gläubigen dazu benützen, dem Befreiungskampf der Arbeiterklasse entgegenzuwirken und dadurch die Herrschaft der Bourgeoisie zu stützen«. Diese Unterscheidung zwischen Religion und Kirche wirkte wenig überzeugend, da gleichzeitig in Höhepunkten des politischen Kampfes auch immer wieder Aufrufe zum Austritt vor allem aus der katholischen Kirche ergingen, so insbesondere in der Auseinandersetzung um das sogenannte Seipelsche Sanierungsprogramm 1922/23 und im Kampf gegen die nach dem Justizpalastbrand im Jahre 1927 von der Bundesregierung ergriffenen Maßnahmen. Der »Prälat ohne Milde« war ein Diskussions- und Streitruf selbst bis in die Schulen hinein.

Diese Austrittspropaganda war auch von Erfolg begleitet. Sie führte allein in Wien – Zahlen für die übrigen Bundesländer sind meines Wissens nicht vorhanden – im Jahre 1923 zu mehr als einer Verdoppelung der Kirchenaustritte, so daß ein Überhang vis-à-vis den Eintritten von 22 231 Austritten verzeichnet wurde. Im Jahr 1927, also nach dem Justizpalastbrand und nach dem Freispruch des Geschworenengerichtes im sogenannten Schattendorfer Prozeß, erhöhte sich die Zahl des Austrittsüberhanges auf nahezu das Dreifache der damaligen Durchschnittszahl, nämlich auf 28 285.

Wohl hatte die katholische Kirche in der Zeit der Industrialisierung Österreichs vor und nach der Jahrhundertwende das Ringen um die Seele des Arbeiters weitgehend verloren. Dennoch sind die Spuren der Religion in verschiedener Intensität auch in vielen, sich der Sozialdemokratie verbunden fühlenden Arbeiterfamilien spürbar geblieben. Es entstand nicht selten eine Bruchlinie zwischen der religiösen und der politischen Überzeugung. Wer sich mit dem sozialen Kampf der Sozialdemokratie um eine bessere Stellung des Arbeiters und um ein Mindestmaß sozialer Sicherheit identifizierte, fühlte sich befangen, wenn er gleichzeitig als Katholik leben und vor allem sich auch als Katholik bekennen wollte. Und der engagierte Christ, welcher in der Meinung der Mitmenschen automatisch der Christlichsozialen Partei zugeordnet wurde, fühlte sich ebenso befangen, wenn er in der Sozialdemokratie eine effektivere Vertreterin der Anliegen der sozial Benachteiligten gesehen hat als in der Christlichsozialen Partei.

Aus diesen von beiden Seiten aufkommenden Gewissenskonflikten heraus, die manchmal bis zu Gewissensnotständen anwachsen konnten, wurde Ende der zwanziger Jahre und zu Beginn der dreißiger Jahre vor allem auch in Teilen der Jugend die Frage gestellt, ob denn dieser Zustand unabänderbar sein müsse. Warum müsse die katholische Kirche sich überhaupt im politischen Leben engagieren? Warum könne sie nicht als eine vom politischen Leben völlig unabhängige geistige Institution existieren, die sich ausschließlich auf die Verkündigung des Glaubens konzentriere und daher rein religiöse Ziele verfolge?

Die damals so fragten, übersahen, daß die katholische Kirche als Ganzes im weit überwiegenden Teil ihrer Geschichte auch politisch agierte, ja bisweilen als echte politische Macht auftrat. Sie konnten auch nicht wissen, daß dieser Trend in Zukunft, also hinein in unsere Gegenwart, kraft der aktivierten Völkerrechtssubjektivität im Zunehmen sein wird. Wenn aber die Gesamtkirche mitzugestalten versucht, überträgt sich diese politische Komponente fast zwangsläufig auf die sogenannten Ortskirchen. Schließlich übersahen jene, die damals aus der Gegenwartssituation heraus nach einem völligen Rückzug der Kirche aus dem öffentlichen Leben Ausschau hielten, aber vor allem die Tatsache, daß die Religion ihrem Wesen nach sich nicht nur an das eigentliche Glaubensleben des Menschen wendet, sondern ihn als Ganzheit zu erfassen versucht und versuchen muß und daher auch sein Tun und Unterlassen in der Gemeinschaft, ja die Sozialstruktur der Gemeinschaft selbst zu beeinflussen trachtet. Der Mensch ist nun einmal eine Einheit, nicht aufsplitterbar etwa in einen beruflichen, einen der Familie zugewandten, einen religiösen und auch einen politischen Teil seines Seins. Wer an dieser Ganzheit rührt, beschwört die Gefahr des Zerrissenen herbei. Der zerrissene Mensch ist aber nahezu immer unglücklich und meist nach außen hin auch unglaubwürdig.

Dieses Postulat der Achtung der Ganzheit des Menschen hat zur Folge, daß die Einflüsse von Religion, Staat, Gesellschaft und auch politischen Parteien wechselseitig auf den Menschen wirken, aber dadurch auch untereinander in einer nicht vernachlässigbaren Wechselbeziehung stehen.

Aber alle diese Überlegungen waren fern von jenen, die nach einer Kirche Ausschau hielten, in der sich jeder, der an Christus glaubt und nach seinem Wort zu leben versucht, daheim fühlen kann, ohne zur Tagespolitik Stellung beziehen zu müssen. Sie wurden in der Hoffnungslosigkeit, daß sich der Zustand des politischen Katholizismus ändern könnte, noch bestärkt durch den die triumphierende Kirche demonstrierenden »Allgemeinen Deutschen Katholikentag« im September 1933 in Wien, in dem sich noch einmal die enge Verbindung zwischen der katholischen Kirche und der den Kurs auf eine sogenannte autoritäre Verfassung nehmenden Regierung weithin sichtbar manifestierte.

In dieser Situation kam, für viele überraschend, der Beschluß der Österreichischen Bischofskonferenz vom 30. November 1933, der lautete: »Nach reiflicher Überlegung, ob es günstig oder ungünstig sei, daß katholische Geistliche unter den gegenwärtig besonders heiklen politischen Verhältnissen als politische Mandatare weiter sich betätigen, hat die Bischofskonferenz den Beschluß gefaßt, die für die Ausübung des Mandates erforderliche bischöfliche Zustimmung in sinngemäßer Durchführung des can. 139, § 4, vorübergehend und allgemein zurückzunehmen. Jene hochwürdigen Herren, welche als Nationalräte, Bundesräte, Landtagsabgeordnete oder Landesräte oder Gemeinderats- und Gemeindeausschußmitglieder politische Mandate innehaben, werden hiemit aufgefordert, ihre Mandate bis zum 15. Dezember niederzulegen . . .«

Ob dieser Beschluß einer Anregung aus Rom entsprang – immerhin wurde im selben Jahr das Konkordat unterzeichnet – oder ob seelsorgliche Erwägungen maßgebend waren oder ob man etwa meinte, daß das christliche Laienelement nunmehr in der Regierung auf allen Ebenen so stark und unabänderlich vertreten sei, daß es keiner priesterlichen Mandatare mehr bedürfe, ist wohl kaum mehr völlig aufklärbar. Unabhängig von der inneren Begründung wurde jedenfalls damals von vielen Katholiken der Beschluß als weise pastorale Entscheidung empfunden, die auch rückblickend noch immer als wahrhaft heilsam anerkannt wird. Die Kirche hat damit die bis dahin belastende personale Verbindung zwischen Kirche und Politik aufgegeben und sich gleichzeitig ihr Recht auf eigene Stellungnahmen zu gesellschaftlichen Problemen im weitesten Sinn des Wortes offengehalten.

Wenn auch die Sozialdemokratie auf diesen Beschluß nicht mehr grundsätzlich reagierte – sie war bereits aus dem Nationalrat verbannt und auf dem Weg in die Illegalität – und wenn auch in der Zeit des Ständestaates dieser Beschluß verschiedentlich auf eine schwer nachvollziehbare Art interpretiert wurde, so war es doch eine Wegmarke, welche den harten Marsch durch die nationalsozialistische Epoche nutzbar werden ließ für ein gegenseitiges Miteinanderreden, das den Neubeginn ab dem Jahre 1945 erleichterte.

Kardinal Dr. Theodor Innitzer, einst selbst Sozialminister in einer Regierung des »Bürgerblocks«, sprach von einer »freien Kirche im wiedererstandenen Österreich, die an keine politische Partei gebunden« sei. Bei der Vorbereitungstagung für den Österreichischen Katholikentag 1952 wurde dieser Grundsatz bestätigt und im sogenannten »Mariazeller Manifest« festgehalten.

Trotzdem waren die ersten Jahre der Zweiten Republik noch geprägt vom Suchen nach einem vom Grundsätzlichen her verantwortbaren und auch in der Praxis gangbaren Weg für die Gestaltung des Verhältnisses zwischen der katholischen Kirche und den politischen Parteien. Daß dieses Suchen nicht ohne manchen Vorbehalt erfolgte, ist aus der persönlichen Erfahrung der damals agierenden Menschen in den Parteien und in der Kirche verständlich.

Sehr früh und für die nachfolgenden Jahre im wesentlichen gleichbleibend legte sich die Österreichische Volkspartei mit der Erklärung fest, daß sie eine christlich-abendländische Partei sei, die u. a. für den Religionsunterricht in den Schulen, für die Möglichkeit der Errichtung katholischer Privatschulen und für den Abschluß eines Vertragsverhältnisses mit dem Heiligen Stuhl eintrete. Gleichzeitig erklärte sie sich aber auch als eine konfessionell ungebundene Partei.

Die Sozialistische Partei ging von der Aussage, daß die Religion Privatsache sei und keine Konfession aus staatlichen Mitteln unterstützt werden dürfe (1947), in einzelnen Stufen bis zur Sympathieerklärung für die christliche Botschaft (1978), die mit der Feststellung schloß:

»Millionen Christen stehen heute in der sozialistischen Bewegung, weil sie überzeugt sind, in ihr für ihre sittlichen Grundrechte am wirksamsten eintreten zu können. Sie sind Sozialisten nicht obwohl, sondern weil sie Christen sind.«

Dazwischen lag die implizite Anerkennung der völkerrechtlichen Fortgeltung des am 1. Mai 1934 gemeinsam mit der Ständeverfassung von der Regierung Dollfuß in Kraft gesetzten Konkordats mit dem Heiligen Stuhl, der Abschluß von Verträgen über einzelne Konkordatsmaterien, wie die Errichtung der Diözesen Eisenstadt und Feldkirch, die Regelung von Vermögensfragen und von Schulfragen mit gleichzeitiger Übernahme der Personalkosten für katholische Privatschulen, vorerst in der Zeit der ÖVP-SPÖ-Koalition zu sechzig Prozent und später in der Zeit der SPÖ-Alleinregierung zu hundert Prozent.

Der erstmalige Besuch von Kardinal Dr. Franz König bei der Eröffnung des Bundeskongresses des Österreichischen Gewerkschaftsbundes im Jahre 1959, der sich sodann bei jedem Bundeskongreß des ÖGB wiederholte, war ein Brückenschlag zur Arbeiterschaft mit sehr starker Signalwirkung. Im Hinblick auf die Stärke der sozialistischen Fraktion im ÖGB machte dieser Besuch auch in der Sozialistischen Partei einen tiefen Eindruck. Dieser wurde noch dadurch verstärkt, daß Kardinal Dr. König und Erzbischof Dr. Jachym ab 1963 den gesamten Bundesvorstand des ÖGB am Vorabend der jeweils für die Delegierten zum Gewerkschaftskongreß zelebrierten Festmesse zu einem Empfang in das Erzbischöfliche Palais eingeladen haben. Kardinal Dr. König benützte aber auch eine Einladung, vor dem Bundesvorstand des Österreichischen Gewerkschaftsbundes zu sprechen, dazu, um in seiner Ansprache vom 27. Februar 1973 mit sehr klaren Worten gegen die Freigabe der Abtreibung bis zur Vollendung des dritten Schwangerschaftsmonats zu sprechen, auf die sich die Sozialistische Partei auf ihrem Villacher Parteitag 1972 festgelegt hatte.

Trotz des durch die Auseinandersetzung um die sogenannte Fristenlösung sich ergebenden Spannungsverhältnisses verbreitete sich auch in Gemeinden mit starker sozialistischer Mehrheit immer mehr die Übung, bei nahezu allen Festakten die zuständigen Seelsorger einzuladen und je nach Anlaß um einen Gottesdienst oder eine Segnung zu ersuchen.

Daß innerhalb der SPÖ Dr. Bruno Kreisky schon als Staatssekretär, insbesondere als Außenminister und später auch als Bundeskanzler sehr großen und entscheidenden Anteil an einer positiven Entwicklung des Verhältnisses seiner Partei zur katholischen Kirche hatte, war unübersehbar. Er begründete sein Engagement für eine Atmosphäre gegenseitigen Verständnisses damit, daß er meinte, eine politische Partei solle keine Quasireligion sein. Die SPÖ könne daher keinen Anlaß haben, mit der christlichen Lehre in Konkurrenz zu treten. Darüber hinaus sei die katholische Kirche jener Partner im Ringen gegen den Kommunismus, der sich weltweit als der zuverlässigste erwiesen habe.

Die Zeit des haßerfüllten Kampfes zwischen der katholischen Kirche und der Sozialdemokratie war vorbei. So wie derjenige, der die Not und die Hoffnungslosigkeit der Arbeitslosigkeit in der Zwischenkriegszeit erlebt hat, auch heute noch sein ganzes politisches Handeln darauf ausrichten wird, eine Wiederholung dieser Situation zu vermeiden, und dabei vielleicht auch geneigt ist, manch andere wirtschaftliche Gefahr zu unterschätzen, so wird auch derjenige, der die Kampfsituation zwischen der Kirche und der Sozialdemokratie erlebt hat, all seine Kräfte dafür einsetzen, daß sich Haß und gegenseitige Verachtung nicht wiederholen und der Zustand gegenseitiger Achtung aufrecht bleibt; dies selbst dann, wenn es auf der einen oder der anderen Seite gelegentlich Enttäuschungen gibt.
Jene allerdings, die meinten, daß der Prozeß des offen und mit Achtung Aufeinanderzugehens schon mit einem gesamtösterreichischen Christianisierungsprozeß verbunden sei und daß alle jene, die bisher – getauft oder ungetauft – dem christlichen Glauben fremd gegenüber standen, nunmehr praktizierende Katholiken würden, wurden enttäuscht. Der Anteil derer, die jeden Sonntag die heilige Messe besuchten und SPÖ-Wähler waren, blieb hinter jenen, die ÖVP-Wähler waren, weiterhin stark zurück.
Die stärkste und tiefgreifendste Belastung des Verhältnisses zwischen katholischer Kirche und Sozialistischer Partei und damit auch die große Enttäuschung für alle, die auf beiden Seiten an dem Brükkenbau beteiligt waren, stellte wohl die Beschlußfassung über die Freigabe der Abtreibung bis zum dritten Schwangerschaftsmonat am Villacher Parteitag der SPÖ im April 1972 dar. Alle Versuche einer Modifizierung dieses Beschlusses scheiterten an der bekannten Tatsache, daß Parteien ebenso wie auch Staaten aus Gründen der Wahrung des Gesichtes kaum jemals öffentlich verkündete Entscheidungen abzuändern bereit sind.
Für die Kirche allerdings, für die nicht politische Parteien, sondern der Mensch das irdische Ziel ihrer Sendung ist, war in diesem Zusammenhang das Verhalten der Katholiken noch bedrückender als die Haltung der SPÖ. Die christlichen Kirchen hatten – in diesem Fall von den beiden Oppositionsparteien ÖVP und FPÖ unterstützt – in einer bis dahin völlig ungewohnten Aktivierung der Gläubigen innerhalb und außerhalb der Gottesdienste gegen die »Fristenlösung« an-

gekämpft. Sie wurde dennoch vom Nationalrat am 29. November 1973 mit den Stimmen der SPÖ beschlossen.
Die Kirche hatte daraufhin den Kampf gegen das neue Strafgesetzbuch fortgesetzt und die »Aktion Leben« mit voller Intensität unterstützt. Dennoch blieb bei der nächstfolgenden Nationalratswahl trotz der Tatsache, daß 90 Prozent der Wähler den christlichen Kirchen angehören, das Mandatsverhältnis im Nationalrat unverändert. Das Volksbegehren der »Aktion Leben« erreichte Ende 1975 895 665 Unterschriften, das sind 18 Prozent der Wahlbevölkerung.
Die Behandlung des Volksbegehrens durch die SPÖ im Nationalrat wurde von den Kirchen sehr stark kritisiert. Trotzdem erreichte die Sozialistische Partei bei den darauf folgenden Wahlen zum Nationalrat am 6. Mai 1979 einen Stimmenzuwachs, der ihr zwei zusätzliche Mandate brachte. Schließlich sei dazu noch das Volksbegehren gegen den Bau des Konferenzzentrums in Wien angeführt, das 1 361 562 Unterschriften erhielt, das waren 25,5 Prozent der Wahlberechtigten, also fast um ein Drittel mehr als das Volksbegehren der »Aktion Leben«.
Selbst die Wähler der damaligen Oppositionsparteien waren also durch ein Konferenzzentrum politisch zahlreicher motivierbar als durch eine sehr wesentliche religiös-ethische Forderung. Daraus erklärt sich wohl auch die Tatsache, daß die Fristenlösung nicht Gegenstand der Koalitionsvereinbarung zwischen SPÖ und ÖVP bei der Bildung einer gemeinsamen Bundesregierung im Jahre 1986 gewesen ist.
War somit der Weg, den die Kirche seit 1945 in der Gestaltung ihres Verhältnisses zu den politischen Parteien gegangen ist, ein Fehler? Hat er im Weg über eine gegenseitige Toleranz zur Gleichgültigkeit geführt und damit zur Schwächung des Glaubensbewußtseins? Es ist im gegenwärtigen Zustand einer sehr weitgehenden Abflachung des ethischen Bewußtseins und auch der religiösen Glaubenstiefe verständlich, daß solche Fragen gestellt werden. Die Antwort darauf kann nur sein: Die Toleranz und ein Klima des Dialogs mögen eine Gefahr für alle jene sein, die zur Festigung ihrer Überzeugung der steten Auseinandersetzung bedürfen. Die Verfolgung stärkt zwar für einen Teil der Gläubigen die Glaubenskraft; die eigene Erfahrung in der nationalsozialistischen Zeit mag hiefür ebenso Beweis sein wie die

Glaubensintensität in den kommunistischen Ländern. Aber gleichzeitig wird ein mindest gleich großer Teil der Gläubigen der Entfremdung vom Glauben preisgegeben, auf den sich die bischöfliche Hirtenpflicht ebenfalls erstreckt. Die Kirche könnte wohl auch kaum überzeugend von Liebe reden, wenn sie den Haß und die Feindschaft braucht, um die Glieder der Kirche glaubensstark zu erhalten.
Selbst wenn der Abbau der Trennungsmauern zwischen der Kirche und der Sozialdemokratie sich nicht in einer Intensivierung des Glaubenslebens und in statistischen Ziffern niedergeschlagen hat, so ist diese Entwicklung der letzten vier Jahrzehnte schon ein auch aus christlicher Sicht ähnlich den Ökumene-Bemühungen hoch zu veranschlagender Wert, der im übrigen auch durch den Canon 287 des Codex des kanonischen Rechtes voll gedeckt ist.
Darüber hinaus ist auch kein Nachweis dafür erbracht, daß die unbestreitbar zunehmende Distanz der Getauften zur Kirche in der parteipolitischen Ungebundenheit der Kirche oder in der mangelnden Schutzfunktion durch eine der politischen Parteien ihre Ursache hat.
Ein internationaler Situationsvergleich scheint ganz andere Gründe für die gegenwärtige Situation in Europa anzuzeigen. Dazu gehört – wie Kardinal Joseph Ratzinger (nicht für Österreich, sondern für Europa) im Mai 1989 in Laxenburg treffend darlegte – ein neues Menschenbild mit einer immer grenzenloser werdenden Freiheit, die auch das Gewissen selbst zu gestalten in Anspruch nimmt, und auch mit einer Verfügbarkeit über den eigenen Körper als einen von keiner irdischen oder überirdischen Autorität antastbaren eigenen Besitz, über den dem Menschen das freie Verfügungsrecht zustehe. Dazu gehört aber auch der durch nüchterne Zahlen belegbare Einfluß eines in seinen gesellschaftlichen Auswirkungen noch nicht bewältigten wachsenden Wohlstands. Daß sich die Geburtenziffern in Österreich und seinen Nachbarstaaten im umgekehrten Verhältnis zum Pro-Kopf-Einkommen verhalten und mit ganz geringen Abweichungen die Anzahl der Ehescheidungen mit dem Pro-Kopf-Einkommen proportional konform geht, zeigt diese innere Bindung sehr deutlich auf. Der Primas von Ungarn, Kardinal Lékai, hat vor rund zehn Jahren diese Tatsache mit sehr trockenen Worten zum Ausdruck gebracht, als er auf die Frage, ob er in seiner Diözese noch immer so viele Priesterbe-

rufungen habe, antwortete: »Nein, wir haben auch schon viele Autos.«

Es gibt einen Verdünnungsprozeß vor allem in der »freien Welt« im ethischen und religiösen Bereich. Es gibt aber auch eine Intensivierung des Lebens in den einzelnen Pfarren, wie dies vor fünf Jahrzehnten noch nicht vorstellbar gewesen ist. Das eine wird für selbstverständlich genommen, für das andere wird nach Schuldigen gesucht. Es ist für viele Katholiken bedrückend, wenn die Verantwortlichen für die Verdünnung der Glaubensbereitschaft sehr schnell in den Bischöfen und Laien gefunden werden, die in der Vergangenheit in der Öffnungspolitik angeblich zu weit gegangen seien. So einfach liegen die Dinge nicht. Ein Blick in die Kirchengeschichte um das Erste Vatikanische Konzil oder auch auf die Zahlen der Kirchenaustritte seit 1910 beweist es: Die gute alte Zeit hat es für die Kirche nur sehr partiell gegeben. Papst Johannes XXIII. hatte wohl recht mit den Worten: »Durch Verurteilungen in der Vergangenheit ist die Situation der Kirche nicht gebessert worden.« Er sagte es und berief das Zweite Vatikanische Konzil ein.

Dieses Zweite Vatikanische Konzil hat sicher weder Glaubenswahrheiten noch die Erwartungen Gottes gegenüber den Menschen vermindert und auch die Autorität der Kirche nicht verkleinert. Wohl aber hat dieses Konzil die Begegnung der Kirche mit den Menschen auf eine neue Grundlage gestellt. »Auf den Dialog« – so sagt der Moraltheologe Heinrich Fries –, »auf den Willen zur Kooperation, in der Kenntnis einer gemeinsamen Verantwortung für die Zukunft des Menschen.«

Wer die Begegnungen von Papst Johannes Paul II. mit Staatsmännern und Machtträgern aus der ganzen Welt beobachtet, findet eines bekräftigt: Das Anathema-Prinzip, das Prinzip der Verurteilung und des Bannstrahles, ist tot. Wenn es aber in der Weltkirche tot ist, soll es auch im kleinen österreichischen Maßstab nicht Geltung finden. Es sollte daher auch das modern gewordene Wort der Re-Evangelisierung nicht mit dem Beigeschmack eines Vorwurfes an frühere oder gegenwärtige Amtsträger der Kirche verbunden werden.

Es wird wohl vielen Nachdenkens und auch vielen Gebetes derer bedürfen, die sich noch zu einem stillen Gespräch mit Gott in der Lage sehen, um eine Entwicklung zu vermeiden, die den Streit, den Haß und den Kampf, den die Kirche in der Zwischenkriegszeit durchzustehen oder auch selbst entwickelt hat, nunmehr als eine Art kirchlicher Innenpolitik wieder aufleben zu lassen. Der Ansatz für Parteiungen innerhalb der Kirche in Österreich ist nicht zu übersehen. Es gibt manchmal dabei den Eindruck, daß das sachlich Trennende gar nicht so groß und grundsätzlich bedeutend ist wie die äußeren Formen, unter denen dieses Trennende zutage tritt. In der österreichischen Innenpolitik ist es den Parteien gelungen, sich verbal und prozedural so zu bekämpfen, daß ein Großteil der Bevölkerung keinem der Politiker mehr vorbehaltlos vertraut. Das Beispiel ist nicht nachahmenswert.

Der Herstellung eines Klimas des Gespräches und einer gegenseitigen Achtung im Verhältnis zwischen der katholischen Kirche und den politischen Parteien sollte innerkirchlich wohl ein Prozeß des Zurück-Liebens entsprechen. Er wird nicht weniger mühsam sein als die jahrelange Arbeit zur Begründung einer auf gegenseitiger Achtung beruhenden Gesprächsbasis zwischen der Kirche und der Sozialdemokratie, aber gleich notwendig.

Brücken zu bauen ist eine zutiefst christliche Eigenschaft. Nicht umsonst führt der Heilige Vater den Ehrentitel Pontifex Maximus, Machtvoller Brückenbauer.

Kirche und Diplomatie

Spätestens seit die böse Verballhornung des Begriffs »Nuntiatur« zu »Denunziatur« die Runde machte, ist die Verteufelung des päpstlichen Diplomatenstandes vollendet gewesen – in Österreich jedenfalls. Man hat den Nuntien vorgeworfen, sie seien nicht nur die Augen und Ohren des Pontifex Maximus, sondern auch Zentren klerikaler Kabale trotz amtsbrüderlicher Liebe. Vor allem die letzten Bischofsernennungen in Österreich, die im Volk unterschiedliches Echo hervorriefen, haben die Diskussion um die Rolle des Vatikanbotschafters in Wien, der gleichzeitig Doyen des Diplomatischen Corps ist, wieder angeheizt.

Der »heilige Zorn« im Zusammenhang mit diesen Bischofsernennungen hat sich demnach auch gegen den diplomatischen Vertreter des Papstes gerichtet. Daß er dabei eine Rolle gespielt hat, wurde nie geleugnet, ist ja auch festgeschrieben: Nach geeigneten Bischofskandidaten Ausschau zu halten, ist eine wichtige Funktion des Nuntius. Allein, päpstliche Diplomatie beschränkt sich nicht auf die Fahndung nach künftigen Ortsordinarien.

Der Papst ist auch weltliches Staatsoberhaupt, nämlich gewissermaßen »Monarch« des Vatikanstaats. Und der Vatikan, in Person des Papstes, betreibt »Außenpolitik« wie jedes andere Mitglied der Völkerfamilie – nur daß diese Politik sich im Spirituellen bewegt und die Macht eine des Glaubens ist. Die spöttische Frage, wie viele Divisionen der Papst habe, mag vor mehr als einem halben Jahrhundert Josef Stalin gestellt haben. Sie verurteilt sich heute selbst. Aber daß Kirchenpolitik auch Machtpolitik sein kann, hat die Geschichte gezeigt. Die Frage, wie sich in dieser Kirchenpolitik der Nuntius zu bewegen hat, ist in Österreich in den letzten Jahren überaus aktuell geworden. Auch sie wurde zur Streitfrage. Die Antwort gibt nicht nur der Codex Iuris Canonici. Die Antwort gibt auch die Stimmung im Kirchenvolk.

Pia Maria Plechl

»Durch brüderlich-klugen Rat«

Die Rolle der Nuntien – gestern, heute und morgen

Es war am 25. Februar 1989, einem Samstag. Im Dom zu Salzburg feierte Weihbischof Jakob Mayr in Anwesenheit des ernannten neuen Oberhirten Dr. Georg Eder, der am Sonntag hier die Bischofsweihe empfangen sollte, die Vesper. Im Rahmen dieses abendlichen Gebetsgottesdienstes legte der künftige Erzbischof vor dem Apostolischen Nuntius und vor den Gläubigen in deutscher Sprache seinen Treueeid ab. Die zweifache Ungewöhnlichkeit fiel nur wenigen sofort auf: Bis dato war es üblich gewesen, daß diese »Formula Iurisiurandi fidelitatis ab Episcopis praestandi« unter Ausschluß der Öffentlichkeit – nur in Gegenwart des Nuntius – meist in einer Privatkapelle gesprochen wurde und daß die Verlesung in lateinischer Sprache erfolgte. Der genaue Inhalt des Textes, erst recht sein Wortlaut, war sohin den Zuhörern unbekannt und auch nicht von besonderem Interesse für sie; daß es sich um ein Treueversprechen gegenüber Papst und Kirche handelte, war allen klar. Nach wenigen Worten aber wurden zumindest etliche von ihnen überaus aufmerksam.

»Ich, Georg Eder, erwählter Erzbischof von Salzburg, will der Heiligen Apostolischen Römischen Kirche und dem obersten Hirten, dem Nachfolger des heiligen Apostels Petrus im Primat, dem Stellvertreter Christi und seinen rechtmäßigen Nachfolgern treu sein und gehorchen«, hatte der bisherige Pfarrer von Altenmarkt begonnen. Dann setzte er fort: »Ich will ... die Rechte und die Autorität des römischen Papstes wahren und verteidigen; ebenso auch die Vorrechte der päpstlichen Legaten und Verwalter. Was aber von jemandem dagegen unternommen wird, will ich dem obersten Hirten aufrichtig melden.«

So klein der Kreis derer war, die konzentriert zuhörten, so deutlich waren Überraschung und Staunen. Bedeutete diese Formel, daß der neue Bischof sich zu einer Art »Denunziantentum« verpflichtete? Seit wann war sie vorgeschrieben, woher kam ihr Wortlaut? Und was bedeutete »Legaten und Verwalter«? Hinsichtlich der letzteren Frage war alsbald klar, daß sich der Begriff für die Gegebenheiten in Österreich auf den Apostolischen Nuntius und in dessen Abwesenheit auf seinen Stellvertreter bezog. Die erste ließ sich so schnell nicht beantworten.

Am 27. Februar veröffentlichte die katholische Nachrichtenagentur »kathpress« gemeinsam mit der Ansprache des neuen Salzburger Erzbischofs bei seiner Weihe auch den vollständigen Text seines Treueeids, sicher nicht ohne seine Zustimmung. Inzwischen verlautete, Georg Eder selbst habe die Übersetzung ad hoc verfertigt. Die Zahl derer, die aufmerksam wurden, stieg rapid an. Als ein paar Tage später eine Journalistin Näheres wissen wollte, wurde sie an das Salzburger Ordinariat und von dort an die Apostolische Nuntiatur verwiesen, die bereitwillig den lateinischen Originaltext zur Verfügung stellte, den sie von der römischen Kongregation für die Bischöfe erhalten hatte. Wer ihn genau las, fand sich alsbald in Verwirrung. Denn dort lautet die Stelle nur: »Praerogativas quoque atque munera romani Pontificis Legatorum, quippe qui personam garant supremi pastoris, agnoscam atque observabo.« Kein Wort davon, zu vermelden, wenn jemand etwas dagegen unternehmen wolle.

Die Debatten in engsten kirchlichen Kreisen – die angesichts der Sprödigkeit des Themas nicht in die Öffentlichkeit gedrungen sind – führten zu einem beträchtlichen Grad von Beunruhigung. Sie kam nicht zuletzt daher, daß von Rom offiziell bekanntgegeben worden war, mit 1. März 1989 trete eine neue Eidesformel in Kraft. Nicht wenige nahmen an, die von Erzbischof Eder beschworene Formel sei bereits die neue. Und sie sei symptomatisch für ein Klima des steigenden Zentralismus, auch für eine Aufwertung der Nuntien und eine Indienstnahme der Bischöfe.

Der Akribie des Leiters der Bibliothek der Wiener Katholisch-Theologischen Fakultät, Oberrat Dr. Andreas Weyringer, war dann eine Klarstellung zu danken: Von Theologen zu Rate gezogen, fand er heraus, daß die von Erzbischof Eder am 25. Februar 1989 gesprochene Formel aus dem Jahr 1972 stammt. Sie wurde in den Acta Apostolicae Sedis unter der Nummer 4 161 publiziert und ist dokumentiert in Band 5 der »Leges Ecclesiae post Codicem iuris canonici editae« (Xaverius Ochoa, Institutum Iuridicum Claretianum, 1980). Die betreffende Stelle lautet: »Iura et auctoritatem Romanorum Pontificium, mihi curae erit promovere ac defendere; itidem praerogavitas eorum Legatorum vel Procuratorum. Quidquid autem contra eadem a quodpiam contigerit attentari, ipsi Summo Pontifici sincero animo aperiam«. In all den Jahren seither hatte – zumindest hierzulande – niemand sie beachtet, niemand einen Anlaß gesehen, im Zusammenhang mit ihr weitere Fragen zu stellen.

Eine Rückfrage in der Nuntiatur ergab erwartungsgemäß, daß die Anfang März von dort zur Verfügung gestellte »Formula Iurisiurandi fidelitatis ab Episcopis praestandi« die neue, seit 1. März in Kraft befindliche war. Ihren Wortlaut hat vor seiner Weihe am 5. März der neue Bischof von Feldkirch, Klaus Küng, beschworen.

Fazit: Der als aufsehenerregend empfundene Passus ist nicht nur kein neuer, sondern wird neuerdings gar nicht mehr verwendet. Die vermeintliche Diskrepanz ist durch die Daten – vor und nach dem 1. März – erklärt. Nichts ist geheimnisvoll.

Sachlich gesehen, könnte man also das Diskussions-Intermezzo vergessen. Aber daß es sich ereignen konnte, ist symptomatisch für so manches in der österreichischen Kirche von heute, nicht zuletzt im Verhältnis zur Nuntiatur, aber auch darüber hinaus. Es beginnt mit dem Nebeneinander von klassischer Diskretion und dem Wunsch nach mehr Offenheit, die beide legitim sind, beide ihr Gutes haben, aber nicht immer gemeinsam handhabbar sind. Erzbischof Eder ahnte nicht, daß sein wohlmeinender Gedanke, den Treueeid in seinem Dom allgemein verständlich in deutscher Sprache vor Vertretern des gläubigen Volks zu sprechen, auch Beunruhigung und Verwirrung auslösen würde – und das wegen einer Formel, die wenige Tage später überholt war. Von den vielen, die diese Beunruhigung empfanden, kam kaum jemand auf die Idee, direkte Aufklärung in der Wiener Theresianumgasse zu holen: Zu viele waren bei früheren Versuchen, mit dem Apostolischen Nuntius über diese oder jene Frage ins Gespräch zu kommen, erfolglos geblieben; bei anderen bestand (und besteht noch) eine Art respektvoller Scheu; wieder andere mochten befürchtet haben, allein eine Rückfrage könnte schon als Ansatz der Insubordination verstanden werden.

Eines kann als sicher angenommen werden: Jene radikalen Angehörigen von kritischen Randgruppen, die am 28. Jänner in Wien gegen die Ernennung von Erzbischof Eder und Bischof Küng demonstriert und auf Transparenten Nuntius Cecchini zur Abreise (»Eisenbahn II. Klasse«) aufgefordert hatten, wären durch eine Auseinandersetzung mit den Formula-Texten auch nicht zu einer anderen Auffassung gekommen.

Sie haben im übrigen auch bei solchen Katholiken keine Sympathie gefunden, die nicht bedingungslos mit all jenem einverstanden waren und sind, für das gerade Nuntius Erzbischof Michele Cecchini zu einer Symbolfigur geworden war.

Am 9. Jänner 1989 habe ich für »Die Presse« das letzte Interview-Gespräch mit Nuntius Cecchini geführt – er ist am 26. April nach langer Todeskrankheit gestorben und war schon an jenem Wintertag von seinem Leiden gezeichnet. Zwei Tage davor hatte der deutsche Pastoraltheologe Norbert Greinacher im ORF die Nuntiaturen im allgemeinen, die in Österreich und in der Bundesrepublik im speziellen aufs Korn genommen. Dabei hatte der Professor auch ein höchst unfreundliches Wortspiel gebraucht, das weder neu noch sonderlich originell anmutete: Er hatte von »Denunziaturen« gesprochen. Das geschieht nicht erst seit heute gelegentlich da und dort, mehr oder weniger »witzig« gemeint, wobei der Schwerpunkt unterschiedlich ist: Die einen meinen damit die Übermittlung von Nachrichten nach Rom durch den päpstlichen Botschafter, die anderen haben eher Katholiken des betreffenden Landes im Auge, die der Nuntiatur ihre Beobachtungen über die jeweilige Lokalkirche, besonders ihre Verdachtsmomente, zutragen.

Was die Berichterstattung eines Nuntius an den Apostolischen Stuhl betrifft, gehört sie unmittelbar zu seinen Aufgaben. Der im Jänner 1983 promulgierte neue Codex Iuris Canonici besagt sehr klar, der Legat habe im Rahmen seines Wirkungskreises »dem Apostolischen Stuhl Nachrichten zu übermitteln über die Lage, in der sich die Teilkirchen befinden, und über alles, was das Leben der Kirche und das Seelenheil betrifft« (CIC, Kapitel V, Can 364,1). Dies steht sogar nach dem Satz »Hauptaufgabe ... ist es, die Bande der Einheit, welche zwischen dem Apostolischen Stuhl und den Teilkirchen bestehen, ständig zu stärken und wirksamer zu gestalten«, in der Aufzählung der Aufgaben an erster Stelle, gefolgt von »den Bischöfen mit Rat und

Tat beizustehen, wobei jedoch die Ausübung von deren rechtlicher Gewalt unberührt bleiben muß«.

Zu den Aufgaben gehört weiters: »Enge Beziehungen mit der Bischofskonferenz durch die Gewährung jeglicher Unterstützung zu pflegen; für die Ernennung von Bischöfen dem Apostolischen Stuhl Namen von Kandidaten zu übermitteln oder vorzuschlagen sowie den Informationsprozeß über die in Aussicht Genommenen gemäß den vom Apostolischen Stuhl erlassenen Normen durchzuführen; sich darum zu bemühen, daß die den Frieden, den Fortschritt und das gemeinsame Bemühen der Völker betreffenden Angelegenheiten gefördert werden; mit den Bischöfen zusammenzuarbeiten, damit günstige Beziehungen zwischen der katholischen Kirche und den anderen Kirchen und kirchlichen Gemeinschaften, aber auch den nichtchristlichen Religionen unterstützt werden; das, was zur Sendung der Kirche und des Apostolischen Stuhles gehört, durch vereintes Handeln mit den Bischöfen bei den Staatsregierungen zu schützen; die Befugnisse auszuüben und die übrigen Aufträge zu erfüllen, die ihm vom Apostolischen Stuhl übertragen werden.«

Soweit Can. 364. Ihm folgt im Can. 365 die Aufzählung jener besonderen Aufgaben, die der Legat bei der Ausübung der Vertretung des Apostolischen Stuhles gegenüber den Staaten gemäß den Normen des internationalen Rechtes hat, wobei er, »wenn die Umstände es nahelegen«, nicht unterlassen darf, »die Beurteilung und den Rat der Bischöfe des kirchlichen Wirkungskreises zu erfragen und sie über die Entwicklung der Angelegenheiten zu unterrichten«.

Die Legaten – Nuntius, Pronuntius und Internuntius – haben also eine kirchliche und eine diplomatische Aufgabe, wobei ihrem innerkirchlichen Wirken der Vorrang zukommt, was auch Paul VI. in seinem Motuproprio über die Aufgaben der Legaten des römischen Papstes (24. Juni 1969) klar darstellt. Das geht schon aus den titelgebenden Anfangsworten hervor: »Die Sorge um die Gesamtkirche ...« (Sollicitudo omnium ecclesiarum).

Die Unterscheidung zwischen Nuntius, Pronuntius und Internuntius bezieht sich ausschließlich auf den diplomatischen Status. Sie wurde nach der »Wiener Übereinkunft« von 1961, die ihrerseits das Reglement des Wiener Kongresses von 1815 modernisiert und ergänzt hat, 1965 in der heutigen Form festgelegt: Der Nuntius ist den weltlichen

Botschaftern gleichgestellt und nimmt unter ihnen unabhängig von der Anciennität den Rang des Doyens ein; der Pronuntius ist gleichfalls Botschafter, doch wird ihm die Stellung des Doyens nicht eingeräumt; der Internuntius steht im Rang eine Stufe tiefer, seine Position entspricht der eines Gesandten. Da diese Unterscheidung innerkirchlich irrelevant ist, sprechen Codex Iuris Canonici, Motuproprio und andere römische Texte generell von Legaten.
Eine genaue Abgrenzung der Aufgaben der Legaten gegenüber jener der Diözesanbischöfe, wie sie Paul VI. vorgenommen hat, war bereits der Wunsch der Konzilsväter des Zweiten Vatikanums und ist im Dekret über die Hirtenaufgaben der Bischöfe (»Christus Dominus«) festgehalten. In der »Nachkonziliaren Dokumentation«, Band 21, kommt der Theologe Heribert Schmitz zu der Interpretation, daß die Konzilsväter die »Abgrenzung« im Sinn von Einschränkung oder Begrenzung verstanden wissen wollten; er verweist in diesem Zusammenhang auf Artikel 38,2 des Bischofsdekrets, der festhält, die Legaten seien nicht Mitglieder der Bischofskonferenzen. Seiner Meinung nach hat der damalige Papst in seinem Motuproprio von 1969 wohl dem Wunsch nach Abgrenzung entsprochen, den Aufgabenbereich der Legaten aber eher erweitert als eingeschränkt.
Paul VI. schreibt in der Einleitung ebendieses Motuproprio ausdrücklich: »Das Amt des Legaten steht nicht über der Vollmacht des Bischofs, noch ersetzt oder beeinträchtigt es diese, im Gegenteil, er schützt und stärkt sie durch brüderlich-klugen Rat.« Der Apostolische Stuhl habe ja stets als gültige Norm ein Wort Gregors des Großen befolgt: »Wenn die jedem einzelnen Bischof zustehende Jurisdiktion nicht gewahrt wird, was geschieht dann anderes, als daß die kirchliche Ordnung, die durch Uns behütet werden soll, durch Uns verwirrt und durcheinandergebracht wird?«
Auch im Kapitel »Beziehungen zu den Bischöfen« wiederholt Paul VI. die Wahrung der Jurisdiktion. Hinsichtlich der Bischofskonferenzen hält er fest, daß die Legaten von Rechts wegen (ex iure) nicht deren Mitglieder sind, jedoch an der Eröffnungssitzung jeder Vollversammlung teilnehmen – unbeschadet des Teilnehmerrechts an den anderen Sitzungen auf Einladung der Bischöfe selbst oder auf ausdrücklichen Auftrag des Apostolischen Stuhles. »Außerdem sind dem päpstlichen Legaten rechtzeitig die in der Vollversammlung der

Bischöfe zur Beratung anstehenden Punkte zuzustellen sowie ein Exemplar der Akten zu übersenden, damit er davon Kenntnis nimmt und sie dem Apostolischen Stuhl übermittelt.« Und hinsichtlich der »Rechte und Privilegien«, die dem Legaten »bei maßvollem und klugem Gebrauch« seine Sendung »klarer herausstellen und ihm seinen Dienst erleichtern« sollen, wird unter anderem verfügt, daß er »das Recht der Präzedenz vor den Erzbischöfen und Bischöfen, nicht jedoch vor den Mitgliedern des Kardinalskollegiums« hat.

Bei dem erwähnten »Presse«-Interview mit Erzbischof Cecchini im Jänner 1989 kam die Sprache auch darauf, daß die Position des Nuntius manchmal so ausgelegt werde, als könne man eine direkte Linie sehen: Der Papst sei der Vertreter Christi auf Erden, der Nuntius der Vertreter des Papstes in einem bestimmten Land. Nuntius Cecchini winkte damals ab: Das sei überhaupt nicht vergleichbar und außerdem nur möglich, wenn man die Doppelsinnigkeit des Wortes »Vertreter« in der deutschen Sprache vernachlässige. »Vicario (di Gesù Cristo)« für den Papst und »rappresentante« klingen da schon anders. Er, Cecchini, sei Diplomat gegenüber dem Staat und Delegierter des Papstes für die Beziehungen zur Ortskirche. Schon in seinem »Presse«-Interview anläßlich seines Amtsantritts in Wien im Mai 1985 hatte er gesagt, er sehe sich »als Priester und Bischof, der auf diplomatischer Ebene Dienst tut wie ein anderer in der lokalen Seelsorge«. Ähnlich hatten sich auch seine beiden Vorgänger, der nunmehrige Kurienkardinal Opilio Rossi (Nuntius in Wien von 1961 bis 1976) und Erzbischof Mario Cagna (Nuntius in Wien von Juli 1976 bis Februar 1985, gestorben am 4. April 1985) zur »Presse« geäußert.

Heute, im vergleichenden Rückblick, fällt ein kleiner Unterschied in der Nuance bei diesen »Presse«-Gesprächen auf: »Zuerst und vor allem Priester« hatte Opilio Rossi 1962 gesagt, »einfach ein Priester« hatten die Worte Mario Cagnas gelautet, »Priester und Bischof« die Michele Cecchinis. Den nachmaligen Kardinal Rossi hatten Interviewpartner gar nicht nach seinem persönlichen Amtsverständnis und seinen konkreten Absichten gefragt – sie schienen damals so klar und selbstverständlich. Im übrigen war Kardinal Rossi in seiner stillen Art schon damals der Auffassung: »Ich fürchte, ich bin kein interessanter Gesprächspartner für die Presse. Aber vielleicht ist es gut, wenn ein Nuntius nicht mit persönlichen Spezialitäten aufwarten kann.«

Erzbischof Cagna wieder hatte im Juli 1976 spontan von Mutter Teresa gesprochen, von der Verwirklichung der Bergpredigt durch sie und viele anonyme Christen in dieser Welt von heute, »die entscheidender und eindrucksvoller wirkt als alle Politik«, dann hatte er auf »die ewige Aktualität des Evangeliums« verwiesen und auf »die Sehnsucht der Menschen nach Sicherheit im Glauben, der die Kirche Rechnung tragen muß«, Erzbischof Cecchini hatte im Mai 1985 formuliert: »Priester- und Ordensberufe einerseits, die treue Verbindung mit Rom andererseits – das sind die zwei Säulen des katholischen Lebens.«

Zweimal in den knapp vier Jahren seiner Wiener Amtszeit hat auch die nichtkirchliche, ja sogar die Boulevardpresse Nuntius Cecchini Schlagzeilen gewidmet: Das erste Mal, als er – bald nach seinem Amtsantritt – katholischen Journalisten eine große Meinungsumfrage vor der Ernennung des Nachfolgers von Kardinal König ankündigte; das zweite Mal, als er am 13. April 1987 – kurz vor der Weihe von Auxiliarbischof Kurt Krenn – in seiner Predigt bei einer Monatswallfahrt in Maria Roggendorf die Katholiken zu »schnellerem Gehorsam« dem Heiligen Vater gegenüber aufforderte und dazu aufrief, dafür zu beten, daß Christus »den Nebel der Unsicherheit« aus dem Verstand jener entferne, »die zweifeln und dem Papst den Gehorsam verweigern«.

Die Meinungserhebung unter dem Klerus der Erzdiözese Wien und einer Anzahl von Laien hatte stattgefunden und war, worauf Erzbischof Cecchini immer wieder hinwies, mit rund dreitausend Befragten die umfangreichste gewesen, die je ein Nuntius hierzulande durchgeführt hatte: Er sei mit ihr bis an die Grenzen seiner Möglichkeiten gegangen. Sie hatte, wie der Nuntius mehrfach bestätigte, rund 160 verschiedene Namen erbracht. Bei einer ähnlichen Erkundung in Salzburg vor der Bestellung des Nachfolgers von Erzbischof Berg waren es 110 Namensvorschläge; auch die Befragung in Vorarlberg war umfangreich und erbrachte relativ viele Nominierungen. Wie häufig einzelne Namen genannt wurden, ist nie bekanntgeworden – dies unterliegt, ebenso wie die Angabe, wer befragt worden ist, jener strikten Geheimhaltung, an die auch die Befragten selbst gebunden sind, ob sie nun ein Formular erhalten oder weniger formell direkt angesprochen werden.

Wie entscheidend ist die Rolle des Nuntius bei der Ernennung von (Diözesan-)Bischöfen? Sie wird in der Aufzählung der Aufgaben eines Legaten beschrieben (siehe oben) und im Motuproprio Pauls VI. noch genauer angeführt: Er soll

»a) frei und mit gebührender Vorsicht Geistliche wie auch kluge Laien, die ihm zu nützlicher und vertrauenswürdiger Auskunft geeignet erscheinen, um ihre Ansicht bitten. Aus verständlicher und schuldiger Rücksichtnahme auf jene, die Rat erteilen, sowie auf jene, die ihn erfragen, wie auch aus der Natur der Befragung selbst, ist ihnen die Pflicht der Geheimhaltung aufzuerlegen;

b) nach den Normen vorgehen, die vom Apostolischen Stuhl über die zum bischöflichen Dienst Vorzuschlagenden erlassen sind und die Kompetenz der Bischofskonferenz vor Augen haben;

c) rechtmäßig gewährte Privilegien und wohlerworbene Rechte und jede besondere, vom Apostolischen Stuhl approbierte Verfahrensweise beachten.«

Nuntius Cagna hat kein Geheimnis daraus gemacht, daß er in der Mitwirkung bei der Suche nach Bischöfen eine seiner Hauptaufgaben gesehen hat. Ohne Namen zu nennen, hat er oft – lächelnd und von einer unterstreichenden Handbewegung begleitet – gesagt, er habe »die Angel ausgeworfen wie ein Fischer, notfalls mehrmals«. Diese Bemerkung ist meist auf die Vorgeschichte der Ernennung des Abtes von St. Lambrecht, Maximilian Aichern, zum Bischof von Linz bezogen worden, hatte sich doch herumgesprochen, daß der Benediktiner auf erste Andeutungen und Anfragen mit der Bitte geantwortet habe, die Wahl möge nicht auf ihn fallen. Es gab weiterführende Spekulationen, wonach Nuntius Cagna primär den damaligen Weihbischof von Linz und nunmehrigen Vizepräsidenten des Päpstlichen Rates Cor Unum, Kurienbischof Dr. Alois Wagner, vorgeschlagen habe (wobei er sich in Übereinstimmung mit sehr vielen Priestern und Laien befunden habe); erst in einer Zweitphase, als bereits feststand, daß für Wagner eine andere kirchliche Funktion in Aussicht genommen sei, habe er alles darangesetzt, Aichern zu gewinnen, was ihm auch gelang. Ob diese Vermutungen einen wahren Kern hatten, wird sich angesichts der Geheimhaltung nicht so bald verifizieren oder widerlegen lassen. Die sichtbare Freude Erzbischof Cagnas bei der Bekanntgabe der Ernennung Bischof Aicherns (15. Dezember 1981)

könnte ein Indiz sein. Als quasi offenes Geheimnis hat dagegen immer gegolten, daß bei dem Vorschlag, den Grazer Hochschulseelsorger Dr. Egon Kapellari zum Diözesanbischof von Gurk-Klagenfurt zu ernennen (7. Dezember 1981), der Nuntius sich dem ausdrücklichen Wunsch des aus Alters- und Gesundheitsgründen zurückgetretenen Bischofs Josef Köstner voll angeschlossen habe.
Nuntius Cecchini hat sich selbst nicht als »Fischer« im Sinne seines Vorgängers gesehen. Aber natürlich »werden Bischöfe auch nicht zufällig gefunden«, sagte er zur »Presse«. Dies sei auch manchmal gar nicht leicht. So habe ihn noch vor der offiziellen Befragungsphase zur Ernennung eines Diözesanbischofs für Feldkirch der Freie Abt von Mehrerau, Kassian Lauterer, dringend gebeten, von seiner Person abzusehen, welchem Wunsch sich auch der Zisterzienserorden angeschlossen habe.
Entgegen einer weitverbreiteten Annahme solle man aber, sagte Erzbischof Cecchini in diesem Gespräch mit der »Presse«, die Bedeutung eines Nuntius bei den Bischofsernennungen auch nicht überschätzen: Bei Weihbischöfen habe er nicht einmal das Recht zu intervenieren, um deren Ernennung suche der Ordinarius an; der Nuntius könne aber natürlich konsultiert werden, fügte er hinzu. Ein »Enthüllungsjournalist« hätte ihn da wohl gefragt, ob und in welcher Form dies vor der Ernennung von Universitätsprofessor Krenn zum Auxiliarbischof von Wien der Fall gewesen sei, und hätte dann aus der Mimik und dem Tonfall der Antwort – die selbstverständlich darin bestanden hätte, nicht zu antworten – seine Rückschlüsse zu ziehen versucht.
Doch einen »Enthüllungsjournalisten« – sofern von einem solchen überhaupt der Weg in die Theresianumgasse gesucht worden wäre – hätte der Nuntius vermutlich gar nicht erst empfangen. Im übrigen legen beim Umgang mit Journalisten, auch mit solchen, die ihnen persönlich bekannt sind, päpstliche Legaten allenthalben auf der Welt ein gerüttelt Maß von Vorsicht an den Tag. Das hat mit dem Prinzip der Diskretion zu tun, das zur diplomatischen ebenso wir zur kirchlichen Usance und Tradition gehört, aber ebenso mit schlechten Erfahrungen, die Bischöfe und Erzbischöfe speziell in letzter Zeit fallweise gemacht haben (Kardinal Groër wüßte da ein trauriges Lied zu singen) und die zumindest teilweise auch in einer gewissen Beziehung zur mangelnden Vertrautheit mit der Medienwelt stehen, wie sie zu-

mindest in der älteren Generation – Nuntien eingeschlossen – ausbildungsbedingt ist.
Die Doppelfunktion der Legaten der Ortskirche und dem Staat gegenüber macht die Sache noch schwieriger. Das erwies sich, sooft – ohne Zutun und entgegen dem Wunsch der Nuntiatur – Namen von bereits ernannten Bischöfen »durchgesickert« waren. Solches ist – Sensation ersten Ranges! – schon 1956 bei der Ernennung des St. Pöltner Weihbischofs DDr. Franz König zum Erzbischof von Wien geschehen, ebenso 1973 nach der Bestätigung der Wahl von Dr. Karl Berg zum Erzbischof von Salzburg (von der Wahl durch das Salzburger Domkapitel war nichts an die Öffentlichkeit gedrungen) und ist seither wiederholt der Fall gewesen.
Bei Bischof Kapellari und Erzbischof Groër geschah es unbeabsichtigter- und argloserweise in Verbindung damit, daß vorgesehene Bischofsernennungen vom Heiligen Stuhl der Bundesregierung mitzuteilen sind, die gemäß dem Konkordat ein (mit allgemein politischen Gründen zu erklärendes und normalerweise nie genütztes) Einspruchsrecht hat. Bei Erzbischof Eder kam eine authentische Bestätigung bereits heftig kursierender Gerüchte von einem hochrangigen betagten Salzburger Priester, der als persönlicher Freund des Dechanten von Altenmarkt dessen nach einer Bedenkzeit gefaßten Entschluß, das Amt anzunehmen, einem lokalen Journalisten mitteilte. Anläßlich der Ernennung Kapellaris gab es, so hörte man jedenfalls später, wegen der Indiskretion eine Intervention der Nuntiatur bei der Bundesregierung.
Von katholischen Journalisten, auch wenn sie nicht in den kirchlichen Medien arbeiten, erwartet nicht nur in Österreich die Nuntiatur – aus ihrer Position und Sicht verständlich – nach wie vor, daß sie die Stillhaltefrist bis zur formellen Bekanntgabe der Ernennung durch Rom einhalten, selbst wenn alle anderen Medien längst die Namen veröffentlicht haben; tun sie das nicht, können sie durchaus mit freundlich-nachsichtigem Verzeihen rechnen, nicht aber mit Verständnis.
Der Nuntius selbst tritt in institutionalisierter Form nur zweimal im Jahr vor die österreichische Öffentlichkeit: Am Morgen des 1. Jänner wird in Ö1 seine Rundfunkansprache ausgestrahlt, in der er das jeweilige Thema des zu diesem Datum begangenen, vom Papst proklamierten »Friedenstages« darlegt und dem ganzen Land seine Glück-

wünsche zum Jahreswechsel ausspricht. Und beim Neujahrsempfang des Bundespräsidenten für das Diplomatische Corps obliegt es ihm als dem Doyen, offizielle Worte zu sprechen, die auszugsweise auch in den Medien ihren Widerhall finden.

Fraglos ist in den letzten Jahren das Interesse der Öffentlichkeit, vor allem auch der nichtkirchlichen, am Wirken und an der Person des jeweiligen Nuntius gestiegen. Der nunmehrige Kardinal Opilio Rossi ist während seiner fünfzehn Wiener Jahre im Verständnis vieler aktiver Katholiken Österreichs »einer unserer Bischöfe« geworden, vor allem dank seiner persönlichen Einbindung in die heimische Seelsorge. So manche seiner pastoralen Erfahrungen ist wohl auch eingeflossen in sein Wirken als erster Präsident des damals jungen Päpstlichen Rates für die Laien, der 1981 sein »Europatreffen« von Bischöfen und Laien des ganzen Kontinents in St. Gabriel abgehalten hat – die erste Veranstaltung, die von einem römischen Dikasterium in Österreich durchgeführt wurde.

Die Verbindung ist stets eng und herzlich geblieben und auch in der Verleihung von Ehrenbürgerschaften österreichischer Gemeinden zum Ausdruck gekommen. Die Arbeitsgemeinschaft Katholischer Verbände hat ihre höchste Auszeichnung »Kardinal-Opilio-Rossi-Medaille« benannt. Das Engagement des damaligen Nuntius bei der Wiederbelebung und Erneuerung der Wallfahrt von Maria Roggendorf durch Monsignore Groër (1969) war pionierhaft und wirkt weiter. Nichtsdestoweniger dürfte die persönliche Beteiligung Kardinal Rossis an der Ernennung des auch von ihm sehr geschätzten Wallfahrtsdirektors zum Erzbischof von Wien heute zumindest überbewertet werden: Seit Opilio Rossi Kardinal und nicht mehr Nuntius ist, sieht er seine Aufgabe nicht in kirchlicher (Personal-)Politik. Und was die Jahre 1961 bis 1976 anlangt, so trifft die berufliche Diskretion mit seiner nachgerade demütigen Stille zusammen.

Man kann daher nur raten, wie intensiv sein Einfluß war, als sich die Diözese Graz-Seckau in einer äußerst schwierigen Lage befand und nach dem Rücktritt von Bischof Schoiswohl zum Jahresende 1968 die – allgemein als überaus glücklich anerkannte – Wahl auf den seelsorglich bewährten, aber relativ unbekannten Pfarrer Johann Weber fiel. Nicht anders ist es hinsichtlich der beiden Salzburger Erzbischöfe Eduard Macheiner, der am 18. Oktober 1969 ernannt wurde und im Juli 1972 nach kurzer Krankheit gestorben ist, und Karl Berg, der am 9. Jänner 1973 ernannt wurde: Das Domkapitel hat sie aus einem vom Heiligen Stuhl vorgelegten Dreiervorschlag geheim gewählt; an dessen Erstellung war der Nuntius jedenfalls maßgeblich beteiligt, und man hat nie auch nur andeutungsweise gehört, daß es Probleme gegeben habe.

In die Wiener Amtszeit von Nuntius Erzbischof Mario Cagna, der gleichfalls um seelsorgerisches Wirken bemüht war, so weit sein Gesundheitszustand es möglich machte, fällt noch vor den schon angeführten Bischofsernennungen für Linz (Maximilian Aichern) und Gurk-Klagenfurt (Dr. Egon Kapellari) die Bestellung des Tiroler Oberhirten Dr. Reinhold Stecher (15. Dezember 1980). Kurz vor seiner endgültigen Abreise aus Österreich hat Erzbischof Cagna – schwer krank und wehen Herzens Abschied nehmend – in Privatgesprächen an sein Wort vom »Fischer« angeknüpft und lächelnd gesagt: »Ich habe Ihnen gute Bischöfe gefangen!«

Als – wie sein Vorgänger aus Belgrad kommend, wie dieser auch von Anfang an zu geistlichen Funktionen bereit – Erzbischof Cecchini 1985 in die Wiener Theresianumgasse kam, wußte er, daß mit den bevorstehenden Ernennungen der Nachfolger für Kardinal König in Wien, Erzbischof Berg in Salzburg und Bischof Wechner in Feldkirch große Aufgaben auf ihn warteten. Sah er vorher, daß Österreich auch bald einen Militärordinarius erhalten würde? Bischof Alfred Kostelecky wurde am 12. November 1986 ernannt. Der Nuntius hat nie ein Geheimnis aus seiner Befriedigung darüber wie auch über die anderen Ernennungen seiner Amtszeit gemacht. Aber er hat auch gesagt, man solle die Bedeutung eines Nuntius dabei nicht überschätzen, und vermuten lassen, daß sie für ihn nicht das Wichtigste seien. Seine oberste Maxime waren die selbstverständliche Treue und der – wie viele sagen: auch vorauseilende – Gehorsam gegenüber dem Papst.

Erzbischof Michele Cecchini ist in Wien, das er trotz allem geliebt hat, gestorben, wie am 13. August 1961 Nuntius Erzbischof Giovanni Dellepiane, der 1949 als Internuntius gekommen war und dessen Verdienste um die Aussöhnung zwischen dem Heiligen Stuhl und der Zweiten Republik, um die Anerkennung des Konkordates, längst zur Kirchengeschichte gehören.

Die Totengottesdienste im Stephansdom, die Abschiedszeremonien mit militärischen Ehren vor dem Riesentor haben 1961 und 1989 eindrucksvoll die zweifache Aufgabe – der Ortskirche und dem Staat gegenüber – vor Augen geführt, die von Nuntien in Österreich seit dem frühen 16. Jahrhundert erfüllt wird.

Am 14. September 1989 ist der neue Apostolische Nuntius, Erzbischof Dr. Donato Squicciarini, in Wien eingetroffen. Am 18. September hat er dem Bundespräsidenten sein Beglaubigungsschreiben überreicht. In einem »Presse«-Interview mit mir, das am selben Tag erschien, hat er seinen Wunsch nach umfassender Kommunikation ausgedrückt (was ihm alsbald Lob von evangelischer Seite eintrug). Auf das Wort seines Vorgängers über den »schnelleren Gehorsam« angesprochen, sagte er: »Man darf immer nach Gründen fragen. Die Christen sollen nachdenken und Erklärungen verlangen«, dann aber »bereit sein, ihr Ja zu sagen«. Er äußerte angesichts der innerkirchlichen Situation im Lande eine Hoffnung: »Ich weiß, daß die österreichischen Katholiken immer gute Vermittler gewesen sind, und habe Vertrauen, daß sie diese Eigenschaft noch weiter entwickeln werden. Ich hoffe, daß sie bereit sind, zur Einheit beizutragen. Ich bin dazu da, ihnen dabei zu helfen.« Und er fügte seinen Wahlspruch an: »In Wahrheit und Liebe«.

Ähnlich hatte er sich – damals noch in Yaoundé – schon am Tag nach seiner Ernennung (1. Juli) in einem telefonischen »Presse«-Gespräch mit mir ausgesprochen. Dies und die Tatsachen, daß Squicciarini bereits unter den Nuntien Rossi und Cagna in Wien gewirkt hat, also die Kirche in Österreich aus persönlicher Anschauung kennt, daß sein Deutsch perfekt ist, daß er sich als Titularbistum Teurnia (Tiburnia) in Kärnten gewählt hat und bei seiner Bischofsweihe 1978 Kardinal König Mitkonsekrator war, haben dazu geführt, daß sein Amtsantritt viel Hoffnung und große Erwartungen ausgelöst hat.

Kirche und Macht

Die Kirche, heißt es immer wieder, habe sich in der Vergangenheit meist mit den Mächtigen verbündet. Um ihre Glaubenswahrheit zu verbreiten, habe sie die vorhandenen Machtstrukturen benützt. Sie sei, so betrachtet, häufig eine »Kirche der Reichen« gewesen. Ihre Aufgabe sah sie darin, den Menschen Trost zu spenden im irdischen Jammertal und in ihnen die Hoffnung zu wecken, daß es »drüben« anders sein werde, besser, schöner. Der Streit in der Kirche von heute geht demnach auch um diese Frage: Soll die Kirche mit den Armen gegen die Reichen agieren, soll sie mit den Reichen für die Armen operieren, oder soll sie ausgleichend, versöhnend, liebend und verzeihend wirken? In Lateinamerika vor allem ist dies ein Kernpunkt des »heiligen Zorns«.

Kirche und Macht: Das wird in Europa, in Österreich anders gesehen. Hier wogt der Sreit um jene unabdingbare Folgeerscheinung von Machtausübung, die man als Autorität bezeichnet. Kirche und Macht – das läßt sich, da Canossa in ferner Vergangenheit liegt, auf den Problemkreis »Macht in der Kirche« einengen. Man redet gerne vom »Machtwort«, das dieser und jener gesprochen habe oder auch sprechen sollte. Was ist ein »Machtwort«? Ist es in den Wind gesprochen, wenn sich jemand daran hält? Kann man das Gewissen durch ein Machtwort verpflichten? Wird Autorität durch Machtworte geschaffen, wird sie durch hierarchische Ordnungen zementiert oder entspringt sie der »Macht« der Persönlichkeit?

Jeder Verein hat seine Statuten, jede Organisation ihre Regeln. Dem Stufenbau der Rechtsordnung entspricht die vertikale Gliederung einer Institution, von der Christus sagte, die Pforten der Hölle würden sie nicht überwinden. Diese Pforten sind heutzutage verschiedentlich beschriftet, und sie stehen alle weit offen. Macht heißt auch, den anderen, den Nächsten beherrschen zu können. In der Lage zu sein, ihn zu knech-

ten. Das ist nicht unbedingt wörtlich zu verstehen. Fesseln, knebeln und knechten kann man auch geistig.

Aber was ist das Gegenteil von Macht, Autorität, Law and Order? Eine der Höllenpforten trägt die Aufschrift »Anarchie«, die andere »Hedonismus«, die dritte »Libertinage«. Erlaubt ist, was gefällt. »Ich genieße, also bin ich«, lautet einer der dümmsten und zugleich gefährlichsten Werbeslogans der letzten Jahre.

Kirche und Macht – das reicht von der vieldiskutierten »Missio canonica« bis zur Bischofsernennung. Das ist nicht bloß ein politisches Thema. Es ist ein Grundproblem der Diskussion. Einer der wundesten Punkte im Streit. Und ein permamenter Funke, der den »heiligen Zorn« zu entfachen imstande ist.

Leopold Ungar

Das Böse hassen, die Bösen lieben

Dürfen Hirten mit den Wölfen heulen?

Macht in der Kirche – ist das ein Widerspruch? Die Kleruskirche erhielt Macht im irdischen Sinn des Wortes in jenen Ländern, in denen aus Überzeugung oder aus politischen Gründen die Herrscher das Christentum angenommen hatten.
Die Auseinandersetzung zwischen Macht und Ohnmacht durchzieht die Kirchengeschichte. Die Macht der Ohnmächtigen stand am Anfang. Menschen, die gar nicht geschult waren, das Evangelium zu verkünden, die Zivilisierten und später die Barbaren zu bekehren, erreichten, daß das römische Weltreich christlich wurde. Je stärker dadurch die weltliche Macht des Klerus wurde, desto mehr wurde er von ihr verführt. Lord Acton sagt: jede Macht korrumpiert – absolute Macht korrumpiert absolut.
Die Macht und der Reichtum der etablierten Kirche führten immer wieder zu Gegenbewegungen, die die Armut betonten und – wie in den Anfängen des Christentums – durch die Zuwendung zu den verachteten Schichten eine neue Bekehrung und Christianisierung zustande brachten. Die lateinische Kirche ist Erbin vieler Einrichtungen des Römischen Reichs geworden. So ist zum Beispiel die Diözese ein Verwaltungsbezirk des Römischen Reichs gewesen. Der Bischof war der Anführer der Christen. Was ist aus ihm geworden? Eine Mischung aus geistlichem, kulturellem und manchmal auch politischem Führer. Der Klerus war zugleich Vermittler zwischen der antiken Kultur und den barbarischen Welten. Da er lesen und schreiben, Latein, Griechisch und Arabisch konnte, war er fast eine notwendige Hilfe für das politische Funktionieren der Staaten.
In späterer Zeit ist die Trennung von Kirche und Staat vielfach nur unter großen Mühen zustande gekommen. Der Kirche in Österreich hat die Benützung der weltlichen Macht, um ihre Forderungen

durchzusetzen, sehr geschadet – zuerst über das Kaiserhaus, in der Ersten Republik über eine politische Partei. Zu den Fortschritten der Zweiten Republik, zu den durch große Leiden und Schmerzen zustande gekommenden Läuterungsprozessen der Kirche gehört es, daß sie nun ihre Interessen nicht von einer Partei, die sie zu beherrschen versucht, vertreten läßt, sondern daß sie es den Individuen freistellt, die Partei zu wählen, die ihrer Überzeugung nach am ehesten die Ziele des Gemeinwohls zu verwirklichen geeignet ist. Diese befreiende Tatsache brachte die Verbesserung des politischen Klimas bei uns mit sich.

Das Thema Machtverzicht führt zu einer Kernfrage christlichen Verhaltens, zur Bergpredigt, die nicht, wie manche liberale Katholiken meinen, ein Jugendwerk eines noch unerfahrenen Geistlichen ist, der die Welt nicht kennt. Wenn sie das Wort dessen ist, der die Welt geschaffen hat, dann bleibt ja der offiziellen Kirche gar nichts anderes übrig, als mindestens anzustreben, daß Macht Macht bleibt und nicht Vergewaltigung wird.

Die Kirche darf nie vergessen, daß das christliche Paradox darin besteht, daß die Niederlage die sicherere Garantie für das Erreichen der eigentlichen Zielsetzung ist als der Versuch, diese mit Gewalt durchzusetzen. Die Bergpredigt ist nicht eine poetische Aufforderung, im Privatleben heroisch zu sein, sondern – hier haben wir von Nicht-Christen und Nicht-Katholiken zu lernen gehabt – sie kann auch erstaunliche Erfolge im Bereich politischer Freiheitsbewegungen zustande bringen. Die Tätigkeit Gandhis in seiner Auseinandersetzung mit dem britischen Imperium, die Tätigkeit Martin Luther Kings im Kampf um die Rechte der Farbigen in seinem Land zeigen dies.

Mit großer Freude kann man feststellen, daß die katholische Kirche von beiden gelernt hat, daß die Macht der Gewaltlosigkeit zu den Errungenschaften unseres Jahrhunderts gehört und daß sie entscheidende politische Veränderungen herbeiführen kann. Der Sieg der Philippinen über ein Gewalt- und Korruptionsregime wurde durch diese grandiose, gewaltlose Demonstration der Rosenkranzbeter und -beterinnen errungen, die sich zwischen die Streitkräfte und das Volk gestellt und den Tod riskiert hatten. Auf Haiti – sicher unter dem starken Einfluß des Papstes – ist es der gewaltlosen Kampfbereitschaft des einfachen Volkes gelungen, das Regime zu stürzen.

Aus heutiger Sicht sollte man sich hüten, generelle kirchliche Strukturen zu empfehlen, weil die Kirche – mindestens im sichtbaren Bereich – sich auf alle Kulturen ausgedehnt hat. Was in einer Gegend, in einem kulturellen Bereich durchaus praktikabel ist, wird anderswo nicht akzeptiert. Eine starke Zentralisation erfolgte nach dem Verlust des Kirchenstaates und durch die Definition der Unfehlbarkeit des Papstes. Es scheint ein Werk der göttlichen Vorsehung zu sein, daß im Zweiten Vatikanum die Kollegialität der Bischöfe und die Dezentralisierung der kirchlichen Machtausübung stärker betont wurden, daß die legitime sakrale Macht eher untergeordneten Organisationen, wie den Bischofskonferenzen und dem jeweiligen Diözesanbischof, zugedacht wurde. Diese Entwicklung wird wohl weitergehen müssen in dem Maß, in dem die ökumenische Annäherung der getrennten christlichen Kirchen fortschreitet und die ganze Welt, der ganze Planet das wird, was ein kanadischer Soziologe »das elektronische Dorf« genannt hat, in dem nichts selbstverständlicher ist, als daß am selben Ort und zur gleichen Zeit Angehörige der verschiedensten Nationen, Rassen, Kontinente und Glaubensrichtungen präsent werden.
Das führt zu etwas, das wie eine Propagandaformel wirken mag: Durch die Veränderung der Infrastruktur und durch die Veränderung im Bereich der Medien ist der Fernste mein Nächster geworden. Soweit ich ihn und seine Sorgen kennenlerne, hat er den gleichen Anspruch auf meine geistige, religiöse und materielle Hilfe wie der Nachbar. Daß es Akzentunterschiede geben wird, daß sich der eine mehr für den physisch gegenwärtigen Nachbarn in der eigenen Umgebung und der andere mehr für den »elektronischen« Nachbarn, für den fernsten interessiert, rückt die Möglichkeit des Anfangs des Gottesreichs näher, in dem wir alle Kinder Gottes und daher Brüder und Schwestern sind.
Kirche braucht geistliche Macht: die Autorität des Papstes, der Bischöfe, der Kleriker und des souveränen priesterlichen Volkes.
Daß in der Kirche Autorität eine große Rolle spielt und spielen muß, widerspricht nicht der notwendigen Bemühung darum, in ihr soviel Freiheit zu sichern wie möglich, Gegensätze nicht autoritär zu bekämpfen, die Berufung auf den Ursprung aller Autorität, nämlich Gott, nicht zu mißbrauchen für die Erhaltung alles Erstarrten und Überholten.

Also nicht Strukturkonservatismus, sondern Wertkonservatismus! Zu den größten Schwierigkeiten gehört es, hier den richtigen Weg zu finden, und wir haben ihn noch nicht gefunden.
Es ist wichtig, Autorität zu verstehen, so wie Jesus sie im Mandatum Magnum ausdrückt, in dieser Gründonnerstag-Zeremonie der Fußwaschung: Je höher einer ist, desto mehr muß er der Diener aller sein. Und das trifft sogar auf den Allerhöchsten, auf Jesus selber zu, der Gott ist und nicht nur Mensch. Nicht nur wir knien vor ihm, Er kniet vor uns und bietet uns Seine Gnade an.
Wenn kirchliche Autorität so verstanden wird, dann ist die Auswahl der Personen, die in der Kirche regieren, ein vergleichsweise sekundäres Problem. Wir akzeptieren den Primat des Papstes auch dort, wo wir mit seinen Entscheidungen innerlich nicht übereinstimmen. Wir müssen ihm folgen, solange das, was er von uns verlangt, nicht gegen unser Gewissen ist oder evidenterweise der Offenbarung Gottes oder den offiziellen Glaubensbekenntnissen der Kirche widerspricht.
Es ist sicher legitim, über die Beteiligung der Gläubigen nachzudenken, weil die erwachsene Bevölkerung einer Gesellschaft, in der jeder lesen und schreiben kann, sich über die Interna des Glaubens, die früher nur dem Klerus zugängig waren, informieren kann. Oder wir akzeptieren einfach das, was immerhin der erste Papst, der ein Diplomat war, getan hat, als es um die Nachfolge des Apostels Judas ging. Nachdem er gehört hatte, daß zwei Namen unter den führenden Persönlichkeiten der Christenheit kursieren, hat er nicht selber entschieden, sondern hat nach Gebeten das Los entscheiden lassen. Wenn, wie manche Konservative es darzustellen belieben, die Unfehlbarkeit des Papstes in alles hineinspielt, in die Bestimmung kirchlicher Würdenträger spielt sie nicht hinein, sonst hätte ja Jesus versagt, der Judas auch zum Apostel und Petrus zum Haupt der Apostel gemacht hat, obwohl er wissen mußte, daß der ihn dreimal verleugnen würde. Jesus hat ihn, wie gleich in der anschließenden Evangeliumsstelle, die den Primat begründet, überliefert wird, zurechtgewiesen: »Weiche von mir, Satan! Du hast nicht das im Sinn, was Gott will, sondern das, was die Menschen wollen.« (Vgl. Mt 16,23) Das ist bei kirchlichen Autoritäten im Lauf der Kirchengeschichte – weiß Gott – in reichem Maß der Fall gewesen.
Die rechte Beachtung dieses Wortes Jesu führt zu einem Verhalten,

das leicht als autoritär mißverstanden werden kann. Umgekehrt müßte es jedem Katholiken klar sein, was die Kirche nicht aufgeben kann, weil es auf der Offenbarung und der Tradition des Glaubens beruht. Auch eine moderne Kirchenführung kann nicht die Mehrheitsentscheidung als Form der Wahrheitsfindung praktizieren. Aber so zu tun, als wäre die gegenwärtige Kirche de facto immer unfehlbar, ist nur auf der Grundlage des Ignorierens der gesamten Kirchengeschichte möglich. Sie ist voll Irrtümern, Überschreitungen von Grenzen, die den Kirchenleuten von der Offenbarung gesetzt sind. Und daher gehört es sicherlich zu den wichtigsten Aufgaben der kirchlichen Gegenwart, den Bildcharakter der Worte »Hirt« und »Schafe« richtig zu verstehen. Es ist vorgekommen, daß Hirten mit den Wölfen geheult haben, in der Hoffnung, daß der Wolf die Herde verschonen würde. Damit haben sie die Schafe und ihr Hirtenamt verraten.

Als man zum ersten Mal einen Apostel als Nachfolger für Judas berief, war die Bedingung nur, daß er mit Jesus beisammen gewesen war, ihn kannte und ihm nahestand. Nicht, daß er rhetorisch oder werbemäßig geschult war, sondern nur, daß er ein Zeuge war, ein plumper Zeuge, der ihn liebte, der von ihm ins Herz getroffen wurde. Das genügte, um ein Kandidat zu sein. Auch heute muß der Bischof nur ein Zeuge sein, man muß spüren, daß er ein Zeuge Gottes ist. Er muß Christus erlebt haben.

Wenn der Bischof Zeuge ist, kommt er auch ohne Macht aus, weil er, wie Paulus, stark ist, wenn er schwach ist. Denn die Nähe zu Christus ersetzt jeden Mangel an irdischen Gaben.

Die Kirche wächst, einfach weil der Glaube ansteckend ist, wenn er wirklich da ist. Der Glaube ist ansteckend, und er ist ansteckender als die Sünde. In der Praxis tun wir genau das Gegenteil: Wir schirmen ab, die Katholiken von den Nichtkatholiken, wie die braven Kinder aus guten Familien von den Gassenbuben abgeschirmt werden. Aber wir sind der Sauerteig, der den Teig der Welt durchdringen soll.

Mit einem Minimum an Macht können wir auskommen, wenn wir statt auf den »Arm des Fleisches« auf die Kraft des Glaubens setzen. Je größer der Glaube, desto kleiner können die irdischen Mittel sein, mit denen wir ihn weitertragen.

Bedeutende Theologen meinen, daß die Weihe von Frauen durchaus legitim wäre. Daß das Wort des Paulus, die Frau schweige in der Kirche, oder der Tadel, daß sie keine Kopfbedeckung trägt, rein kulturellen Ursprungs sind und nichts mit der Offenbarung als solcher zu tun haben. Für manche Kulturen wäre die Priesterweihe von Frauen akzeptabel, für andere aber ganz und gar nicht, das beginnt schon im Osten Europas und steigert sich in den arabischen Ländern. Auch die starke Unterordnung der Frau unter den Mann kann rein kulturelle Gründe haben, wird allerdings so ausgedrückt, daß der Mann das Haupt der Frau ist, so wie Christus das Haupt des Mannes.

Aber Beruhigung könnte eintreten, wenn wichtige Positionen, die nicht mit der Weihe verbunden sind, die also nicht auf die Offenbarung und auf die Anfänge der Kirche zurückgehen, zum Beispiel das Amt des Kardinals, in steigendem Maße mit Frauen besetzt würde. So wäre wahrscheinlich der Verdacht, daß der Papst aufgrund eines falschen Macho-Denkens nicht will, daß Frauen Priester werden, widerlegt.

Man wird in Zukunft wohl auch stärker unterscheiden müssen zwischen Leuten, die eine Berufung zum Zölibat haben, und Leuten, die ihn nur in Kauf nehmen, solange er eine Bedingung ist, Priester zu werden.

Es war wohl eine Fehlentwicklung, daß eine Zeitlang Dispensen vom Priestertum erteilt wurden, ohne zu unterscheiden, ob jemand ein Ordensmann ist, der sich reiflich hat prüfen lassen müssen, ob er die Berufung zu Armut, Keuschheit und Gehorsam hat oder ob er ein Diözesanpriester, ein Weltpriester ist, der diese Bedingung bloß akzeptiert hat. Und es ist auch selbstverständlich, daß, solange der Zölibat gilt, der Papst nicht automatisch beliebig dispensieren kann, weil es ja auch um die Entschlußkraft derer geht, die ebenso normale menschliche Schwierigkeiten haben, wie diese ja auch zum Beispiel in der Ehe bestehen und keineswegs nur im Zölibat.

Was in den vergangenen Jahrhunderten als unmöglich angesehen wurde, daß zwei Religionen in einem Staat koexistieren können, ist heute eine Selbstverständlichkeit. Und daß nicht die quantitative Ansammlung von geoffenbarten Wahrheiten entscheidend ist, sondern daß man den unendlichen Rangunterschied zwischen ihnen sieht.

Die höchste Offenbarung, die die Kirche vermittelt, ist, daß Gott die Liebe ist. Wenn Gott Liebe ist und wenn er liebt, was er geschaffen hat, muß, wer an ihn glaubt, lieben. Und das ist wichtiger als alles andere. Auch wenn er glaubt, nicht zu glauben, aber liebt, kann er geheimnisvollerweise Anteil erhalten an dem österlichen Geheimnis, durch das Gott für uns in Jesus seine Liebe bis zum Liebestod geoffenbart hat.

Es gibt heiligen Zorn. Aber der unheilige Zorn ist um so unheiliger, je heiliger er sich vorkommt. Je weniger er sich bewußt ist, daß man *das* Böse hassen muß, *die* Bösen aber lieben. Ist den Menschen, die unter der Fahne eines kirchlichen Konservatismus kämpfen, bewußt, daß alle Häresien und Schismen von Kirchenleuten ausgegangen sind und daß die Kirche bemüht sein muß, das Gute, das in häretischen und schismatischen Kirchen verwirklicht und oft zum Ausgangspunkt für die Trennung von der katholischen Kirche wurde, zu akzeptieren und ins eigene Leben zu integrieren? Christ ist man nicht, indem man den Antichrist bekämpft. Christ ist man, wenn man die Liebe Christi in sich wirken und auf andere einwirken läßt, das Gute auch im Feind erkennt, das Wahre, das den falschen Systemen in der Religion, Philosophie oder Politik erst die Lebenskraft gibt, sorgfältig birgt, auch wenn das System als Ganzes abgelehnt werden muß. Wieviel Wahrheit steckt im Kommunismus! Berdjajew hat das in den dreißiger Jahren in seinem Buch »Wahrheit und Lüge des Kommunismus« ausgesprochen: Da ist eine große Lüge, nämlich, daß es keinen Gott gibt und daher der Mensch alles selber tun muß, um das Richtige zu verwirklichen.

Die Gefahr der Häresie ist, daß man eine Teilwahrheit der Offenbarung sehr deutlich erkennt und intensiv lebt, aber die Hierachie der Wahrheiten verletzt, weil man glaubt, im Kampf für die Teilwahrheit sich von vielem Übrigen dispensieren zu können.

Es gibt eine Ähnlichkeit zwischen Kirche und einer Pseudoreligion wie dem Kommunismus. Die Ähnlichkeit liegt im Institutionellen. Wer glaubt, die absolute Wahrheit zum Sieg führen zu können, nimmt Brutalität und Gewalt in Kauf, um die Strukturen zu schaffen, die ihm ermöglichen, die Wahrheit durchzusetzen: Diktatur des Proletariats als Übergang zur klassenlosen Gesellschaft. Gewaltsame Bekehrung der Heiden oder Andersgläubiger. Die Beseitigung derer, die die absolute Wahrheit nicht erkennen oder verfälschen. Es gibt einen Papst in beiden Systemen, es gibt ein Kardinalskollegium, es gibt eine offizielle Lehre, den DIAMAT (Dialektischen Materialismus). Und da hat ein amerikanischer Millionär als echter Kapitalist mehr Respekt zu erwarten als ein Revisionist. Ebenso wie in der Kirche der gute Heide.

Diese Ähnlichkeiten bewirken, daß die Kirchenleute den Fernstehenden so vorkommen wie die Politkommissare des Kommunismus. Dies geschieht, wenn im Namen der wirklichen geoffenbarten Wahrheit die Liebe verletzt wird. Wir dürfen Strukturen nicht mißverstehen als das eigentliche Ziel, sondern als das Mittel, dorthin zu führen. Also müssen wir den unendlichen Respekt Gottes gegenüber der Freiheit seines Geschöpfs wie Gott selbst achten.

Erstaunlich ist, daß wir uns heute fragen müssen, ob wir nicht vom jetzigen Kommunismus in der Sowjetunion lernen können, daß Strukturen dem eigentlichen Ziel einer gerechten Gesellschaftsordnung zu opfern und durch andere zu ersetzen sind, wenn sie die Entwicklung behindern. Gorbatschow kann uns eine Lehre geben, indem er den Ballast aus einem vom Untergang bedrohten Schiff abwirft. Es gehört zu den Paradoxien der Offenbarung, daß Gott seine Ziele durch die verwirklichen läßt, die gar nicht seinem Volk angehören und durch offizielle Schulung auf ihre Aufgaben vorbereitet wurden. Wir müssen den Feind von gestern lieben, dann können wir heute von ihm lernen.

Kirche und Geld

Ist die Kirche reich? Kostet die Kirche zuviel? Geht die Kirche mit dem Geld der Gläubigen nicht so um, wie es der Sorgfalt eines ordentlichen Kaufmanns entspricht? »Ach, wir Armen«, seufzt Gretchen, nachdem es festgestellt hat, daß doch alles und alle nach dem Golde drängen. Und Mephisto verrät boshaft, daß die Kirche einen guten Magen habe und allein »unrecht Gut« zu vertragen imstande sei.

Geld und Kirche – ein Problem offenbar, seit es die Kirche – und Kirchen – gibt. Daß die Zahl der Austritte wächst, hängt nicht zuletzt mit der Verpflichtung auch des sogenannten »Taufscheinkatholiken« zusammen, den Kirchenbeitrag zu zahlen und unter Umständen gepfändet zu werden. Säumige Zahler haben Verständnis, aber nicht immer Pardon zu erwarten. Kein Wunder demnach, daß die kirchlichen Finanzen ein chronischer Schmerzpunkt sind.

Wenn dann bekannt wird, daß die Kirche an Handelsunternehmen beteiligt ist, die nicht immer mit kirchlichen Intentionen Hand in Hand gehen, und wenn Skandale platzen wie jener um den Banco Ambrosiano, platzt auch mancher Kragen. Der Name Marcinkus ist zum Reizwort geworden: Seit der frühere Finanzchef des Vatikans durch die Spalten keineswegs nur der Regenbogen- oder Boulevardpresse schlenderte, ist das Problem noch heikler geworden. Wenn heiliger Zorn laut wird, entzündet er sich vor allem auch an finanziellen Fragen. Kaum einer denkt daran, daß nicht nur Gehälter zu zahlen, Gebäude zu erhalten, Kirchen zu pflegen sind, sondern auch Denkmalschutzaufgaben zu bewältigen, Spitäler zu finanzieren, Schulen zu bezahlen sind.

Dann freilich wird wieder auf die »reichen Stifte« verwiesen, auf das »Familiensilber« in den kirchlichen Schatzkammern, auf kircheneigene Betriebe. Streitpunkt und Schmerzpunkt Geld: Es ist einer, der am meisten weh tut, jenen, die zahlen, aber auch jenen, die fordern müssen.

Brigitta Klieber

Schwarzfahrer des Glaubens?

Das kirchliche Finanzproblem begann mit Hananias und Saphira

»Die Gemeinde der Gläubigen war ein Herz und eine Seele. Keiner nannte etwas von dem, was er hatte, sein Eigentum, sondern sie hatten alles gemeinsam ... Es gab auch keinen unter ihnen, der Not litt. Denn alle, die Grundstücke oder Häuser besaßen, verkauften ihren Besitz, brachten den Erlös und legten ihn den Aposteln zu Füßen ...« (Apg 4,32 und 34).

Mit diesen schlichten Worten schildert die Apostelgeschichte die Gütergemeinschaft der Urkirche. Beim Lesen stellen sich mir folgende Fragen: Haben die ersten Christengemeinden keine Probleme im richtigen Umgang mit Geld und Besitz gekannt? Sind alle Diskussionen zum Thema »Kirche und Geld« nur ein Problem unserer Zeit?

Der Verfasser der Apostelgeschichte war aufrichtig genug, uns nicht nur das eingangs zitierte Idealbild, sondern auch die damals bereits bestehenden Schwierigkeiten getreu zu überliefern. So wird sofort im nächsten Kapitel von Hananias und seiner Gattin Saphira berichtet, die zwar ebenfalls ihr Grundstück verkauft, aber dann beschlossen haben, nur einen Teil des Verkaufserlöses dem Apostel Petrus zu übergeben, um selbst nicht zu kurz zu kommen. Mich erinnert diese Vorgangsweise des Hananias an jene österreichischen Katholiken, die heute bestrebt sind, beim Kirchenbeitrag dadurch »billiger« als die anderen abzuschneiden, daß sie der Kirchenbeitragsstelle ihr Einkommen nicht bekanntgeben und auf eine möglichst niedrige Beitragseinschätzung hoffen.

Daß aber diese Probleme schon für die ersten Christengemeinden große Bedeutung hatten, beweist nicht nur das harte Urteil des Petrus dem Hananias gegenüber (»Du hast nicht Menschen belogen, sondern Gott«), sondern auch der einfache Vergleich des Umfangs der beiden Berichte: Reichen für die Beschreibung des Ideals der Gütergemeinschaft 13 Textzeilen aus, umfaßt der Bericht über Hananias 27 Zeilen – also mehr als doppelt soviel. Wenn schon für die ersten Christen die Frage des finanziellen Beitrags zu ernsten Konflikten geführt hat, braucht es uns wohl gar nicht allzusehr zu wundern, daß sich auch in unseren Tagen an diesem Thema die Meinungen scheiden. Dies um so mehr, als die Evangelien keine Patentlösung für die Kirchenfinanzierung anbieten. So unterschiedlich die kirchlichen Finanzierungsformen in den einzelnen Ländern heute auch sind, die Optimallösung, die nur Vorteile ohne jegliche Nachteile mit sich bringt, ist bisher noch nicht gefunden worden.

Die aktuelle Diskussion über das österreichische Kirchenbeitragssystem empfinde ich durchaus als begrüßenswert. Denn jedes von Menschen geschaffene System kann – und muß – immer wieder verbessert werden. Wenn diese Gespräche vom Wissen um die gemeinsame Verantwortung für unsere Glaubensgemeinschaft bestimmt sind, werden sie die Basis für echte Verbesserungen bilden. Voraussetzung für diese positive Wirkung ist aber, daß wir – im wahrsten Sinn des Wortes – ein Gespräch miteinander führen. Besonders Diskussionen vor Publikum erfüllen diese Zielsetzung oft dann nicht, wenn die Teilnehmer ihre Aussagen so zuspitzen, daß diese den anderen am empfindlichsten treffen oder gar vor den Zuhörern lächerlich machen können; solche Debatten sind meist nicht von dem Wunsch getragen, die Anliegen des anderen zu erfahren und zu verstehen, um eine gemeinsame Lösung zu finden, sondern das eigene Selbstwertgefühl durch einen »Sieg der zynischen Formulierungen« zu stärken. Martin Buber bezeichnet deshalb in seinem Buch »Zwiesprache« diese Diskussionen als »eifrigstes Aufeinander-zu-Reden« und nennt sie »den absonderlichen Sport einigermaßen denkbegabter Menschen«.

Manche Diskussionen zum Thema Kirchenfinanzierung werden heute leider in dieser unproduktiven Form geführt. Weil dies keinesfalls fruchtbare Veränderungen bewirken kann, entsteht gerade dadurch für den Beobachter der Eindruck einer in dieser Frage zutiefst zerstrittenen Kirche. Um so wichtiger ist das ehrliche Gespräch miteinander, das im Zuhören, Aufeinandereingehen und gegenseitigen Lernen seine charakteristischen Merkmale besitzt; es muß sowohl im kleinen Kreis als auch vor einer breiten Öffentlichkeit stattfinden. Der Dialog über das Thema »Kirche und Geld« als Ausdruck auch

der finanziellen Mitverantwortung aller Gläubigen ist nicht nur zulässig, sondern äußerst wertvolles Mitsorgen.
Als Angriffsfläche für die Kritik an der Finanzierung der römisch-katholischen Kirche in Österreich finden sich heute keinerlei Finanzskandale. Anstoß für die Diskussion ist meist das System des verpflichtenden Kirchenbeitrages.
Jeder erwachsene Katholik trägt mit einem seinem Einkommen entsprechenden Solidaritätsbeitrag die finanzielle Mitverantwortung für die Aufgaben seiner Glaubensgemeinschaft. Der Kirchenbeitrag beträgt rund ein Prozent des steuerpflichtigen Einkommens und wird nicht nur durch alle staatlichen Steuerfreibeträge, sondern zusätzlich durch zahlreiche kirchliche Ermäßigungen (z. B. Kinderermäßigung, Altersfreibetrag, ...) vermindert. Vom Pflichtbeitrag von vornherein befreit sind Jugendliche bis 19 Jahre, Studenten ohne eigenes Einkommen, Präsenzdiener, Frauen im Karenzjahr, Arbeitslose und Ausgleichszulagenempfänger. Im Jahr 1988 hat eine österreichische Familie monatlich durchschnittlich S 80,– Kirchenbeitrag gezahlt.
Dieser Pflichtbeitrag schafft die unverzichtbare finanzielle Grundlage für Seelsorge und kirchliche Hilfswerke; er kann aber nicht mehr als eine Basis sein: Darüber hinaus sind Spenden und ehrenamtliche Mitarbeit die tragenden Säulen der Kirchenfinanzierung.
An welchen konkreten Fragen entzündet sich nun die aktuelle Diskussion?

Die reiche Kirche ... – wozu noch Kirchenbeitrag?

Es ist verständlich, daß für den Betrachter kirchlicher Bauwerke der Eindruck entsteht: der Eigentümer dieser prächtigen Baudenkmäler muß unermeßlich reich sein!
Wie »trügerisch« dieses Bild des Reichtums tatsächlich ist, wird sofort deutlich, wenn die Kostenvoranschläge für unbedingt erforderliche Instandsetzungsarbeiten – zum Beispiel Dach- und Fensterreparaturen – oder gar für eine nicht mehr aufschiebbare Generalsanierung in Millionenhöhe eintreffen. Daß dieser kulturelle Schatz nicht in klingende Münze umgewandelt werden kann, ist klar, denn für diese Bauwerke würde sich – angesichts enormer Erhaltungskosten – mit

Sicherheit kein Käufer finden. Auch bei kommerzieller Verwertung wären die Erhaltungskosten kaum zu decken – aber es wünscht sich wohl ohnehin kaum jemand, daß beispielsweise die Stephanskirche in eine Diskothek umgebaut wird.
Selbst wenn ein Verkauf aller kirchlichen Statuen und Bilder an private Sammler im Ausland sowie ein Einschmelzen von Monstranzen und Kelchen zur Gewinnung des Edelmetallwertes denkbar wäre, hätte ein solcher »Ausverkauf«, der eben nur einmal möglich ist, zur Folge, daß diese Werte »aufgebraucht« werden; die Finanzierungsfrage wäre nur für kurze Zeit gelöst. Gar nicht zu reden vom damit verbundenen kulturellen und geistigen Verlust, der das Zeugnis gläubigen Vertrauens der Menschen vieler Jahrhunderte ganz einfach vernichten würde. Deshalb sind diese Kunstwerke der Kirche nur anvertraut; sie gehören weder dem Pfarrer noch dem Bischof. Die Kirche bewahrt sie für die vielen Menschen auf, die sich beim Gottesdienst, beim persönlichen Gebet, aber auch als Touristen daran erfreuen.
Wie ist es um den kirchlichen Reichtum in Form von sonstigem Vermögen bestellt? Ein Blick auf den Gebarungsbericht 1988 der Erzdiözese Wien zeigt, daß – wie in den Vorjahren – alle Einnahmen sofort zur Gänze eingesetzt worden sind, das heißt daß außer der Bildung der gesetzlich vorgeschriebenen Abfertigungsrücklage für die Laienmitarbeiter und dem kurzfristigen Ansparen für größere Bauarbeiten keine Finanzreserven angesammelt werden. Soweit einzelne Grundstücke angekauft worden sind, hat es sich ausschließlich um Schulgebäude und einen Kirchenbauplatz in einem neuen Siedlungsgebiet gehandelt. Alle Einnahmen aus Zinsen, Miete, Pacht, Grundverkäufen und Erbschaften machen daher zusammen maximal zwei bis drei Prozent der diözesanen Jahreseinnahmen aus. Ordensgemeinschaften (Stifte) müssen hingegen ihre Ausgaben aus den Überschüssen ihrer Betriebe (zum Beispiel Land- und Forstwirtschaft) decken, da sie aus den Kirchenbeiträgen nur im Bereich der Pfarrseelsorge Mittel erhalten.
Die erwähnten hohen Kosten für die Erhaltung der Kirchengebäude stoßen jedoch ebenfalls auf manche Kritik. In einer mir zugesandten Schrift gegen den Kirchenbeitrag, die empfiehlt, Kirchengebäude statt instandzuhalten ganz einfach abzureißen, habe ich gelesen: »Daß es auch anders geht, zeigt eine Gemeinde aus Kamerun am

Stadtrand von Yaounde, wo man sich unter einem einfachen Dach aus Palmblättern versammelt.«

In Österreich wäre der Bau eines Palmdaches vermutlich weder besonders preisgünstig noch ausreichend haltbar; außerdem ist nicht anzunehmen, daß die Mehrheit der Österreicher die Christmette bei klirrender Kälte unter einem Palmdach als erstrebenswerte Idylle empfinden würde. »Österreichische Analogielösung« könnte daher witterungsbedingt höchstens eine Holz- oder Blechbaracke sein. Aber nehmen wir das unbestritten beeindruckende Glaubenszeugnis der Christen in Yaounde wirklich ernst, wenn wir ihre Not als Idealbild anpreisen und gerade beim Bau von Kirchen nachahmen? Die Christen in Kamerun bauen nicht deshalb eine »billige« Kirche, weil sie finden, daß für Gott das »Schäbigste« fast noch zu gut ist, sondern weil sie selbst auch nur in einfachen strohgedeckten Lehmhütten leben. Aus dem Vergleich der Lebensbedingungen müssen wir vor allem unsere Verpflichtung sehen, den armen Ländern der dritten Welt unsere Hilfe nicht zu versagen. Deshalb ist beispielsweise die ökumenische Lepra-Aktion 1989 von Caritas und »Evangelischer Frauenarbeit« der Unterstützung einer Leprastation in Kamerun gewidmet.

Selbstverständlich muß aber angesichts ärgster Not in vielen Ländern Sparsamkeit das Grundprinzip kirchlicher Finanzverwaltung sein. Zeichen des wachen Bewußtseins für die notwendige kirchliche Bescheidenheit ist es auch, wenn heute Neupriester meist einen besonders schlichten Meßkelch wählen. Und die österreichische Kirche beauftragt heute sicher keine verschwenderischen, überdimensionierten Prunkbauten. In jenen Fällen, wo während und nach dem Krieg auch in Österreich (noch bestehende) Notkirchen in einfachster Bauweise errichtet worden sind, erweisen sich jedoch die Folgekosten für Beheizung, für durch die kürzere »Lebensdauer« bedingte Sanierungen oder für Maßnahmen aufgrund feuerpolizeilicher Vorschriften als letztlich teure Ergänzung der ursprünglich preisgünstigen Lösung.

Pflichtbeitrag ja – aber nur als zweckgewidmete Spende für bestimmte Projekte?

Auf den ersten Blick ercheint dieser Vorschlag sehr sympathisch: Durch die Projektwidmung weiß der Beitragszahler genau, was mit seinem Geld geschieht. In der eigenen Pfarre kann er dies etwa konkret mitverfolgen.

Ist unser erster Blick auf diese sicher gut gemeinte Idee nicht vielleicht doch ein wenig »unscharf« gewesen? Wie soll der einzelne Katholik erfahren, wer gerade dringend Unterstützung braucht bzw. für welches Projekt bereits in ausreichender Höhe Spenden eingegangen sind? Kein Spender wird sich wohl wünschen, daß eine – von ihm noch so hochgeschätzte – kirchliche Einrichtung derzeit gar nicht benötigte Spenden hortet (oder noch viel schlimmer: ganz einfach unbedacht ausgibt), während in anderen Bereichen aus finanziellen Gründen dringlichste Not nicht gelindert werden kann.

Außerdem müßte ein erheblicher Teil der Beiträge sofort wieder für die Information – und nicht für das eigentliche Anliegen – verwendet werden, denn ausreichende Unterstützung könnten logischerweise nur jene Projekte erwarten, die allgemein bekannt sind. Um wirklich einprägsam zu sein, müßte diese Information bis ins Detail gehen. Neben den Kosten solcher Einzelinformation taucht dann eine weitere Schwierigkeit auf, die ein Mitarbeiter der Caritas in einem Leserbrief an die steirische Tageszeitung »Neue Zeit« vom 23. Juli 1989 mit folgenden Worten beschrieben hat: »Inlandsnot in Bildern zu präsentieren, wie dies bei der Auslandsnot die wirksamste Sprache ist, um zum Nachdenken und Helfen anzuregen, ist außer in Katastrophenfällen fast unmöglich. Kaum ein Notleidender ist bereit, sich dem oft grausamen Urteil der Öffentlichkeit auszusetzen.«

Fast automatisch denken wir an soziale Hilfswerke, wenn von Projektwidmung die Rede ist. Sind aber tatsächlich alle kirchlichen Aufgaben erfüllt, wenn wir das Beispiel des barmherzigen Samariters ernst nehmen? Fehlt unserer Nächstenliebe nicht die feste Grundlage, wenn wir uns in unserem Handeln auf diesen wichtigen zweiten Teil des Liebesgebots – und da wieder nur auf den Teilaspekt der Hilfe für Notleidende – beschränken?

»Du sollst den Herrn, deinen Gott, lieben mit ganzem Herzen, mit ganzer Seele und mit all deinen Gedanken. Das ist das wichtigste und erste Gebot. Ebenso wichtig ist das zweite: Du sollst deinen Nächsten lieben wie dich selbst« (Mt 22,37–39).

Wenn die Kirche diesem Gebot getreu den Menschen helfen will, muß sie daher zuerst mit und von Gott reden. Die Verkündigung der Botschaft von der unermeßlichen Liebe Gottes zu allen Menschen steht ebenso wie die würdige Feier des Gottesdienstes im Zentrum kirchlicher Aufgaben.

Wie könnte daher Projektwidmung im Bereich der Seelsorge aussehen? Als überschaubares »Projekt« kommt hier vor allem die Unterstützung einer konkreten Pfarre in Frage. Wäre jener Sockelbetrag aus Kirchenbeitragsmitteln, der jetzt neben unregelmäßigen Spendeneingängen die finanzielle Basis einer lebendigen Pfarrgemeinschaft sicherstellt, tatsächlich langfristig garantiert? Aufzubringen sind insbesondere: Gehälter für Priester und Pastoralassistent(inn)en ebenso wie Zahlungen für den laufenden Haushalt (zum Beispiel Heizkosten, Beleuchtung, Kerzen, Kanalgebühr, ein etwaiges Defizit des Pfarrkindergartens usw.) und die Gebäudeinstandhaltung; außerdem anteilige Ausgaben für »pfarrübergreifende« Anliegen (zum Beispiel Telefonseelsorge, Priesterseminar, Aus- und Weiterbildung von Laien).

Für Pfarren, in denen überwiegend Gläubige mit überdurchschnittlichem Einkommen wohnen, ergibt dies sicher kein Problem. Wie sieht das aber beispielsweise für Arbeitersiedlungen mit vielleicht hoher Arbeitslosenrate aus? Oder für neue Wohngebiete mit jungen Familien? Soll es wirklich nur vom Einkommen der in der Pfarre lebenden Katholiken abhängen, ob von der Gemeinde ein Priester bezahlt werden kann? Oft wird hier eingewendet, daß der Pfarrer der »armen« Gemeinde die Möglichkeit hätte, »arbeiten zu gehen«. Wer den ausgefüllten Tagesablauf eines Priesters (ohne geregelten Feierabend), der vielleicht sogar für mehrere Pfarren zu sorgen hat, kennt, weiß daß ein solcher Nebenverdienst jene pastoralen Tätigkeiten aus Zeitmangel weitgehend verhindern würde, bei denen nicht sofort etwas »herausspringt«: zum Beispiel den geduldigen Umgang mit Kindern und Jugendlichen, den Krankenbesuch oder das zeitraubende, seelsorgliche Einzelgespräch. Daher nochmals die Frage: Soll dieser Bereich der Seelsorge ausschließliches Recht der »reichen« Pfarre sein? Der

Gedanke ist aber noch fortzusetzen: Für eine unbedingt nötige Reparatur des Kirchendaches könnte die ärmere Gemeinde vielleicht die einmalige Unterstützung einer anderen Pfarre gewinnen; schwieriger wäre dies wohl bei den Ausgaben des »täglichen Lebens«, wenn etwa die erwähnte Pfarrgemeinde junger Familien aus Kostengründen im Winter auf die Kirchenheizung verzichten muß und dadurch Familien mit Kleinkindern eine gemeinsame Mitfeier des Gottesdienstes unmöglich gemacht wird.

Die genannten Beispiele machen drastisch deutlich, daß unser Kirchenbeitrag in erster Linie Solidaritätsbeitrag ist. Dies gilt aber nicht nur für den geschilderten finanziellen Ausgleich zwischen den Pfarren, sondern auch zwischen Seelsorge und sozialen Anliegen. Beispielsweise wird in der Erzdiözese Wien in den nächsten Jahren die Generalsanierung eines kirchlichen Mutter-Kind-Heimes durchgeführt werden müssen, die sich trotz regelmäßiger bisheriger Instandhaltungsarbeiten nach ersten Kostenschätzungen auf rund 30 Mio. Schilling belaufen wird. Da diese ohnehin am Rand unserer Wohlstandsgesellschaft stehenden Frauen selbst keine Mittel dafür aufbringen können, müßten sie bei einer Finanzierung ausschließlich über Spenden wohl noch »ewig« auf die Verwirklichung warten. Aber selbst wenn dieses Bauvorhaben mit Hilfe der Kirchenbeiträge realisiert werden soll, werden alle anderen diözesanen und pfarrlichen Bereiche spürbare Einschränkungen in Kauf nehmen müssen. Solidarität ist dann nicht nur ein schönes, aber blutleeres Schlagwort, sondern gelebte Realität.

Besteht ohne Möglichkeit der Zweckwidmung tatsächlich eine »Zahlungsverpflichtung ohne Mitspracherecht«? Wer dies behauptet, übersieht:

In den Pfarren, in die der wesentliche Teil der Kirchenbeitragsgelder fließt, ist die Mitbestimmung über die Finanzen durch die gewählten Pfarrgemeinderäte alltägliche Selbstverständlichkeit. Und auch über das Diözesanbudget entscheidet der Bischof nicht heimlich und allein, sondern in gemeinsamer Beratung mit dem mehrheitlich aus Laien zusammengesetzten Diözesankirchenrat (zum Beispiel in Wien neun Laien, vier Priester) sowie mit dem diözesanen Wirtschaftsrat, in dem die Pfarren durch die Bischofsvikare vertreten sind. (In der Erzdiözese Wien werden die drei Bischofsvikare entsprechend dem

Ergebnis einer Wahl ernannt; stimmberechtigt sind außer den Priestern insbesondere: als Vertreter der Laien die – von allen Katholiken gewählten – stellvertretenden Vorsitzenden der Pfarrgemeinderäte sowie je Dekanat ein Vertreter der Laien-Religionslehrer und alle Pastoralassistenten.)
Um aber die Bereitschaft zum Dialog nicht nur durch schöne Worte, sondern auch durch Taten unter Beweis zu stellen, haben die österreichischen Diözesen beschlossen, unterschiedliche Zweckwidmungsmodelle in den Diözesen Linz und Wien versuchsweise zu gestatten. Mir persönlich erscheint es jedoch nicht verantwortbar, meinen Kirchenbeitrag mit einer Widmung zu versehen, denn ich möchte ganz bewußt durch meinen Kirchenbeitrag nicht nur ein Anliegen, sondern *solidarisch die vielfältigen kirchlichen Aufgaben unterstützen.* Ich möchte, daß mein Beitrag nicht nur für die Pfarrseelsorge – vor allem nicht nur für meine Wohnpfarre –, sondern auch zum Beispiel für die Taubstummen- und Blindenseelsorge sowie für die Betreuung von Schwangeren in Problemsituationen verwendet wird; ich möchte, daß mein Beitrag für die Ausbildung und Bezahlung von Priestern und Pastoralassistent(inn)en eingesetzt wird, aber ebenso für die Förderung geschützter Arbeitsplätze; ich möchte mich nicht für die Unterstützung von dringlichen Projekten der Mission und Entwicklungshilfe entscheiden, wenn dadurch die Erfüllung karitativer Aufgaben im Inland unmöglich wird, und umgekehrt. Diese Aufzählung zeigt nur wenige, beliebig herausgegriffene Beispiele; eine lange Liste ebenso wichtiger Anliegen wäre noch zu ergänzen ...
Besser als viele Worte und alle theoretischen Argumente kann wohl eine künftig viel genauere Information aller Katholiken über die Verwendung ihres Kirchenbeitrages diesen Solidaritätsgedanken bewußtmachen.

Verweigerung des solidarischen Beitrages – ein taugliches Mittel des Protestes gegen Bischofsernennungen?

Der Boykott richtet sich in diesem Fall nicht gegen den Beitrag an sich oder eine bestimmte Einhebungsform, sondern gegen einzelne kirchliche Entscheidungen. Wen trifft nun dieser Boykott tatsächlich?

Der Vatikan erhält keine Zuschüsse aus dem Kirchenbeitrag; Mindereingänge beim österreichischen Kirchenbeitrag betreffen ihn daher überhaupt nicht. Nur der traditionelle »Peterspfennig« wird jährlich nach Rom überwiesen; hier handelt es sich um Spenden aus einer gesonderten Sammlung, die in allen Kirchen Ende Juni stattfindet und die ausdrücklich für die Aufgaben des Heiligen Stuhles gewidmet ist.
Durch eine Verweigerung des Kirchenbeitrages würde aber die Erfüllung gerade jener Aufgaben in Österreich unmöglich gemacht, die auch dem »Verweigerer« besonders am Herzen liegen und denen er mit seinem Protest ganz bestimmt nicht schaden will: Dies gilt wohl für die gesamte – bereits beschriebene – vielfältige Bandbreite, die von der Finanzierung lebendiger Pfarrgemeinden bis zur Lebenshilfe in Form geschützter Arbeitsplätze reicht.
Aus einem weiteren Grund erscheint mir der Kirchenbeitrag das ungeeignetste Mittel schlechthin für einen – gleich ob berechtigten oder unberechtigten – Protest »gegen Rom« zu sein: Gerade die Frage der Kirchenfinanzierung ist ein Musterbeispiel für die Eigenständigkeit und Eigenverantwortung der Ortskirchen. Gelingt jedoch dieser Protest – das heißt werden der Ortskirche die notwendigen Mittel entzogen –, wäre dies nur Wasser auf den Mühlen jener, die nach Stärkung des Zentralismus rufen. Ein vom »Verweigerer« wohl alles andere als gewollter Effekt!

Wer in die Kirche geht, soll Eintritt zahlen ...?

Selbstverständlich sind auch heute schon die aktiven Mitglieder der Pfarrgemeinde finanziell ungleich stärker engagiert; ganz gleich ob es um die Kirchenrenovierung oder die feierliche Gestaltung der Firmung geht – sie leisten ihren unverzichtbaren, zusätzlichen Beitrag. Der Kirchenbeitrag bildet ohnehin nur das sichere Fundament, auf dem freiwillige Spenden und ehrenamtliche Mithilfe aufbauen können. Darüber hinaus wäre es wohl nicht gerade als christlich zu bezeichnen, wenn zum Beispiel der Arbeitslose oder der Ausgleichszulagenempfänger kurzerhand aus der kirchlichen Gemeinschaft ausgeschlossen werden, weil sie ihre »Eintrittskarte« nicht bezahlen können. Es geht nicht darum, nur für den eigenen »Konsum« zu sorgen, sondern einladende Gemeinschaft, die für alle offen ist, zu bleiben. Wie steht es mit dem Einwand »wozu Kirchenbeitrag, wenn man ohnehin zahlen muß, sobald man die Kirche einmal braucht?«. Es ist richtig, daß bei Trauung und Begräbnis sogenannte Stolgebühren (in Wien S 240,– bzw. S 550,–) vorgesehen sind. Wenn wir diese Beträge mit den Personalkostensätzen zum Beispiel für die Reparatur einer Waschmaschine vergleichen, wird schon ohne jegliche Berücksichtigung von Sachkosten deutlich, daß die Stolgebühren keine Kostendeckung bewirken. Vor allem aber fallen sie nur bei Trauung und Begräbnis an; den Wert aller anderen Angebote übersehen wir vielleicht gerade deshalb so schnell, weil »es nichts kostet«. Dafür nur einige Beispiele:

- Aussprache und Beichte: der Priester steht selbstverständlich auch für lange Gespräche kostenlos zur Verfügung.
- Taufe, Erstkommunion und Firmung gehören von der eingehenden Vorbereitung bis zur eigentlichen Feier als »einmaliges Ereignis« ebenso auf diese Gratisliste wie Krankensalbung, regelmäßiger Krankenbesuch und Einladung zur (täglichen) Mitfeier des Meßopfers und zum Empfang der Kommunion ...
- Die Pfarrgemeinden laden zur unentgeltlichen Teilnahme an Familien- und Bibelrunden, an Jugendgruppen und Veranstaltungen für Senioren usw. ein. Und viele kirchliche Hilfsstellen stehen dem Ratsuchenden unbürokratisch zur Verfügung.

Die häufigen Vorwürfe wegen der Stolgebühren sind im Hinblick auf deren Höhe ebenso wie auf deren zahlenmäßige Beschränkung (2!) sicher ungerechtfertigt und entstehen aus mangelnder Information. Die heutigen Stolgebühren sind aber – gerade angesichts ihrer geringen betragsmäßigen Bedeutung und so vieler diesbezüglicher Mißverständnisse – auch nicht unverrückbare Pfeiler der österreichischen Kirchenfinanzierung, die keinesfalls Gegenstand einer Diskussion sein dürfen.

Kirchenbeitrag – ein »Hitlergesetz«?

Richtig ist, daß 1939 das Vermögen der katholischen Religionsfonds verstaatlicht und der Kirche die bisher gewährte staatliche Unterstützung entzogen worden ist. Als »Ersatz« ist der Kirche gestattet worden, das bereits bestehende Recht, von ihren Mitgliedern Beiträge einzuheben, anzuwenden. Die Nationalsozialisten sind überzeugt gewesen, daß ihnen damit ein »tödlicher Schlag« gegen die Kirche gelungen ist; denn sie haben die Österreicher für absolut nicht fähig gehalten, über den »eigenen Kirchturm« hinauszublicken und die nicht vor der eigenen Haustür stehenden Anliegen der Glaubensgemeinschaft zu finanzieren. Die treue Unterstützung durch die Gläubigen hat jedoch ganz entgegen diesen Plänen die finanzielle Unabhängigkeit der Kirche gesichert und gerade dadurch die Kirche von der früher üblichen staatlichen Einflußnahme befreit.
Sollte sich der »Wunschtraum« der Nationalsozialisten gerade heute – spät, aber doch – erfüllen?

Pflichtbeitrag – unchristlicher Zwang?

Gott schenkt dem Menschen seine Liebe. Wieso verlangt dann gerade die Kirche von ihren Mitgliedern einen Pflichtbeitrag? Diese Gedanken hat ein Katholik in einem an mich gerichteten Brief treffend auf folgende Kurzformel gebracht: »Ich trete aus und glaube künftig GRATIS!!!«
In seinem Brief hat er ausdrücklich erläutert: Da an der Kirchentür nicht kontrolliert wird, wer seinen Beitrag pünktlich bezahlt hat bzw. auch Ausgetretene nicht weggeschickt werden, sei es ganz einfach, weiterhin die Messe zu besuchen und die anderen dafür zahlen zu lassen.
Selbst wenn ich außer acht lasse, daß der Kirchenaustritt die *öffentliche Erklärung,* dieser Gemeinschaft nicht angehören zu wollen, darstellt, bin ich überzeugt, daß der geschilderten Meinung ein schwerwiegendes Mißverständnis zugrundeliegt: Zwar schenkt uns Gott seine Liebe; diese Liebe ist aber alles andere als eine »harmlose« Sache – sie stellt die harte Anforderung an uns, seine Liebe durch unser

Leben für alle Menschen täglich erfahrbar zu machen. Nur wenn wir dem Evangelium das »Salz« nehmen und vor der Kompromißlosigkeit und Eindeutigkeit der Worte Jesu zurückschrecken, sind wir nicht persönlich gefordert. Die Verpflichtung, dem Einkommen entsprechend solidarisch die Aufgaben der Glaubensgemeinschaft mitzutragen, ergibt sich daraus als Selbstverständlichkeit und als eine der am einfachsten erfüllbaren Konsequenzen.

Der Wunsch, nur aus der Gemeinschaft der Kirchenbeitragszahler auszutreten, um dann als »Schwarzfahrer« den Glauben gratis (das heißt ohne verbindliche Pflichten) konsumieren zu können, beweist, daß noch jegliches Bewußtsein für die tragende Mitverantwortung eines reifen Christen fehlt.

Gerade freiwillige Beitragsleistungen setzen das mündige Wissen um diese Mitverantwortung, die nicht nur Rechte einräumt, sondern vor allem belastende Pflichten aufbürdet, voraus. Soweit mit »Freiwilligkeit« darüber hinaus direkte Spenden für bestimmte Objekte gemeint sind, ergeben sich zusätzlich die im Zusammenhang mit der Zweckwidmung bereits ausführlich beschriebenen Probleme, alle Anliegen und nicht nur jene, die gerade »modern« sind, zu tragen und eine solidarische Unterstützung finanzschwacher Gemeinschaften zu sichern.

Meinungsumfragen in Österreich und die Erfahrung in anderen Ländern bestätigen, daß höchstens fünfundzwanzig bis dreißig Prozent des derzeitigen Pflichtbeitrags tatsächlich freiwillig eingezahlt würden. So erreicht der freiwillige Beitrag in der französischsprachigen Schweiz maximal ein Drittel des Pflichtbeitrages im deutschsprachigen Landesteil. Beispielsweise hat die »Neue Zürcher Zeitung« am 31. Dezember 1988 von den Finanznöten der Genfer protestantischen Kirche berichtet: Von 76 000 Familien zahlen überhaupt nur 15 000 irgendeinen freiwilligen Beitrag, das sind weniger als zwanzig Prozent!

Ein wenig erinnert diese Situation an die Einhaltung von Geschwindigkeitsbeschränkungen im Straßenverkehr: Obwohl alle um den Zusammenhang zwischen Fahrtempo und Unfallgefahr wissen, tritt die entscheidende Wirkung oft erst durch die Aufstellung eines Radargerätes ein. Sicher soll in der Kirche das Radargerät »Klage« möglichst sparsam eingesetzt werden. Wenn auch im Jahr 1988 nur knapp zwei

Prozent der österreichischen Beitragszahler geklagt werden mußten, bleibt es oberste Zielsetzung, solche dringliche Mahnungen soweit wie möglich überflüssig werden zu lassen. Leider ist es den rund 740 Kirchenbeitragsmitarbeitern aller Diözesen nicht möglich, in persönlichen Kontakt zu allen 3,2 Millionen Beitragszahlern zu treten. Nur dieses Gespräch könnte helfen, bestehende Mißverständnisse abzubauen und vor allem Härtefälle von vornherein zu verhindern.
Härtefälle können – trotz aller Ermäßigungsbestimmungen – entstehen, wenn die Beitragsstelle den Kirchenbeitrag in Unkenntnis einer Notsituation festsetzen muß. Es kommt immer wieder vor, daß Katholiken glauben, die Kirche wäre ohnehin umfassend über ihre finanzielle Situation informiert; sie nehmen beispielsweise an, daß Arbeitslosigkeit oder schwere Erkrankungen von den staatlichen Behörden an die Kirche weitergemeldet werden. Solche Informationen kann die Kirche jedoch aus Gründen des Datenschutzes in keinem einzigen Fall erhalten; ausschließliche Information sind die Haushaltslisten, die weder Auskunft über das tatsächliche Einkommen noch über besondere Belastungen geben und außerdem nur die zu einem bestimmten Stichtag gültigen Daten enthalten. Eine richtige Beitragsberechnung ist deshalb nur durch Mitwirkung des einzelnen Katholiken möglich; ein ohnehin geringer Beitragssatz, der regelmäßig weiter reduziert worden ist, und zahlreiche Ermäßigungsbestimmungen stellen sicher, daß der vom tatsächlichen Einkommen berechnete Beitrag zu keiner unzumutbaren Belastung werden kann. Entscheidend bleibt aber, daß Mißverständnisse und Informationsmangel im Gespräch geklärt werden. Seit Anfang 1989 unterstützen deshalb ehrenamtliche »Beitragsberater« in den Pfarren – bisher bereits mehr als 2 500 – die Mitarbeiter in den Beitragsstellen, indem sie vor allem den persönlichen Kontakt suchen und Information vermitteln.
Übrigens: Wenn ein freiwilliger Beitrag rund fünfundzwanzig Prozent der bisherigen Einnahmen – und auch dies nur unregelmäßig und mit einem großen Fragezeichen versehen – erbringt, wäre die Kirche gezwungen, auf die hauptamtliche Mitarbeit von Laien, für die in der Erzdiözese Wien 1988 mit 261,1 Mio. Schilling bereits höhere Ausgaben als für die Priestergehälter (246,3 Mio.) angefallen sind, zu verzichten, weil den Mitarbeitern keine geregelten Gehaltszahlungen zur Sicherung des Lebensunterhaltes ihrer Familien garan-

tiert werden könnten. Eine Konsequenz, die in erster Linie die engagierte Mitarbeit vieler Frauen in unserer Kirche treffen würde, denn beispielsweise sind in der Erzdiözese Wien fast zwei Drittel der diözesanen Laienangestellten und mehr als achtzig Prozent der Pfarrangestellten Frauen.

Ohne Kirchenbeitrag auch keine Kirchenaustritte?

Ich weiß, daß diese Frage von vielen Christen aus aufrichtiger Sorge um jene Menschen, die unsere Glaubensgemeinschaft verlassen, gestellt wird, und sie macht mich selbst zutiefst betroffen. Wer die lebensspendende Kraft der Botschaft Jesu Christi in seinem Leben erfahren durfte, kann nicht gleichgültig zusehen, wenn andere Christen diesen Weg ganz einfach aufgeben.

Kann die Lösung dieses Dilemmas darin bestehen, durch völligen oder teilweisen Verzicht auf den Kirchenbeitrag Austrittswilliger »Kirchenmitglieder zu kaufen«? Sozusagen ein Kuhhandel, der die Statistik beschönigt und damit unser Gewissen beruhigt?

Wer den Kirchenbeitrag, eine ihm »zu progressive« oder »zu konservative« Aussage eines Bischofs oder eine Bischofsernennung zum Anlaß für seinen Kirchenaustritt nimmt, kann zwar ein vordergründiges Motiv für sein Handeln nennen; die Ursache liegt mit Sicherheit tiefer.

Statistiken, die immer wieder aufzeigen, daß die Mehrheit der Ausgetretenen entweder überhaupt zu keiner Kirchenbeitragszahlung verpflichtet gewesen ist oder stets ohne Mahnung gezahlt hat, dürfen aber auch nicht bedenkenlos in ein Versagen der Seelsorge uminterpretiert werden. Wenn etwa in der anonymen Großstadt der Kontakt zur Kirche schwächer wird, wäre es eine billige Lösung, nur den Seelsorgern die Schuld an dieser offenkundigen Entfremdung, die zur Wurzel späteren Austritts wird, anzulasten. Kirche als gewinnende Gemeinschaft setzt voraus, daß nicht nur Priester, Ordensleute, Diakone und Pastoralassistenten von Gott reden – und vor allem nicht nur im sonntäglichen Gottesdienst. Wenn wir das Evangelium als tragendes Fundament unseres Lebens erfahren, warum scheuen wir uns dann so oft, dies im Alltag zuzugeben? Entscheidend wird letztlich sein, daß unsere Gemeinden spürbar offen sind für alle und jeden als einzigartigen, wertvollen Partner annehmen – offen für Fremde ebenso wie für Arbeitslose, für Behinderte und Kranke, für Geschiedene, für Einsame und für Suchende, für »Unbequeme« und Andersdenkende, für Glückliche und für Trauernde, ganz einfach für jeden Menschen . . .

Finanzierungssysteme anderer Länder – eine Alternative?

Fast jedes Land hat sein historisch gewachsenes System mit vielen schwer nachahmbaren Besonderheiten. Auch nur eine annähernde Aufzählung geht über den Rahmen dieses Berichts weit hinaus. Und vor allem – das optimale System ohne Nachteil ist bisher noch nicht gefunden und sicher eine Illusion.

Drei völlig verschiedene Beispiele in »Kurzdarstellung«:

BRD: Die Kirchensteuer wird als Zuschlag zur Einkommensteuer vom Finanzamt eingehoben bzw. gemeinsam mit der Lohnsteuer vom Dienstgeber einbehalten. Dem Vorteil, durch den monatlichen Abzug die Entstehung von belastenden Rückständen zu verhindern, steht der Nachteil einer absoluten Bindung an das staatliche Steuersystem gegenüber, das über staatliche Steuerabsetzposten hinausgehende kirchliche Ermäßigungen nicht vorsieht. Und Kritiker sprechen bei dieser Abzugsform gerne von der »Gehaltsexekution für alle Beitragszahler«.

Spanien: Anstelle der bisherigen staatlichen Subventionen soll künftig eine Kultursteuer die kirchlichen Ausgaben abdecken. Diese Kultursteuer, die seit 1988 vom Staat eingehoben wird, muß von allen Steuerzahlern entrichtet werden; der Steuerzahler kann jedoch entscheiden, ob seine Zahlung der Kirche oder einer Sozialeinrichtung (zum Beispiel Rotes Kreuz oder Krebshilfe) zufließen soll. Zusätzlich zum genannten Vorteil der deutschen Kirchensteuer liegt der Vorteil dieses Systems darin, daß Kirchenaustritte aus finanziellen Gründen ausgeschlossen sind, weil ohnehin alle diese Abgabe zahlen müssen. Ein Problem zeigen die Erfahrungen des ersten Jahres jedoch bereits auf: Mehr als die Hälfte der Spanier haben darauf verzichtet, über die Verwendung ihrer Kultursteuer zu entscheiden (fünfunddreißig Prozent haben ihre Steuer der Kirche, zwölf Prozent für Sozialhilfe gewidmet).

USA: Das staatliche Steuersystem begünstigt alle Spenden an die Kirche, die ohne betragliche Begrenzung das steuerpflichtige Einkommen mindern. Der freiwillige Beitrag bewirkt, daß ein großer Teil der Gemeindeaktivitäten auf die »Gewinnung von Dollars« ausgerichtet ist; der Priester gerät leicht in Gefahr, sein seelsorgliches Handeln nur mehr danach auszurichten, wofür Geld aufzutreiben ist.

Die freiwilligen Beiträge werden außerdem oft mit psychologischen Tricks gesichert. Im Jahr 1884 hat zwar das Konzil von Baltimore verboten, Nicht-Zahlungswilligen bei der Beichte die Lossprechung zu verweigern, jedoch den Ausschluß von Firmung, kirchlicher Trauung oder kirchlichem Begräbnis weiterhin gestattet.

Wenn 1989 in Detroit 30 von insgesamt 82 katholischen Gotteshäusern geschlossen werden – weiteren 24 ist eine einjährige Gnadenfrist gesetzt worden –, ist vorrangig nach finanziellen Daten entschieden worden, und die Schließungen betreffen vorwiegend von Schwarzen besuchte Gotteshäuser. Der Vorwurf, daß sich die Kirche bei Rassenkonflikten aus finanziellen Überlegungen auf die Seite der reichen Weißen gestellt hat, wiegt nach wie vor unabwälzbar schwer und findet damit zumindest für Außenstehende eine aktuelle Bestätigung.

Zukunftsperspektive – Ist der österreichische Streit um »Kirche und Geld« lösbar?

Die Diskussionen über den österreichischen Kirchenbeitrag auf der einen Seite und andererseits die ebenfalls unbestreitbaren Probleme der Finanzierungsalternativen in anderen Ländern erinnern mich an ein Zitat von Eugen Roth:

»Oft führ' man gern aus seiner Haut,
doch wie man forschend um sich schaut,
erblickt man ringsum lauter Häute,
in die zu fahren auch nicht freute.«

Wenn auch manche Kritik unberechtigt sein mag, darf dies doch niemals bedeuten, daß wir uns starr an bestehende Regelungen klammern und keine Veränderungen zulassen. Da aber auch kein anderes System die fehlerfreie Optimallösung bietet, sollten wir ganz bewußt die Vorteile der österreichischen Finanzierungsform sehen, ohne dabei blind für ihre Schwächen zu sein.

Eindeutige Stärke unseres Kirchenbeitragssystems ist die Verwirklichung des Solidaritätsgedankens: Nicht nur jene Anliegen, die finanzkräftige, einflußreiche Gönner finden, sondern alle kirchlichen Aufgaben werden von allen Katholiken gemeinsam getragen. Dadurch wird auch sichergestellt, daß die bestehende Vielfalt in unserer Kirche lebendig bleiben kann.

Eine 1986 österreichweit durchgeführte IMAS-Studie hat ergeben, daß der Mehrheit der Österreicher nicht bekannt ist, wofür ihr Kirchenbeitrag tatsächlich verwendet wird; wer nicht weiß, für welche Aufgaben sein Beitrag unverzichtbar ist, hat – ganz gleich, wie niedrig dieser Beitrag bemessen wird – zwangsläufig das Gefühl, »zu viel« zu bezahlen. Um die solidarische Verantwortung bewußtzumachen, muß künftig zweifellos die umfassende Information aller Katholiken über die konkrete Verwendung ihrer Beiträge verstärkt werden. Das offene Gespräch über das Thema »Kirche und Geld« muß in unseren Pfarrgemeinden, aber auch in den Massenmedien geführt werden. Der Apostel Paulus begründet im zweiten Korintherbrief seine genauen Anweisungen für die Übersendung einer Spende nach Jerusalem mit den Worten: »Wir sorgen nämlich dafür, daß alles einwandfrei zugeht, nicht nur vor dem Herrn, sondern auch vor den Menschen.« Ein Beweis dafür, daß er bereits um die Notwendigkeit einer entsprechenden »Öffentlichkeitsarbeit in Finanzfragen« gewußt hat. Und die österreichische Kirche hat bestimmt keinen Grund, ihre Finanzgebarung hinter Kirchenmauern zu verstecken!

So wichtig die bessere Information auch ist – ich glaube, entscheidend wird sein, daß es uns künftig gelingt, das Image der »Kirchensteuer, die von einer Behörde eingehoben wird«, endgültig abzubauen. Denn es sind ja meist nicht die gewichtigen, grundsätzlichen Fragen, die zu Mißstimmungen führen; nicht die Frage der Notwendigkeit des finanziellen Beitrages an sich, sondern die kleinen Verärgerungen. Das ausgefeilteste Grundsatzkonzept bleibt trockene Theorie, die weniger wert ist als das Papier, auf dem sie steht, wenn wir es nicht schaffen, auch auf sogenannte »Kleinigkeiten« mit spürbarem Verständnis einzugehen.

Damit der Beitrag selbst in Einzelfällen zu keiner unzumutbaren Belastung werden kann, ist die regelmäßige Erhöhung von Freibeträgen (zum Beispiel Kinderermäßigungen) künftig sicher ebenso nötig wie die Möglichkeit einer individuellen Hilfe in außerordentlichen Notlagen. Die mit diesen Nachlässen zwangsläufig verbundenen Einnahmenausfälle müssen solidarisch durch bewußte Einschränkungen in allen kirchlichen Bereichen mitgetragen werden. Auch das kann glaubwürdiges Zeichen der Einheit sein!

Aber auch die umfassendsten Ermäßigungsbestimmungen helfen nicht weiter, wenn manchmal selbst jene Katholiken, denen die Beitragsstelle erhebliche Nachlässe gewährt hat, das Gefühl haben, das ihre Probleme nicht verstanden, sondern routinemäßig abgehandelt worden sind. Fast scheint es mir, daß hier felsenfest verankerte Vorurteile selbst durch positivste eigene Erfahrungen nur schwer beseitigt werden können. Ich weiß, wie sehr meine Mitarbeiter in den Kirchenbeitragsstellen sich um ein gutes Gesprächsklima fern aller Bürokratie bemühen. Oft stehen sie aber vor einem grundlegenden Problem: Sie dürfen nicht jeder an sie gestellten Forderung, den Beitrag zu ermäßigen, nachgeben, weil sich der Beitrag ausschließlich nach der tatsächlichen Einkommenssituation und nicht nach dem Verhandlungsgeschick richten soll. Nicht wer besser »reden« kann, sondern wer besondere finanzielle Belastungen verkraften muß, soll Entgegenkommen finden. Hier stets richtig zu entscheiden, stellt wirklich höchste menschliche Anforderungen an die Mitarbeiter.

Trotz aller Schwierigkeiten bin ich ehrlich überzeugt, daß unsere Probleme mit dem Kirchenbeitrag im persönlichen Kontakt, der hilft, Mißverständnisse und unnötigen Ärger zu vermeiden, lösbar sind. Die Lösung läßt sich zwar nicht von heute auf morgen durch eine »Verordnung von oben« herbeizaubern, aber konsequent in kleinen, alltäglichen Schritten, die mühsamer, aber wirkungsvoller als jede sensationelle Veränderung sind, erreichen.

Hauptlast, aber auch Chance tragen hier – neben den erwähnten ehrenamtlichen Helfern in den Pfarren – die Mitarbeiter der Kirchenbeitragsstellen, die oft für Fernstehende einziger und vielleicht letzter kirchlicher Ansprechpartner sind. Fachliche Kenntnisse sind unab-

dingbar, aber noch mehr ist das persönliche Glaubenszeugnis der Mitarbeiter gefordert, das nur dann bestehen kann, wenn der böse Vorwurf, die Bibel stehe in der kirchlichen Verwaltung ungelesen im Regal, auch für jeden einzelnen *nicht* zutrifft – und aus persönlicher Erfahrung weiß ich, dieser Vorwurf trifft wirklich nicht zu.
Abschließend eine persönliche Hoffnung:
»Es ist nicht auszudenken, was Gott aus den Bruchstücken unseres Lebens machen kann, wenn wir sie ihm ganz überlassen.« (Blaise Pascal)
In diesem Sinn ist es für mich nicht auszudenken, wie positiv sich unser Kirchenbeitragssystem weiter entwickeln kann, wenn weder wir »in heiligem Zorn« die Vorschläge Andersdenkender von vornherein verurteilen noch die Kritiker die radikale Systemvernichtung ohne besseren Ersatz als alleinseligmachende Lösung preisen!

Kirche und Intellektuelle

»Glauben«, sagt der Volksmund, »heißt nichts wissen.« Was hier in der Einfachheit der Ausdrucksform unserer Urgroßeltern die Mehrdeutigkeit der Aussage »Ich glaube« charakterisieren wollte, ist in sich selbst, als Weistum gewissermaßen, mehrdeutig. »Glauben heißt nichts wissen«: Das trennt in schlichten Worten die Begriffe Glauben und Erkenntnis.
Mag sein, daß es, nach allgemeiner Ansicht jedenfalls, gerade dem Wissenden schwerer fällt, zum Glauben zu gelangen, als dem Nichtwisser.
Oder, anders ausgedrückt: daß es für die Kirche schwieriger ist, die geistige »A-1-Schicht« anzusprechen und dann zu behalten als »das Volk«.
Kirche, so scheint es, ist nichts für Eliten – und Intellektuelle sind Elite oder halten sich zumindest dafür.
Sie sind jedenfalls weitaus mehr Verstandes- als Gefühlsmenschen; der Intellekt dominiert die Emotion, hält sie in Schranken.
Religion aber läßt sich von Emotion, auch von Gefühl nicht trennen.
Verstand und Vernunft, die Ratio also, stehen auf der einen Seite, Religion aber, und demnach wohl auch die Kirche, haben viel Irrationales an sich.
Am Streit in der Kirche beteiligen sich an vorderster Front Menschen, die man als Intellektuelle, als Verstandesmenschen bezeichnen könnte. Bei vielen hat die Hypertrophie des Hirns das Herz verkümmern lassen. Mephistopheles war ein Intellektueller – so schildert ihn jedenfalls Goethe.
Allein, die Kirche ist allumfassend. Im Haus meines Vaters, sagt Christus, sind viele Wohnungen. Solches gilt auch für die Kirche. Sie bietet allen Platz, auch jenen, denen intellektueller Hochmut – oder auch ein geistiger Überwertigkeitskomplex – vorgeworfen werden könnte.
Haben die Intellektuellen wirklich Anlaß, die Kirche zu kritisieren? Hat andererseits die Kirche zuwenig getan, um sie zu fesseln? Ist, so betrachtet, die Kirche für die Intellektuellen zu langweilig geworden?

Erhard Busek

Nur noch ein Problem

Auf der Suche nach dem Geist – auch in der Kirche

> Einstmals stürzte man sich in das Abenteuer Gott, doch jetzt, statt des unerschöpflichen Nichts, das er war, ist er – zur großen Verzweiflung der Mystiker und der Atheisten – nur noch ein Problem.
>
> E. M. Cioran

Was einst ein Abenteuer, ein Faszinosum, auch Skandalon gewesen ist, jedenfalls aber Herausforderung und tiefe existentielle Erfahrung, ist jetzt »nur noch ein Problem« – das ist der nostalgisch-traurige Befund des sarkastischen Agnostikers Cioran, der als Sohn eines griechisch-orthodoxen Priesters und späteren Bischofs aufwuchs. Ciorans Urteil ließe sich unschwer auf die Kirche übertragen, die freilich immer schon ein Problem war, heute aber in zahllosen, mehr oder weniger langweiligen oder erhitzten Debatten von vielen – besonders auch den gläubigen – Zeitgenossen als »Nur-noch-Problem« diskutiert wird. Ein Gefühl von »steriler Aufgeregtheit« begleitet den Betrachter.

Die konkrete Anwesenheit, Gegenständlichkeit, Wirksamkeit der Kirche in unserer heutigen Gesellschaft und ihren geistigen Auseinandersetzungen beschränkt sich tatsächlich – so will es vielen scheinen – darauf, »nur noch ein Problem« zu sein. Die Kirche wird für die drängenden Probleme unserer Welt, für den Lebensentwurf und Lebensvollzug des Menschen, für die Fragwürdigkeiten unserer Zukunft nicht mehr als maßgebliche Sinninstanz angesehen, die Überzeugendes, Glaubwürdiges, Herausforderndes, Heilsversprechendes zu verkünden hätte. Das gilt auf globaler Ebene und für alle Kirchen, nicht nur für die römisch-katholische, die freilich durch ihren universalistischen Anspruch von dieser kontrastierenden Wirklichkeit besonders betroffen sein muß; das gilt aber auch, und in verschärftem Maße, für die Kirche in Österreich (und hier beziehe ich mich im weiteren auf die katholische Kirche), die nach ihrem selbstbefreienden Rückzug aus der institutionellen Politik des Landes zur Zeit des Zweiten Vatikanums wohl den Kulminationspunkt ihres geistig-gesellschaftlichen Ansehens erreichte, in den letzten Jahren aber – und vollends mit dem Ende der »Ära König« – sowohl in ihrer institutionellen Verfaßtheit als auch vor allem in ihrer geistigen Kraft unbestreitbar schwächer geworden ist. Das ist der Befund, manchmal begleitet von der Frage, ob es die Kirche *von* Österreich noch gibt.

Nicht, daß die Kirche sich selbst, ihren Gläubigen sowie ihren Gegnern und Verächtern ein Problem ist, ist das ausschlaggebende Kennzeichen der derzeitigen Situation – die Kirche war sich und ihrer Umwelt immer ein Problem –, sondern daß sie »nur noch ein Problem« ist, ist das Fatale. Dieser Umstand mag Mystiker und Atheisten im Sinne Ciorans in Verzweiflung stürzen. Wer keines von beiden ist, fühlt sich zur trockenen Pflicht angehalten, sich der gegebenen Situation nüchtern zu vergewissern, ihre Mängel festzustellen und daraus Hoffnungen zu formulieren. Freilich, wo Geist und Begeisterung fehlen, kann auch die Debatte über dieses Defizit nicht begeisternd ausfallen; am wenigsten wird sie den Mangel selbst aufheben können. Dennoch soll die Debatte geführt werden, auch wenn sie über den Ausdruck der Sorge nicht hinauskommt.

Was ist aus dem »Aggiornamento« geworden?

In den letzten Jahren sind viele Bücher und Abhandlungen erschienen, die dieser Sorge um die Kirche Ausdruck verleihen; manche von ihnen in Form eines »Traumes« von einer »neuen« Kirche, viele als prosaischere Sammelbände, deren Einzelbeiträge durchwegs den Titel »Kirche und ...« tragen, wobei die vielfältigen Aspekte unserer Lebenswelt auf die Kirche bezogen werden. Der durchgehende Tenor dieser Debattenbeiträge aus den letzten Jahren besagt, die Kirche müsse sich ändern. Vorgeworfen werden ihr Ignoranz, Desinteresse, mangelhafter Bewußtseinsstand, mediokres Niveau oder zumindest falscher Zugang gegenüber den meisten Problemen der Welt und unserer Gegenwart und Zukunft.

Vieles davon ist richtig und nicht von der Hand zu weisen: Kirche und Frauen, Kirche und Arbeitswelt, Kirche und Medien, Kirche und Kunst, Kirche und Ökologie etc. etc. – überall lassen sich Mängel, Vernachlässigungen, Orientierungsschwierigkeiten und auch schwerwiegende Fehler kritisieren. Hinzu kommt, daß diese wohlmeinende Kritik meist ohne sachliche Konsequenz bleibt, wodurch manch liebevolle Sorge in Wut oder Resignation umschlägt. In der letzten Zeit wird der liebevollen Sorge um die Kirche von manchen Hierarchien mit Aggression begegnet.

Resümiert man alle diese – weitgehend berechtigten – Kritikpunkte, erhebt sich jedoch eine weitere Frage: Angenommen, die Kirche würde alle ihr verordneten Nachhilfestunden tatsächlich erfolgreich absolvieren (was, wie gesagt, großteils durchaus zu wünschen wäre), angenommen also, sie könnte als aufgeweckte Schülerin und interessierte Zuhörerin ihren kognitiven Wissensstand, ihr intellektuelles Problembewußtsein sowie auch ihre moralischen Standards dem Niveau ihrer wohlmeinenden Lehrer angleichen – was könnte dann die Kirche ihrerseits der Welt Wegweisendes, Bedenkenswertes, Aufschließendes, Beglückendes sagen? Würde nicht, wenn sie die Sprache der Zeit perfekt beherrschte, ihr derzeitiger Mangel an Sinn und Inhalt um so augenfälliger?

Diese harte Frage relativiert also einerseits alle die vielbesprochenen Probleme inadäquater Aussagen und Einstellungen der Kirche zu den Nöten und Herausforderungen unserer Gegenwart, andererseits radikalisiert sie das eigentliche Problem, nämlich den bleibenden Auftrag, das Salz der Erde zu sein und kraft des empfangenen Geistes die Völker zu lehren.

Mit einfachen Worten: Die Kirche muß nachlernen, das sagen ihr ihre inneren und äußeren Kritiker; und sie muß ihre Botschaft verkünden, das ist der Auftrag Christi und ihre Raison d'être. Beide Probleme hängen offensichtlich miteinander zusammen, doch nicht nur in final-eindeutiger Weise, wie es auf den ersten Blick scheint, sondern auch in sehr ambivalenter.

Volk Gottes auf dem Weg durch die Geschichte

Zunächst zum finalen Zusammenhang von kompetenter Zeitgenossenschaft und Verkündigungsauftrag: Die meisten innerkirchlichen und wohlmeinenden Kritiker der Kirche meinen, die Kirche könne ihre Botschaft nur dann und erst dann wieder glaubwürdig und verständlich unserer Welt verkünden, wenn sie sich aus Voraussetzung ein adäquates Welt- und Gegenwartsbewußtsein angeeignet hätte. So wie die Kirche die Kopernikanische Wende und die Überwindung der scholastischen Philosophie zur Kenntnis nehmen mußte und dabei die Erfahrung gewann, daß der Glaube keineswegs an das geschlossene Weltbild des Mittelalters gebunden ist; so wie die Kirche durch das Purgatorium der Aufklärung und der Säkularisierung aller Lebensbereiche – auch aller säkularisierten Selbsterlösungsansprüche durch Nation, Rasse oder Klasse – gegangen ist, so muß sie sich auch heute mit der Überwindung der Cartesianischen Naturwissenschaft und mit den neuen Fragestellungen der Human- und Sozialwissenschaften auseinandersetzen. Nicht als streitbare Gegeninstanz, denn die Kirche ist nicht mit der Überlieferung eines wissenschaftlichen Weltbildes beauftragt worden, sondern durchaus als hörende, fragende, möglicherweise die Fragestellungen vertiefende Instanz. Und selbstverständlich muß die Kirche, müssen die Christen ihre solidarische Zeitgenossenschaft unter Beweis stellen, indem sie mit-leidend und mit-helfend sich der Überlebensprobleme unserer Welt annehmen und ebenso den emanzipatorischen Lebensanspruch wie auch die Lebensnot und Unbehaustheit des heutigen Menschen verstehen.

Das alles betrifft, kurz gerafft, die Seite des notwendigen »Nachlernens« der Kirche, damit sie ihre Botschaft glaubwürdig und vernehmbar verkünden kann. Wenn also, um dies an einem jüngeren Beispiel polemisch zu verdeutlichen, in einem »profil«-Interview mit einem Bischof die Redakteure nicht erst spaltenlang den Bischof über seine moralische und intellektuelle Inferiorität belehren müßten, sondern von vornherein als einen auf der Höhe der Zeit stehenden, ebenbürtigen Gesprächspartner akzeptieren und ihm daher eine offene Frage stellen könnten, dann könnte auch der interviewte Bischof eine Botschaft oder zumindest »message« unter die Leute bringen.

Doch weg von der konkreten Polemik und zurück zu dem nicht weg-

zudiskutierenden Problem, das sich nun zusätzlich auftut. Denn »Nachlernen« einerseits, um andererseits die Botschaft glaubwürdig verkünden zu können, stehen leider nicht nur in dieser einfachen finalen Relation. Sondern sie stehen auch in teils einander ausschließender Relation, teils in der Relation falscher Identität.
Es kann nämlich sein (und passiert auch öfters tatsächlich so), daß die nachgelernten Inhalte die ursprüngliche Botschaft verdrängen. Nicht nur die harten Verdikte mancher Theologen über durchaus arbiträre Fragen aktueller Gesellschaftsprobleme, auch das Gesamtbild landläufiger Pfarrgemeindemessen vermitteln manchmal den Eindruck, die Christen wüßten, wie die Welt zum Heil aller Menschen eingerichtet werden müßte, und die Erlösungstat des Herrn der Geschichte sei eigentlich gar nicht notwendig. Oft kann man an den verbalen Äußerungen und an neueren, in der Nähe banaler Schlagertexte angesiedelten Kirchenliedern merken, daß hier unreflektiert eine grundlegende Unschuldsvermutung für den Menschen und die Welt beansprucht wird; schuld an den negativen Seiten sind nur »das Geld« und die von ihm abhängigen »Politiker«, für die dann in den Fürbitten regelmäßig um »Einsicht« gebetet wird.
Ginge es tatsächlich nur darum, dann wäre auch die fröhliche Botschaft dieser »weltzugewandten« Christen wohl für niemanden schwierig zu hören oder anstößig. Doch um die wirkliche Dimension und Unfaßbarkeit der Frohen Botschaft zu erahnen, müßten die Christen, so scheint es, erst wieder den Grund und das Ausmaß der Erlösungsbedürftigkeit des Menschen und der Schöpfung begreifen.
Die eifrig nachlernende oder schon nachgelernt habende Kirche ist oft – so sieht jedenfalls der Alltag an der »Basis« des Pfarrgemeindelebens aus – vollgeräumt mit vordergründig »Aktuellem«. Sie engagiert sich, bezieht Stellung, faßt Resolutionen, hektographiert Einladungen und Aufrufe – und geht dennoch allzuoft an der wirklichen Not der Zeit vorbei, weil sie im Horizontalen steckenbleibt. Das »Himmlische Jerusalem« als letzte Glaubenshoffnung einer wirklichen »Neuen Erde« scheint manchmal von »der jungen Kirche in Lateinamerika« abgelöst worden zu sein, die als Gegenbild zur eigenen, alten, sklerotischen, an der Geschichte tragenden und von ihr nicht in die fröhliche Unschuld entlassenen Kirche in Europa überhöht wird.

Imitatio Christi

Um kein billiges Mißverständnis aufkommen zu lassen: Die Weltverantwortung der Christen und der Kirche ist schlechthin *das* Kriterium des Glaubens und der Glaubenspraxis einer Religion, die die Menschwerdung Gottes in der von ihm geschaffenen und zum Heil berufenen Welt verkündet. Eine Welt, die von Gott selbst leiblich angenommen wurde, kann von den Christen nicht mehr bagatellisiert oder gar ignoriert werden. Die Welt wurde aber durch die Menschwerdung nicht in ihrer Endlichkeit besiegelt, sondern mit aufgenommen in die Heilsverheißung. Damit ist nun immer auch die Differenz von Realität und Verheißung, von Geschichte und Eschaton, von Welt und Gott, von Immanenz und Transzendenz, von Pilgerschaft und wahrer Heimat verbunden.

In der Spannung dieser Pole steht die Kirche als Volk Gottes auf Erden. Sie wird immer versucht sein, diese Spannung zu lindern, indem sie einen der Pole abschwächt; doch die Welthaftigkeit zu ignorieren und in eine vorweggenommene Jenseitigkeit zu flüchten, würde den Glauben ebenso verfehlen wie eine Beschränkung auf den geschlossenen Horizont bloßer Diesseitigkeit. Allein in dieser Spannung, in diesem Ausgespanntsein bewährt sich jene *imitatio,* die der Kirche und den Christen aufgetragen ist.

Als zeitgenössischer österreichischer Katholik fände ich es persönlich für fatal, wenn die da und dort erkennbare bewußte Weltverantwortung katholischer Gruppen sich selbst in den – begründeten oder unbegründeten – Verdacht brächte, den Glauben um seine Transzendenz zu verkürzen und die Hoffnung am Hier und Jetzt festzumachen. Dieser Fehler würde, zumal bei der derzeitigen Polarisierung innerhalb der Kirche Österreichs, nur jenen Gegenkräften Vorschub leisten, die den Rückzug in eine »traditionalistische Versorgungskirche« (J. B. Metz) antreten wollen, deren gesellschaftliche Relevanz und intellektuell-moralische Wirkung in der Öffentlichkeit bis zur Unerheblichkeit sinken würde.

Die Gefahr einer »Versorgungskirche« ist aber nicht zwingend mit dem Adjektiv »traditionalistisch« verbunden. Sie kann auch bei der anderen Tür hereinkommen, nämlich in Form jener »modernen« Gemeinden, die sich fast ausschließlich als gegenseitiger Dienstleistungsverein verstehen, der zur Vermittlung von Gemeinschaftserlebnissen, praktischer Lebenshilfe und psychosozialem Komfort da ist. Als in diesem Zusammenhang wohl unverdächtiger Zeuge läßt sich Leopold Ungar anführen, der zu dieser neueren Praxis vermerkt, »daß auch sonst alles lockerer zugeht. Man quatscht, man benimmt sich wie im Kaffeehaus, man bekommt am Schluß den Wunsch für ein schönes Wochenende mit, aber die reale Gegenwart Jesu Christi wird einem eigentlich nicht mehr vermittelt, es geht einigermaßen profan zu« (Bauer, Krön, Horner: Wir sind Kirche – Sind wir Kirche?). Ungar stellt freilich auch positiv fest, daß andererseits die Praxis der Nächstenliebe und solidarischen Weltverantwortung im Kirchenvolk heute einen weit höheren Stellenwert aufweist als früher. Das ist gewiß ein Fortschritt. Wenn jedoch dieser Fortschritt in der Orthopraxie (im besten Sinne) mit dem Verlust an Transzendenz und Theophanie bezahlt würde, dann würde die Kirche letztendlich zur Verursacherin einer neuen Not, deren jetziges Ausmaß sie schon unterschätzt. Die Kirche und ihre Gläubigen neigen dazu, aus einer oberflächlichen, unbekümmerten und possessiven Gottesgewißheit das Ausmaß der beängstigenden »Gottesfinsternis« (M. Buber) der neuzeitlichen Welt zu unterschätzen. Diese geistig-seelische Not hat zu tun mit der Gefangenschaft des Menschen im geschlossenen Horizont bloßer Diesseitigkeit, mit der Perspektivelosigkeit einer entzauberten, ihre Grenzen immer deutlicher sichtbar machenden Welt, die den Menschen immer mehr auf sich und seinesgleichen zurückwirft.

Von der Sehnsucht des menschlichen Geistes

Der Mensch will aber über sich hinaus, er will Antwort, will Offenbarung aus diesem Über-Sich-Hinaus, das er selbst nicht mehr ist, das er aber denken kann – auch wenn es nur ein »unerschöpfliches Nichts« wäre, wie Cioran sagt. Derselbe Nihilist Cioran sagt an anderer Stelle: »Offen gestanden, kann man von irgend etwas anderem reden als von Gott oder sich selber?« Und es gibt mehr Menschen, als man gemeinhin annimmt, die nicht nur immer von sich reden wollen. Sie wollen auch die Kirche nicht nur von sich selber reden hören, vom Menschen, wie er geht und steht und wie er »der Fall« ist – um ein

Wort Wittgensteins hintersinnig abzuwandeln –, sie wollen nicht wieder nur auf ihre eigene Begrenztheit zurückgeworfen werden. Der Mensch will über sich hinaus, will seine Ebenbildlichkeit zur Sprache bringen.

Damit ist nun keineswegs gemeint, die Kirche sollte durch Weihrauchnebel und Orgelrauschen einem sonntäglichen Eskapismus Vorschub leisten, ein Scheingefühl der »Erhebung« vermitteln oder sonstige Opiate und billige Trösterchen verteilen, um die grauen Wochentage erträglicher zu machen. Im Gegenteil. Nur die Wahrheit, nicht der Schein, wird frei machen. Das Ausmaß der Alltagsflucht, der Eskapismen, der Sucht nach irgendeinem »Opium«, der gesuchten »Bewußtseinserweiterungen« und Realitätsverdunstungsmittel müßten ja der Kirche zu denken geben, ob sie nicht vielleicht versäumt hat, ihr Wort, ihre Botschaft und die ihr anvertrauten Gaben des Geistes so verschwenderisch auszustreuen, wie es die Not gebietet.

Wenn man das Potential an Glaubensbereitschaft sieht, das heimatlos zwischen Irrlichtern, täuschenden Idolen und höchst primitiven bis atavistischen Götzen herumirrt; wenn man die pseudosakralen Züge politisch-ideologischer, konsumistischer oder medialer Kulte registriert; wenn man die messianistischen oder apokalyptischen Formen des Sektenwesens betrachtet und dies alles als massenhaftes Gesellschaftsphänomen ernst nimmt, so kann man diese vielfältige Pseudosakralität nicht nur als Ausdruck der Geistlosigkeit beklagen, sondern muß sie auch als den verzweifelten Versuch werten, eben einen Ausweg aus dieser Geistlosigkeit und allumfassenden Profanität zu finden. Daß dieser irrtümliche Versuch, der wieder nur mit Enttäuschung enden kann, so massenhaft unternommen wird, stellt wieder eine ernste Frage an die Kirche – nämlich die Frage an ihren Umgang mit dem Heiligen und mit dem Geist. Der Eindruck, daß sie ihr Depositum den Suchenden vorenthält, ist nicht von der Hand zu weisen. Traut ihm die Kirche selbst nicht mehr? Oder verfügt sie nicht über die geeigneten Instrumente, es den Menschen zu vermitteln?

»... ein jeder hörte den anderen in seiner Sprache reden.«

Damit wären wir wieder beim Sprachproblem der Kirche angelangt. Dieses stellt sich nun aber nicht mehr nur in der Weise, daß die Kirche eben die Sprache »der Welt« oder »der Zeit« zu wenig versteht und zu schlecht beherrscht, wie das etwa bei der Formulierung moralischer Normen und ethischer Anforderungen deutlich wird; das Sprachproblem stellt sich hier viel grundsätzlicher, nämlich in der Weise, daß die Kirche ihre ureigenste Sprache, die Sprache des Heiligen, der prophetischen Botschaft und Heilsverheißung nicht mehr sprechen kann – oder nicht mehr sprechen will.

»Ein Zeichen sind wir, deutungslos/Schmerzlos sind wir und haben fast/Die Sprache in der Fremde verloren« – so dichtete Hölderlin über die aus der Gottes- und Weltgewißheit gefallene Menschheit am Anfang der Moderne. Die Verse scheinen heute in besonderem Maße die Situation von Christentum und Kirche zu treffen: ein Zeichen, das sich nicht mehr deutet, nicht mehr weiß, wofür es steht; empfindungslos, anästhesiert und anästhetisiert; sprachlos geworden im Exil eines fremden Idioms, das sie sich nur schwer aneignen kann... (»Mnemosyne« heißt übrigens der Titel dieser späten Ode – bewahrende Erinnerung, Tiefengedächtnis aus der Urzeit...)

Der Geist, der im Pfingstwunder bewirkt, daß die Apostel von allen Menschen in ihrer je eigenen Sprache verstanden werden, dieser Geist weht, wo er will. Die Kirche muß ihn nicht aus sich selbst kreieren, sie muß nur vertrauensvoll ihr »Veni Creator Spiritus« rufen. Sie muß freilich sich diesem Geist auch öffnen, wenn er ihr wieder feurige Zungen verleihen soll.

Diesen schöpferischen Geist wird man nicht nur im kognitiven Wissen, in abstraktem Denken und theoretischer Reflexion finden. Sich dem Geist zu öffnen heißt vor allem, die Sinne zu schärfen, die anerzogene Kurzsichtigkeit, Schwerhörigkeit und Geschmacklosigkeit zu überwinden. Registriert denn die Kirche überhaupt das, was in Kunst, Literatur und Musik geschaffen wird? Nimmt sie davon irgend etwas zumindest zur Kenntnis, geschweige denn *wahr?* Damit ist nicht nur jene (problematisch gewordene) »religiöse Kunst« gemeint wie etwa Chagalls Glasfenster im Reims oder A. L. Webbers »Requiem«.

Hat sich die Kirche je Gedanken darüber gemacht, was ein Beuys

sichtbar machen will, wenn er Fett und Filz auftürmt, wenn er selbst den Hut nicht mehr abnehmen will, wenn er verkitschte Weihbrunnenkessel in Serie produziert? Will er damit nicht indirekt ein ungeheures Vakuum sichtbar machen, das durch die ersatzweise Verrümpelung mit billiger Ikonen- und Hinterglasmalerei nur um so deutlicher wird? Hat irgend jemand die immer wiederkehrende hermetische Kreuzessymbolik im Werk der Ingeborg Bachmann entdeckt – den anziehenden und immer wieder zurückwerfenden, nicht standzuhaltenden Schrecken, der von Menschen oder Dingen, die für sie die Gestalt des Kreuzes annehmen, ausgeht –, eine Gewalt, die zunächst vernichtet, dann aber neues Leben, sogar Triumph vermittelt? Zeichen, die zu deuten sind.
Hat irgend jemand die tiefe Analogie bemerkt, die in der Exilliteratur steckt? Die Exilliteratur ist heute wohl eine der interessantesten, weil sie von jenen geschrieben wird, denen die Sprache genommen wurde, die in der Fremde leben, im fremden Idiom Ausdruck finden müssen und dennoch durch ihre bewahrende Erinnerung die vom Ungeist gewaltsam okkupierte Sprachheimat erhalten. Mnemosyne: Das ist der Schmerz des Exils, die Bewahrung der verlorenen Heimat. Die tiefe Analogie nicht nur mit der Kirche, sondern mit der unentrinnbaren Entfremdung des Menschen überhaupt sollte doch entdeckt und fruchtbar gemacht werden.

Die Zeichenhaftigkeit der Kunst

Was not tut, wäre also, die Sinne zu öffnen und zu schärfen, die von der Kunst sichtbar gemachten Zeichen und Gestalten nicht bloß zu registrieren, auch nicht nur zur Kenntnis, sondern im eigentlichen Sinne *wahr*-zu-nehmen. Die Wahrheit, die die Kunst zeichenhaft über den Menschen aussagt, ist die, daß die Frage seiner Existenz in horizontaler Dimension nicht beantwortbar ist. Und wenn die Kunst, sofern sie wahr bleiben will, heute nicht mehr affirmativ sein kann, so hält sie gerade damit die Dimension der Transzendenz offen – indem sie nämlich auf der Fragwürdigkeit der menschlichen Existenz insistiert und alle angehäuften Schein-Wirklichkeiten destruiert. Insofern steht die Kunst, ohne intentional diese Absicht zu haben, in viel näherer Relation zur Religion, als deren Vertreter begreifen wollen.

Die Kunst macht heute nicht mehr – schon lange nicht mehr – den *Inhalt* des Glaubens sichtbar; aber gerade in ihrer Emanzipation vom Glauben und von seinen festgesetzten Inhalten hält sie nun jenen Frage-Raum offen, in dem Herkunft und Ziel des Menschen zur Disposition stehen, jenen Frage-Raum, der die Grenzen des Horizonts der Immanenz aufsprengt, den Raum der Selbstinfragestellung des Menschen, den Raum des Über-Sich-Hinaus. Dieser offengehaltene Raum kann sich mit Verzweiflung und Nihilismus, aber auch mit Glauben und Hoffnung, immer auch mit Aberglauben und trügerischer Hoffnung füllen. Es ist jedenfalls der Raum, aus dem der Mensch seine Atemluft bezieht, den lebensspendenden Anhauch, das Pneuma. Diesen Raum überhaupt nicht zu sehen oder wenn doch, ihn nicht zu betreten, sich ihm nicht auszusetzen, wäre für dic Kirche eine Sünde wider den Geist, die Zurückweisung des Geistes – und das heißt: der Abfall.

Das ist gewiß ein hartes Wort, aber meines Erachtens angebracht. Denn all die seit Jahrzehnten vorgebrachten bemühten Aufforderungen, die Kirche möge doch mit der Kunst in einen Dialog treten und sich von ihr »etwas sagen lassen«, wurden immer nur so verstanden, als könne man sich von der Kunst Dinge zur eigenen Lebensbereicherung abholen, wofür man im Gegenzug eine ebenso bemüht-verständnisvolle Künstler-Pastoral aufzieht. Doch darum geht es überhaupt nicht. Wer sich der Kunst gegenüber »verständnisvoll« zeigen will, will nicht *verstehen.* Es geht auch nicht darum, Künstler zu beauftragen, eine Messe zu schreiben, eine Kirche zu bauen, einen Kreuzweg-Zyklus zu malen. Gewiß soll die Kirche das tun, mit mehr Mut, mehr Großzügigkeit und größerer Sorgfalt als bisher. Aber das ist nicht der eigentliche Punkt. Im Grunde geht es um nicht weniger, als endlich den theologischen Ort der Kunst zu begreifen, ihre geschichtstheologische Funktion am Ende der Moderne, wo die Kunst am wirksamsten – wirksamer als Religion und Philosophie – gegen alle ideologischen Verfestigungen und gegen alle verstellten Wirklichkeiten die Frage nach dem Menschen offengehalten hat.

Und wenn dieser Zusammenhang in seinem ganzen Ernst und in allen seinen Konsequenzen erst einmal theologisch begriffen ist, dann lautet die Frage für die Kirche nicht mehr nur: »Was hat uns die Kunst zu sagen?« – sondern dann erhebt sich zusätzlich die radikale Frage, wer denn in diesem, von der Kunst subversiv offengehaltenen Raum ein wahres Wort über den Menschen und seine Bestimmung zu sagen vermag. Wird das die Kirche, wird das das Christentum sein? Wer hat ein Wort aus der Wahrheit des Geistes? Ein Wort, das frei macht?

Diese Fragestellung mag manchem überzogen oder überspannt erscheinen. Gewiß eignet sie sich nicht als Tagesordnungspunkt der Österreichischen Bischofskonferenz oder des Präsidiums der Katholischen Aktion oder sonst irgendeines Gremiums. Es ist auch keine Frage, zu der die Christen Österreichs oder unsere theologischen Fakultäten Bedeutungsvolleres beitragen werden können; niemand kann das. Die Frage geht auch an allem, was hier und jetzt zu tun ist, vorbei.

Aber es ist eine Frage, die aus Sorge um die Kirche insgesamt doch gestellt werden muß, und deshalb sei sie auch hier deponiert – aus der vagen Hoffnung heraus, daß sie doch von dem einen oder anderen verstanden wird. Aus der vagen Hoffnung auch, daß es vielleicht in der Kirche Österreichs wieder Zeiten geben könnte, in denen nicht nur engstirnige Richtungskämpfe und hinterhältige Personalstreitigkeiten, Pauschalverdächtigungen und Intrigen auf der Tagesordnung sind; Zeiten, in denen der rechte Glauben nicht am Verzicht auf Gewissensfreiheit gemessen und von Kommissionen überwacht wird; Zeiten, in denen das Bewährungsfeld christlicher Ethik nicht auf gynäkologische Bereiche einerseits oder Nicaragua andererseits eingeschränkt wird; kurz gesagt: Zeiten, in denen die Kirche sich und den anderen nicht »nur noch ein Problem« und sonst nichts ist.

»Der Geist ist es, der lebendig macht ...«

Vielleicht gibt es wieder Zeiten – sie waren selten genug, aber eine ist noch in guter Erinnerung –, wo geistliche Menschen (das müssen nicht Priester sein) unermüdlich dem Geist auf der Spur sind, sich von ihm stellen lassen, Menschen, die eine Botschaft des Geistes hören und eine Botschaft des Geistes zu verkünden haben.

Wie lautet die erste Seligpreisung wirklich? – Selig die, denen der Geist abgeht, die sich mit der Geistlosigkeit nicht abfinden können. Auch diese Armen warten auf eine Frohe Botschaft.

Kirche und Fundamentalismus

»Fundamentum«, verrät das Wörterbuch, heißt »Unterbau, Grund, Fundament«. Ist also Fundamentalismus etwas Böses? Er bezeichnet, wörtlich übersetzt, eine Geistesrichtung, die zu den Fundamenten zurückkehrt. Zum Grund. Man kann auch sagen: zum Urgrund.

Fundamentalismus ist zum Modewort geworden, seit der schiitische Zweig des Islam so etwas wie eine religiöse Säuberungswelle begonnen hat. Seit Ayatolla Khomeini zur »reinen Lehre« zurückrief. Zurück: Das ist das Etikett, das der Fundamentalismus seither trägt. Man hält ihn gleichbedeutend mit Anachronismus, Rückständigkeit, Staub. Sind wir nicht ungerecht? Muß, wer die sogenannte reine Lehre verteidigt, wirklich ein Ewiggestriger sein – oder nicht doch einer, der sich gegen den Zeitgeist stemmt, was immer man darunter verstehen mag?

Es gibt Fundamentalismus durchaus nicht nur in der Religion. Auch in den politischen Parteien besinnt sich manch einer darauf, daß sich die Praxis von der Theorie längst entfernt habe, daß aber, wenn der theoretische Unterbau, das Fundament, zu wanken beginnt, wohl auch der Überbau einzustürzen drohe. Und es sind keineswegs nur die von des Gedanken Blässe Angekränkelten, die orthodoxen Ideologen, die als Fundamentalisten auftreten.

Heißt Fundamentalismus nicht auch, zu den Quellen – ad fontes – zurückzukehren, wo das Wasser noch klar ist, das dann, wenn sich der Bach zum Fluß verbreitert, immer mehr der Umweltverschmutzung unterliegt?

Fundamentalismus wird häufig dem Fanatismus gleichgesetzt. Man assoziiert ihn mit Strenge und Starrheit, ja mit Unmenschlichkeit. Unter diesen Vorzeichen ist er zum Streitpunkt, zum Schmerzpunkt geworden, in allen Lebensbereichen, auch in der Kirche, nicht nur in der katholischen, wohlgemerkt. Die provokante Frage freilich, ob es Fundamentalismus

sei, die Zehn Gebote aus der Schublade zu holen, will erst beantwortet werden.
Fundamentalismus ist ein verteufelter Begriff. Diese Feststellung darf so oder so verstanden werden.

Günther Nenning

Ich bin Fundamentalist

Religion modernisieren heißt sie zerstören

Im »Spiegel«[1] las ich von einer evangelischen Theologin, die mit ihrer Kirche in Konflikt geriet; gleich sprangen ihr mit Unterschriftslisten alle progressiven Kräfte bei. In ihren beliebten Vorlesungen berichtete sie, daß sie sich schon am Abend ihrer Hochzeit in einen anderen Mann verliebt hatte. Später zog sie mit drei Männern in eine Wohngemeinschaft, was ihre Kirche stirnrunzelnd gerade noch tolerierte. Als sie frei ihre Meinung äußerte, der liebe Gott sei eine Art Mörder, wegen Auschwitz und Hiroshima und weil er seinen Sohn umbringen ließ, wollte ihre Kirche sie hinauswerfen, wenigstens aus der Lehrtätigkeit.

Ich bin sehr dafür, daß man das alles, was diese Theologin sagte und tat, sagen und tun darf. Es regt mich an. Daß ich wegen irgendwelcher komischer Tanten, die zugleich Muttergöttinnen und Religionslehrerinnen sind –, meinen Glauben verliere, ist Blödsinn. Im Gegenteil, ich fühle mich ihnen gegenüber als was Besseres, das heißt, ich bin Fundamentalist.

Aber man darf doch nicht nur die Abweichler lieben. Auch die armen Rechtgläubigen, gerade in ihrer Wut auf Abweichler, das heißt in ihrer Schwäche, verdienen Liebe, auch wenn's schwerfällt – nein, dann erst recht. Ich finde es also begreiflich, wenn die Kirche Abweichler (sie können ja draußen, in der restlichen Gesellschaft, Meinungsfreiheit üben) hinauswirft, das heißt, ich bin Fundamentalist.

Die Forderung: in einem Verein von Vegetariern muß ein Fleischfresser das Fleischfressen erledigen dürfen – hat etwas Absurdes an sich. Aber Christentum hat etwas Absurdes an sich – nämlich Großzügigkeit.

Daß Christen unter sich bleiben wollen, ist kleinlich und also unchristlich. Auch wissen Christen nie, wer Christ ist, vielleicht ist's der

Abweichler, und der Rechtgläubige ist keiner, und zwar deshalb, weil er den Abweichler hinauswirft.

Wer nie tiefe Zweifel hat, hat auch keinen tiefen Glauben. Nur daran, daß es Nacht gibt, ist kenntlich, daß es Tag gibt. Der Zweifel ist ins Fundament des Glaubens mit eingemauert, das heißt, ich bin Fundamentalist.

Die beste Lösung wäre: Die Kirche fühlt sich so stark, daß sie Abweichler auch der spinnendsten Art bei sich *duldet*, toleriert und daran leidet; und ebendrum dran Freude hat; sich ebendrum immer neue Abweichler wünschen muß; und sie auch prompt immer wieder kriegt.

Es kann nie ausgeschlossen werden, daß die Abweichler recht haben und die Christen unrecht. Genauer: Die Kirche hat nie unrecht, und die Abweichler – sie sind Teil der Kirche – haben auch nie unrecht. Die Katholiken haben von Luther gelernt, die Protestanten von Johannes XXIII. Unsere vorerwähnte Theologin ist kein Luther und kein Papst Johannes. Wer weiß, was sie ist. Sicher ist sie für was gut.

Ich haben hier »die Kirche« als Einzahl verwendet. Mir ist schon klar, daß es theologisch und organisatorisch mehrere Kirchen gibt. In einem tieferen theologischen Sinn gibt es nur eine:

Die EKKLESIA KYRIAKE, die Versammlung des Herrgotts, ist schon, wo zwei oder drei Menschen beisammen sind in seinem Namen – Christenmenschen, nein, Menschen überhaupt.

Bei dieser Auffassung von Kirche gilt erst recht: Jeder Skandal kann positiv sein. Er gehört aufgehoben: aufbewahrt und freundlich umfaßt mitten in der Kirche; aufgehoben auf eine höhere Stufe, auf der er, statt ärgerlich, nützlich wird, zum Nachdenken, Mitfühlen, Besserwerden. Der Skandal ist aufgehoben, sobald er diese seine Nützlichkeit erfüllt, das heißt die Kirche gebessert hat.

Ohne Skandal keine Reform; und reformiert muß die Kirche immer werden.

Nützlich zum Besserwerden ist zum Beispiel die Auffassung eingangs erwähnter Theologin, Gott, weil er das Böse zuläßt, sei nicht allmächtig, sondern ohnmächtig; »nicht omnipotent, sondern impotent« – sagte sie. Mir fällt dazu ein, was ein surrealer Choreograph zu antworten pflegte, befragt nach dem Sinn einer seiner unbegreiflichen

Inszenierungen. Er hob die Hände hoch und sagte mit stark russischem Akzent: »Großes Geheimnis! Großes Geheimnis!«
Sie haben keinen Respekt vor dem Geheimnis – das ist das Ärgerliche an den nützlichen kleinen Abweichlern. Sie wissen alles ganz genau; sie sind Privatdogmatiker: Wenn Gott das Böse zuläßt, ist er keiner. Ach, wenn schon Dogmen (also lieber nicht), dann aber die der allgemeinen Kirche (katholisch heißt auf deutsch allgemein), worin sich die Kämpfe der Jahrtausende spiegeln und die der blitzende Verstand theologischer Titanen köstlich schliff und spitzte, das heißt, ich bin Fundamentalist.

Als ich in den sechziger Jahren bereits viele Zeitungsspalten vollgeschrieben hatte über Sozialismus und Christentum, ob sie vereinbar seien, und wenn nicht, warum trotzdem – erschien bei mir plötzlich ein sogenannter einfacher Mensch. Er stellte sich als reisender Weinhändler vor und glättete auf meinem Schreibtisch ein verknittertes Stück Zeitungspapier.
Es war einer meiner Artikel über Christentum und Sozialismus. Unterstrichen hatte er mit Kugelschreiber die Worte: »Ich weiß es, ich werde zu Gott kommen.«
»Nämlich ich glaub'«, sagte er auf gut wienerisch, »daß Sie zurück wollen zu uns in die Kirchen.«
Der Mann war ein Fundamentalist, das heißt, er hatte alles mißverstanden. Er kam intellektuell gar nicht mit. Es fehlte ihm das akademische Unterscheidungsvermögen. Was er unterstrichen hatte, war nicht meine Meinung, sondern er hatte die Fußnote nicht gelesen. Es war ein Zitat von Friedrich Engels, eine Briefstelle aus seinen Jugendjahren.
Der junge Engels war ein wichtiges Beweisstück in meiner Argumentation, daß Christentum und Sozialismus vereinbar seien. Engels war einst fromm; Engels war dann Marxist; also sind Christentum und Sozialismus vereinbar. Das war kein Beweis, außer dafür, daß ich Marxist mich für das Christentum interessierte.
Der fundamentalistische Weinreisende hatte mein theoretisches Gequake richtig falsch verstanden.
Er brachte mich zu einer Art Geheimorganisation spanischer Herkunft namens »Cursillo« – kleiner Kurs im Christentum. Dort trat ich zur katholischen Kirche über und wurde sicherheitshalber nochmals

getauft (wer weiß, ob eine evangelische Taufe gilt). Seither habe ich meine Freude am katholischen Glauben und Kult, schimpfe fleißig auf Papst und Bischöfe, daß heißt, ich bin ein progressiver Katholik. Fundamentalist ist, wer alles Unwesentliche beiseite läßt. Also sind jene, die heute Fundamentalisten genannt werden, keine. Also war jener Weinreisende, der mich zur Kirche zurückbrachte, einer.

Meine katholischen Freunde, die in den sechziger Jahren mit mir über Christentum und Sozialismus diskutierten, waren gute Progressisten. Sich öffnend zur Welt und zu dem, was sich in ihr vorfand an Fortschritt, darunter Sozialismus, wären sie nie auf die peinliche Idee gekommen, mich nach meinem Glauben zu fragen.

»Ich weiß es, ich werde zu Gott kommen« – war für die Progressisten ein Engels-Zitat, für den Fundamentalisten war's ein Anklopfen an die Türe, die er persönlich auftun half.

Nur eben sind, wenn dies Fundamentalismus ist, die neuen Fundamentalisten Witzfiguren Gottes. Sie sperren die Tür zu und hängen ein Schild dran: »Eintritt verboten für alle, außer die schon drin sind, und auch unter diesen ist eine Säuberung im Gang.«

Sollte also die Tür aufgehen, so, um welche rauszuschmeißen. Die neuen Fundamentalisten sind Terroristen.

Die neuen Fundamentalisten verhalten sich zum Christentum wie Khomeini zum Islam. Zum wahren Glauben fehlt ihnen nichts, nur die Liebe. Das neofundamentalistische Herz brennt wie ein Scheiterhaufen.

Von daher kam die neokonservative Bewunderung für den großen Hasser in Teheran.

Ich lag in der Badewanne und dachte an Salman Rushdie, der vielleicht gerade auch in der Badewanne lag und an Khomeini dachte. Vielleicht dachten wir beide, der Mord in der Badewanne ist auch nicht mehr, was er einstmals war, sondern findet mit der Maschinenpistole statt.

Der Prophet Marat schrieb in seiner verzinkten Zimmerbadewanne eine Rede, die die Feinde des wahren Glaubens an die Revolution aufs Schafott bringen sollte, während er im lauen Wasser Linderung suchte; er litt an einem quälenden Juckreiz. Als er sich gerade kratzte, erdolchte ihn eine ländliche Jungfrau mit einem Küchenmesser.

Khomeini hingegen war ein Technokrat. Er ließ mit westlichen Maschinenpistolen arbeiten. Das Wasser im Brunnen der Märtyrer, an dem in Teheran die Schulkinder vorbeimarschierten, ließ er blutrot färben mit einer westlichen Chemiefarbe. Nachts und heimlich ließ er in verdreckten Gefängnishöfen die Ketzer massakrieren, während sich frustrierte Fundamentalisten wollüstig in westlichen Betten wälzten.
Wie das kranke Muscheltier hat unsere westliche Gesellschaft Perlen produziert; wir wollen sie tragen an einer unverlierbaren Kette: Toleranz, Grundfreiheit, Menschenrechte.
Toleranz heißt für Neofundamentalisten: Ihr müßt dulden, daß wir der Meinung sind, ihr gehört ausgerottet. Seid tolerant, ihr Lämmer, Meinungsfreiheit für den andersdenkenden Wolf!
Wenn es zu einer Religion gehört, Bücher zu verbrennen (geht das leider nicht, so wenigstens auf den Index mit ihnen), wenn es zu einer Religion gehört, Kopfgeld auszusetzen fürs Umbringen von Bücherschreibern (geht das leider nicht, wird wenigstens verkündet: wer schreibt, habe sich die Folgen selber zuzuschreiben) – dann Toleranz für diese Religion!
Menschenrecht ist Menschenrecht. Es gilt das Grundrecht der Meinungsfreiheit für den Satz »Tötet den Bücherschreiber!« – und es gilt das Grundrecht der Freiheit des Bücherschreibers, sich gut zu verstekken vor dem Mordkommando.
Wir hatten in Österreich wieder unser übliches Glück. Thomas Bernhard ist uns von selber gestorben. Wenn wir Fundis hobeln, fallen nun einmal Späne.
Wenn das Fundamentalismus ist, ist es ein Schreibfehler für Terrorismus.
Wir müssen also zurück zum Fundament des Christentums – das stimmt, auch wenn es der Papst und die bösen neuen Bischöfe sagen. Aber auf dem Fundament Gott stehen Liebe und Duldung, nicht Haß und Terror (und Neid auf Khomeini).
Die Annahme, Islam sei identisch mit dem, was Khomeini verkündete, ist eine größere Beleidigung dieser Religion als je ein Roman des Herrn Rushdie. Sowenig Inquisition und Christentum dasselbe sind, sowenig ist Khomeinis Terrorismus dasselbe wie der Islam – welcher eine Religion der Liebe ist wie das Christentum (und eine blutige Geschichte hat wie dieses).

Der Islam – das ist ein vielfältiger Zeit- und Erdraum in der menschlichen Geschichte. Khomeinis Regime war dagegen, zeitlich wie räumlich, eine Winzigkeit.
Islam heißt auf deutsch Ergebung in Gott – draus folgt nicht gottesfürchtiger Mord, sondern jene gottesfürchtige Toleranz des Islam in seiner höchsten Blüte, als er Schutzhafen war für Verfolgte, die vor der Intoleranz des mittelalterlichen Christentums flüchteten.
Dieser Islam ist das genaue Gegenteil von Khomeinis Terrorismus und kann ein Vorbild sein für allerlei Christen.
Eine Blütezeit erlebte im mittelalterlichen Iran die Bewegung der Sufis, eine Schule von Betern und Dichtern, deren einer, Dschalal al Din Rhumi (gestorben 1273), geschrieben hat:

»Wir sind's, die schaun zu Dir empor,
Rief zu Gott der Priester Chor.
Gott rief zurück: Ihr seht mich nicht,
Ein Schleier hängt Euch vor'm Gesicht.
Denn wer haßt, sieht nicht mein Licht.«

Daß dies der wahre Islam ist – davon haben im Westen weder jene eine Ahnung, die den Islam für fanatisch und reaktionär halten, noch auch jene, die Khomeini klammheimlich oder halböffentlich bewunderten.

Dies wägend, lieg ich immer noch in der Badewanne und denke an Salman Rushdie. Das demokratischste ist sicher: kein Mord an Bücherschreibern. Anderseits erhöht er unsere Bedeutung.
Eine Mordshuldigung. Wer hätte das gedacht: Wir sind Schriftsteller und trotzdem wichtig! Wenn wir Glück haben, können wir eines Tages rufen: Ich werde ermordet, also bin ich.
In diesen total toleranten Zeiten hier im Westen kannst du schreiben, was du willst. Bist du gut und/oder hat der Verlag einen großen Werbeetat, stehst du einige Wochen auf der Bestsellerliste. Dann wirst du verramscht.
Auf dem Butterbrot der freien Gesellschaft sind die Schreiber nur Schnittlauch. Da waren die Khomeini-Leute anders, da warst du eine ganz scharfe Zwiebel, kaum daß du Gott lästertest oder was die dafür hielten.
Ich liege in der Badewanne und bin Stepan Trofimowitsch Wercho-

wenski, von dem sein Schöpfer Dostojewski sagte: »Ganz außerordentlich gefiel er sich zum Beispiel in seiner Lage als Verfolgter ... er pflegte die edle Neigung, sich angenehmen Träumen über seine schöne staatsbürgerliche Haltung hinzugeben.«
Im Wachen möchte ich kein Salman Rushdie sein und kein Vaclàv Havel und keiner der Kollegen, die die KZs und Todeszellen aller Stalins und Hitlers füllten. Ich wünsche mir eine Welt voller Generäle de Gaulle, der, als man ihm vorschlug, Sartre einzusperren, erwidert haben soll: »Voltaire verhaftet man nicht.«
Ich liege in der Badewanne und freue mich, daß ich nicht so wichtig bin wie der arme Kollege Rushdie. Da klopft es an der Tür. Jetzt kommen sie. Nein, das Frühstück ist fertig.
Ich denke, während ich mein Ei köpfe, daß das nicht die wahrscheinlichste Todesart ist. Rasch unterschreibe ich einige Solidaritätserklärungen angesehener Schriftstellervereinigungen und lese einen dummen Artikel, der Rushdie vorrechnet und mißgönnt, daß er durch den ganzen Wirbel das Geschäft seines Lebens macht.
Ja, buchstäblich: Es kann sein Leben kosten. Seltsam, daß man das Geldverdienen niemandem vorwirft, nur den beiden letzten ungelernten Berufen, Politikern und Schriftstellern.
Kein Honorar wiegt die Angst auf, in der Rushdie leben muß, keines auch den Stolz, so bedeutend zu sein, daß man umgelegt werden muß.
Welch wunderbarer Morgen, das Leben ist schön, man will es eigentlich nicht verlieren, nur weil man mordswichtig ist.
Daß dem Schriftsteller gehuldigt wird durch Morddrohung, ist die zweitbeste Lösung. Die beste ist: Man läßt ihn schön am Leben, liest, liebt und achtet ihn. Die schlimmste ist: die Gleichgültigkeit, die Toleranz durch Nichtbeachtung. Das ist schlimmer als jede Morddrohung, es ist das vollstreckte Todesurteil.
Das ist eine der großen Wahrheiten des Fundamentalismus (er hat deren mehrere): *Der Geist ist wichtig.* Nimmt man die eigene Wahrheit ernst, ist es tödlich logisch, daß man auch die widerstreitende Afterwahrheit ernst nimmt, samt dem Widersacher, der sie im Kopf trägt. Der Kopf muß weg.
Gegen soviel Beachtung ist alle Toleranz langweilig.
Als im Europa des achtzehnten Jahrhunderts die Toleranz aufkam

(im Islam schon im Mittelalter) – war sie *religiöse* Toleranz: Ich bin tolerant gegen alle Religionen, weil in allen Religionen Wahrheit ist. Lessings Fabel von den drei Ringen hebt Christentum, Islam, Judentum auf ein und dieselbe Wahrheitsstufe. Aber es gibt noch vielmehr Ringe der Wahrheit.

Es gibt zweierlei Toleranz: Alle Religion ist gleichgültig; alle Religion ist gleich gültig. Nicht weil kein Gott ist, sondern weil nur ein Gott ist. Religion ist multireligiös.

Der moderne aufgeklärte Dummkopf ist Multi-Atheist, alle religiösen Wahrheiten sind ihm gleich Wurscht. Er denkt (wenn man's denken nennen mag): Du bist blöd, aber ich bin tolerant. Es gibt keine Wahrheit, also lass' ich dich leben.

Da gewinnt plötzlich die sinistre Figur des Fundamentalisten sympathische Rundung. Er sagt wenigstens: Es *gibt* die Wahrheit, ich habe sie, du nicht; also wirst du geschlachtet.

Echte Toleranz und echter Fundamentalismus haben gemeinsam: das Interesse für die Wahrheit. »Ich kenne nichts Interessanteres auf der Welt als die Religion«, schrieb Atheist Baudelaire in sein geheimes Tagebuch (»Mon cœur mis à nu«).

Der echte Tolerante sagt: Wahrheit gibt es in allen Religionen. Der falsche Fundamentalist zankt: Nein, nur in meiner. Beides probiert, kein Vergleich.

Seltsam ist, warum alle sich wundern über die Rückkehr des Fundamentalismus in die katholische Kirche. Es wundern sich Christen wie Atheisten, und beide auf die gleich verständnislose Weise. Fundamentalismus ist einfach die Rückkehr zur Beschäftigung mit den Fundamenten des Glaubens, das heißt, ich bin Fundamentalist.

Das »Aggiornamento« der Kirche in den sechziger Jahren – korrekt, aber scheußlich von einigen deutschen Theologen mit »Verheutigung« wiedergegeben – war vor einem Vierteljahrhundert ein löbliches Nachholen dessen, was sich draußen in der Welt an Fortschritt abgespielt hatte in fast hundert Jahren zwischen dem Ersten und dem Zweiten Vatikanischen Konzil.

Die fundamentalistische Gegenbewegung, die mit dem derzeitigen Papst verknüpft ist, ergibt sich aus dem Nestroyschen Gesetz, daß der Fortschritt viel kleiner ist, als er ausschaut. Die progressive Begeisterung, die damals die Kirche in sich aufsog, über grenzenloses Wachstum vorwärts in die One World der immer größeren Wohlstände und Freiheiten aller Art – wo ist sie heute?

Wenn man den Neofundamentalismus ausnahmsweise einmal barmherzig betrachtet, ist er das »Aggiornamento« an eine Welt, die knapp vor dem ökologischen Kollaps steht.

Vielleicht ist es eine Ironie des lieben Gottes, daß die Fundamentalisten heute die Modernen sind und die Progressisten die Unmodernen. Denn versunken und vergessen ist das Grundgefühl des progressiven Theologen der Konzilsjahre: meine weltlichen Kollegen, die Theologen der Wissenschafts- und Technikkirche, auch die sind ja unserer altmodischen katholischen Kirche weit voraus, wir müssen sie endlich einholen, und da haben wir diesen Ballast von Tradition und Dogma, Maria und 2 036 Heilige und den Zölibat – die Kutte ist hinderlich beim Nachlaufen hinter dem Fortschritt.

Welcher Fortschritt, wenn die Priester verheiratet sein werden, und wie groß wird der Fortschritt erst sein, wenn die ersten Priester sich wieder scheiden lassen werden.

Wenn Fortschritt, Wachstum, Wohlstand die erfolgreiche Dreifaltigkeit ist – muß man sich entschuldigen, wenn man noch bei Gottvater, Christus und dem Heiligen Geist herumkrebst.

Es hat sich aber herausgestellt – o Gott wie rasch! –, wie windig die neue Trinität ist. Dies war die Geburtsstunde eines berechtigten Fundamentalismus: Es ist offenbar doch was dran am lieben Gott, das heißt, ich bin Fundamentalist.

In der Tat ist das einzig Sympathische am Fundamentalismus sein ärgerlicher Rückzug auf die Fundamentalien der Religion. Doch kaum gewinnt man den Fundamentalisten, welche Mühe!, diese ihre sympathische Seite ab – schon steigt aus dem tiefsten Bauch der Unwille darüber, was sie denn aus der Religion machen. So bitte wird es nicht zu deren – so nötiger, so hilfreicher – Wiedergeburt kommen!

Jetzt ist nämlich, da erstmals in der Weltgeschichte der reale Weltuntergang bevorsteht, außer wir werden tätig fromm – jetzt ist der falscheste Zeitpunkt für phantasielosen Rückzug auf dogmatisches Christentum.

Eines der größten christlichen Geheimnisse ist die zweifache Natur dieser Religion:

Ein sinnliches Christentum, strotzend von Leben und Tod.
Ein dogmatisches, lebloses, lebensfeindliches Christentum.
Die beiden Christentümer begegnen und entgegnen einander dauernd. Im offiziellen Christentum ist die zweite Gattung immer vorherrschend gewesen. Dafür im inoffiziellen, untergründigen, volkstümlichen Christentum immer die erste Gattung: die Sinnlichkeit des Jesus, die Sinnlichkeit der Maria und aller Heiligen, die Schönheit der Welt Gottes. Sie spricht aus dem Gold und Weihrauch der Kirchen, vollgeräumt mit Statuen, Bildern, Legenden, alle unwahrscheinlich und wahr, weil sinnlich schön wie die Schöpfung selber.
Dieses sinnliche Christentum spricht sein Urteil über die dürren christlichen Dogmen, und das Urteil lautet: Nicht dort bei den Fundis ist die Zukunft, sondern hier bei mir, wo die Realos und die Realitäten wimmeln.
Hier ist der Schatz, ihr müßt ihn nur heben.
Und von alledem haben die Neofundamentalisten keine Ahnung. Sie nützen die sinnliche Pracht der katholischen Kirche bestenfalls zum Zweck der Benebelung, um die verbliebenen Christen in die Dogmenwelt, eine graue, unattraktive Gegenwelt zur bunten Schöpfungspracht, zurückzutreten.
Freilich ist auch jenen nicht zu trauen, die sich nichts als lustig machen über die täppisch fundamentalistischen Bischöfe samt ihrem Papst. Die progressive Häme dieser Kritiker ist ebenso humorlos wie die reaktionäre Schelte der neuen Bischöfe. Sie kritisieren eigentlich gar nicht die Bischöfe, sondern die Religion insgesamt. Sie schlagen den Sack der Fundamentalisten und meinen die Eselei des Christ-Seins in dieser modernen Welt; wie kann man denn noch!
Die progressive Medienberichterstattung geht von dem richtigen Gefühl aus, daß moderne Religion eigentlich schon gar keine mehr ist.
Die Progressiven messen die Religion daran, ob sie wohl modern sei.
Es geht aber um den genau umgekehrten Meßvorgang: ob wohl die moderne Welt religiös sei oder wieder werden könne.
Für die Medienfritzen, die sich an den neuen Bischöfen witzig die Füße abstreifen, sind Fundamentalisten erst dann keine mehr, wenn sie die Religion, dieses Fossil, insgesamt preisgegeben haben, das heißt, ich bin Fundamentalist.
Die Wiedergeburt der Religion kann nicht aus den abgekapselten, to-

ten Dogmen kommen – sondern aus dem üppigen Fleisch und Blut des sinnlichen Christentums. Ach, mit einer solchen These wissen die Progressiven aller Sorten nichts anzufangen, das heißt, ich bin Fundamentalist.

Im Mittelalter, das bekanntlich finster war, weil der Strom nicht aus der Steckdose kam, lieferte Religion den Sinn ins Haus, ins Leben, in den Staat, in den Beruf, in den Tod. Das muß ja furchtbar gewesen sein, soviel Sinn und immer ein und derselbe.

Folgt eine Übergangszeit, etwa bis zur Französischen Revolution und trotz ihr noch ein ganzes Stück darüber hinaus, wohl noch bis zum Weltkrieg 1914 bis 1945; es gab ja nur einen, den 31jährigen Krieg, mit einer Zwischenkriegszeit. Diese Übergangszeit vom Glauben zur Wissenschaft schildert Hugo Ball, Dadaist, dann konvertierter Katholik, wie folgt:[2]

»Der theologische Staat ist umstritten, aber noch nicht zerstört; er erweist täglich noch seine vitale Kraft. Der Gegensatz von Glaube und Wissen, in wie kritischen Formen immer, beherrscht die Köpfe; hier aber und heute will der verlorene Glaube erst wieder gefunden und erhoben werden ... Omnipotent ist die Maschinerie; eine dämonische Welt täuscht Leben und Ebenmaß vor, ohne auch nur eine Seele, geschweige denn Geist oder gar Heiligkeit zu haben. Und so glossiert das Genie, als Rebell oder Dandy gekleidet, den dumpfen Bankrott der Kultur und empfindet sich als den Hort alles höheren Lebens.«

Der letzte Satz ist die exakte Beschreibung des Fundamentalismus, der hilflos zurück will aus dem Bankrott der Moderne in die Welt des Glaubens. Unverdient geraten der Papst und seine Bischöfe in eine Reihe neben Genie, Rebell und Dandy.

Nur letzteres ist gar nicht so absurd, denkt man an diesen Papst, der Schauspieler war beziehungsweise ist, auf weißen Fahrrädern fährt, auf weißen Schiern läuft, mit einem langen weißen Hirtenstab bergwandert. Ein Dandy auf Petri Stuhl.

Die Fundamentalisten nicht ernst nehmen kann nur, wer den Zerfall der Wissenschafts- und Technikkirche nicht riecht. Ich rieche was, das heißt, ich bin Fundamentalist.

Es geht um Ordnung, das heißt, ich bin Fundamentalist. Wenn wir die Welt ändern wollen – und sie braucht es –, so deswegen. Revolution ist nicht die Verwandlung von Ordnung in Unordnung, sondern umgekehrt.

Der Teufel – aus griechisch DIABOLOS, »der Durcheinanderschmeißer« – heißt so, weil er die Menschen aus allen gewachsenen Zusammenhängen reißt, die Wurzeln zerschneidet, den Mutter- und Vaterboden durchgiftet. Die unglückselig frei im Raum herummüllernden modernen Menschen – sogenannte Individuen: »höchstes Glück der Erdenkinder sei nur die Persönlichkeit«, irrte Goethe – kriegen eine neue Klammer verpaßt aus rostfreiem Stahl: den Staat; und/oder metaphysische Prinzipien (»Freiheit, Gleichheit, Brüderlichkeit«); und/oder einen gemeinsamen Markt, wo alle Güter ewig querdurch rollen auf Transit (»Freiheit«), alle Menschen bei McDonald's essen (»Gleichheit«) und alle Türken billige Arbeitskräfte sind (»Brüderlichkeit«).

Bei soviel Metaphysik, wozu braucht's dann noch Religion?

Religion, die ihrerseits Metaphysik ist, wie die Dogmatik der Fundamentalisten, braucht's dann freilich auch nicht. Die 2 489 zu glaubenden Wahrheiten in Denzingers »Enchiridion Symbolorum« haben keine Chance gegen die 40 000 zu glaubenden Verordnungen der EG-Kommission.

Aber Sinnlichkeit braucht es, Sinnlichkeit! Das grasige, waldige, fruchtige, duftende, stinkende, sterbende, wiederauferstehende, kuschelige, streichel- und rammelbare, samtige Insgesamt der Schöpfungswelt, das unzählig Kleine im wimmelnden Großen und alle, alle Geschichten und Bilder, die davon erzählen – *das* ist die Religion, die uns fehlt.

Die wahre Ordnung ist deren Rückverwandlung in Chaos: Gottes Schöpfung ist das geordnete Chaos, das denkbar und fühlbar ist. Wir verlieren uns drin, aber wir kriegen keine Angst, weil wir gehalten sind durch Wurzeln nach unten und nach oben, auch nach seitwärts zu den ebenso gehaltenen Mitmenschen, Mittieren, Mitpflanzen, Mitsteinen.

Heiliger Franziskus, schau oba; Romantik pur. Kapitalisten und Sozialisten aller Art, Fundamentalisten und Progressive aller Art – alle, alle sind sich einig im Kopfschütteln, Lächerlichmachen, Niedermachen dieses Gespenstes. Es ist die einzig, so glaube ich, realisierbare Gegengestalt zur totalen One World, die fast schon da ist.

Im Grunde läuft alles auf die Frage hinaus: Wer hat die Welt gemacht? War es der Teufel, müssen wir schauen, daß wir sie recht bald loswerden. War es der liebe Gott, müssen wir uns dran freuen, möglichst lang drin leben wollen, ständig Aufstand üben gegen die diversen Zusammenschmeißer (DIABOLOI) dieser schönen Welt.

Das heiße ich dann: sinnliches Christentum, sinnliches Leben und sinnliches Sterben in dieser guten Welt des guten Gottes.

Hat die Welt – was nicht wenige Religionen so meinen, einschließlich weitverbreiteter Varianten des Christentums – der Teufel gemacht, in Arbeitsteilung mit dem lieben Gott, ihm die Last abnehmend für das Böse dieser Welt – dann ist es klar, daß es mit dieser Welt immer schlecht und schlechter läuft, daß die Zusammenschmeißer die Öko-Schlacht gewinnen werden und nicht die Grünen, dann ist es am besten, nicht geboren zu werden, und am zweitbesten, bald zu sterben, und am drittbesten, alle Sinnenfreuden, das heißt Teufelsfreuden zu meiden.

Im letzteren Punkt glauben die Fundamentalisten eher an den Teufel als an den lieben Gott. Sie sind, theologisch gesprochen, *»gnostische Irrlehrer«*.

Ausgerechnet sie, die Rechtgläubigen, gehen, recht geschieht ihnen, in die uralte Falle der »Gnosis«, einer griechischen, erst heidnischen, dann christlichen oder doch halbchristlichen Sekte, mit Fortdauer bis heute: leibfeindlich, lebensfeindlich, an die Teufelswelt glaubend statt an Gottes geile Schöpfung.

Freilich fällt es herzlich schwer, die »Gnostiker« abzutun als Dummköpfe. Sie liefern die glatteste Möglichkeit, den lieben Gott lieb sein zu lassen; wo immer Böses zu finden ist, also überall, war's der Teufel, nicht der liebe Gott. Nur haben wir dann zwei Götter statt einem.

In der Tat müssen sich die Neofundamentalisten fragen lassen, ob sie Monotheisten sind oder doch an den Teufel mehr glauben als an Gott? Alles Böse ist euch vertraut, alle Weltenfreude verdächtig!

»Es gibt zwei Grundarten von Engeln. Die einen halfen dem Menschen von Anfang an, die Erde wohnlich einzurichten. Die anderen hinderten ihn daran. Die Menschen sind noch lange nicht reif genug,

daß ihnen enthüllt werde, welche die guten Engel sind und welche die bösen.«
So Valentinus, der Gnostiker, um 170 n. Chr. Die Menschen sind noch immer nicht reif. Unterdessen macht der Fortschritt so entsetzlichen Lärm, daß wir weder die Engel des Guten mit den Flügeln rauschen hören noch die des Bösen, noch gar auf die Enthüllung Lust haben, welche welche sind.
Die Wahrheit ist, wo sie immer ist, nämlich an mindest zwei entgegengesetzten Enden scheinbar zugleich:
Die Wahrheit ist bei den Fundamentalisten, weil wir Religion brauchen und nicht den modernen Schnickschnack, der doch nur auf der Sondermülldeponie der Weltgeschichte landen wird. Modérn heißt módern.
Und die Wahrheit ist beim sinnlichen Christentum, weil uns nicht Dogmen retten, sondern Liebe.
Laßt tausend Engel flattern, die Wahrheit kann überall sein, denn sie ist unteilbar.

Weil Wahrheit überall sein kann, bin ich tolerant. Weil Wahrheit nur bei mir sein darf, bin ich Terrorist. Weil keine Wahrheit wahr ist, bin ich moderner Mensch. Modern sein ist der Tod aller Religion.
Das ist die große Wahrheit des Fundamentalismus: Man kann Religion nicht »modernisieren«, ohne sie zu zerstören. Von der Religion über die moderne Religion zu gar keiner Religion: Dieser Fortschritt ist der falsche, das heißt, ich bin Fundamentalist.
Verhaßt ist mir das Finsterbrauige, Humorlose, Mörderische an den Fundamentalisten von Rom bis Teheran und wieder retour.
Das heiligste Menschenrecht ist das Recht auf sinnvolles Leben, also auf Religion – als sanftes Angebot, nicht als Aufdrängung alleinseligmachender Wahrheit.
Übrigens geschieht die Aufdrängung alleinseligmachender Wahrheit nicht nur durch religiöse Fundamentalisten in Richtung Anders- und Garnichtgläubige. In der Gegenrichtung leeren Fundamentalisten der modernen Wissenschaft plastikkübelweise den Plunder ihrer alleinseligmachenden Wahrheiten (die sich alle paar Jahre ändern) auf verwirrte Christen.
Der Fundamentalismus des unmöglichen Papstes und der von ihm

durchgedrückten unmöglichen Bischöfe ist auf diesen Vorgang eine Antwort (lateinisch: *Reaktion*).

Die Unmöglichkeit des Papstes und der Bischöfe der römischen Kirche ist nicht unmöglicher als die Unmöglichkeit der Päpste und Bischöfe der modernen Wissenschafts- und Technikkirche. Nur daß diese eigentlich niemandem unangenehm auffällt.

Unfähig zur Selbstkritik sind sie beide, die reaktionären Fundamentalisten des Neokatholizismus und die progressiven Fundamentalisten der Wissenschafts- und Technikkirche. Sie verachten einander wechselweise. Wenn und sobald sie dazu in der Lage sind, würden sie einander wechselweise verfolgen.

Der Ruf »Tötet Rushdie« ist mörderisch. Das unterdrückte Lächeln »Wer an Gott glaubt, ist ein Dummkopf« – ist nicht tödlich, aber dieselbe Geistesverfinsterung.

Dogmen – der reaktionären wie der progressiven Fundamentalisten – führen zu keinem sinnvollen Leben. Urquell der Religion und Schlüssel zu ihrer Wiedergeburt ist die sinnliche Anschauung der Welt Gottes und das sinnliche Tun in ihr. Die verbotene Lust: Neugier, Phantasie, Sozialismus, Sexualität als gottselige Tätigkeiten – führen zum religiösen Leben zurück.

Sinnlichkeit und Heiligkeit sind identisch.

Die Wiedergeburt der Lust, die uns zum »Sex« verkümmerte, ist nur aus der Religion möglich, das heißt, ich bin Fundamentalist.

Nötig ist also ein Plädoyer für sinnliches Christentum. Religion ist eine viel zu üppige Sache, um sie den Zölibatären zu überlassen. Ich halte es für das tiefste Unglück der Christen, daß bei ihnen Religion und Sinnenfreude auseinander geraten sind. Mit gleicher Unglückseligkeit ist das in keiner anderen Religion passiert. Schon deshalb liefern die anderen Religionen unentbehrliche Ergänzungen und Korrekturen des verkrampften Christentums.

Daß Religion höchste Sinnlichkeit ist, geht den Christen nicht ein. Daß Sexualität gottseliges Tun ist, schon gar nicht.

Ich bin für eine Theologie der Laien. Die Theologen sind gescheitert. Religion ist eine viel zu ernste Sache, um sie auch noch ernst abzuhandeln. Gottesglaube und Gotteslästerung gehören zusammen. Wer nicht an Gott glaubt, lästert ihn auch nicht, sondern Gott ist ihm egal.

Wer von Gott ergriffen ist, kann sich nur retten durch kühne Scherze. Der Glaube muß zum Angreifen und Anschauen sein.
Religion ist eine viel zu schöne Sache, um sie theoretisch abzuhandeln. Die Königsstraße zu ihr führt nicht über abstrakte Dogmen, sondern über Fleisch und Blut der tausend Bilder und tausend Geschichten, die in der Religion aufgehoben sind: Mythen, Kunst und Dichtung.
Ich bin kein typisch progressiver Christ. Ich schätze die Konservativen, weil und wenn sie zurückwollen zum innersten Kern des Glaubens.
Aber Religion ist zu wichtig, um sie dem Papst zu überlassen. Die Kirche ist die ganze Menschheit, oder sie ist zu eng. Die Monopolstellung gebührt nicht einer bestimmten Religion, sondern dem lieben Gott.
Wir müssen den lieben Gott zurückholen, ist meine Schlußfolgerung. Ohne ihn ist die Welt tödlich langweilig. Es heißt immer, die Menschen haben sich von Gott abgewendet. Das ist nur unser üblicher Größenwahn. Ich glaube, es ist umgekehrt, Gott hat sich von den Menschen abgewendet. Wir merken es am Zustand dieser Erde, die wir fast schon zerstört haben.
Daß Gott zurückkehrt, ist das letzte mögliche und nötige Stück Optimismus, das heißt, ich bin Fundamentalist.

Anmerkungen:

[1] »Gruselt so schön. Der feministischen Theologin Elga Sorge wird ein Kirchenprozeß gemacht.« – »Spiegel« Nr. 28/1989.

[2] Hugo Ball, Carl Schmitts Politische Theologie, 1925, in: H.B., Der Künstler und die Zeitkrankheit, suhrkamp taschenbuch Nr. 1 522.

Kirche und Gehorsam

Gehorsam sei des Christen Schmuck, sagt Schiller und schreibt den Mut dem Mamelucken zu, dem Ungläubigen also, dem bedenkenlosen Draufgänger. Aus dem Schmuck, meinen viele, sei wertloses Gerümpel geworden, Ballast, der die Seele beschwert und nicht schnell genug abgeworfen werden kann.

Denn allzuoft, so wird argumentiert, sei Gehorsam zur willkommenen Entschuldigung für Furchtbares geworden. Willenlos, geistlos Befehle zu befolgen, also das zu üben, was mit »Kadavergehorsam« bezeichnet wird, hat freilich nichts mit dem zu tun, was der Christ meint, wenn er im Lied verspricht, daß ihn, dessen Taufbund »fest stehen« solle, die Kirche stets »folgsam ihren Lehren« sehen möge. Folgsam sein: Das verlangt man auch vom unmündigen Kind; die sogenannte antiautoritäre Erziehung ist längst zum Anachronismus geworden – man hat gemerkt, was sie anrichten kann und daß das Leben eben doch meist anders ist als das, was sich vermeintlich fortschrittliche Pädagogen darunter vorstellen. Aber auch das Kind will erklärt haben, warum es so und nicht anders handeln soll, warum es dieses tun und jenes unterlassen möge. Kadavergehorsam setzt einen Kadaver voraus, einen leblosen, seelenlosen, herzlosen, hirnlosen Körper. Die Welt ist zum Glück nicht von Zombies bevölkert.

Wird von mündigen Christen heute verlangt, das Gesetz, wer immer es erlassen hat und was immer darunter zu verstehen ist, zu befolgen, ohne zu »hinterfragen«, ohne nachzudenken? Das Problem Gehorsam ist eines der umstrittensten in der Kirche von heute. Aber heißt es nicht andererseits, die Welt sähe ganz anders aus, wenn die Menschen sich nur an die Zehn Gebote hielten, dem Dekalog also »gehorsam« wären? Der Befehl hat viele Formen, der Gehorsam viele Facetten. Wo es Hierarchien gibt, sind Über- und Unterordnung vorhanden. Autoritäten verlangen

»Folgsamkeit«. Schrankenlose Freiheit kann es nicht geben. Das wäre Anarchie. Die Kirche kennt – und verlangt – viele Formen des Gehorsams. Gerade deshalb wehren sich so viele dagegen. Aber kann die Kirche ein basisdemokratisches Kollegialorgan sein, in dem Gebote und Verbote per Abstimmung geschaffen, geändert oder abgeschafft werden? Kirche und Gehorsam – ein neuralgischer Punkt. Einer, dessen Berührung schmerzt. Er soll dennoch angegriffen werden.

Heinrich Ferenczy

Dialog statt Willkür

Die Autorität Jesu drückte sich auch im Dienen aus

Bevor der Autor dieses Artikels vor nun schon über dreißig Jahren in ein Kloster im Herzen der Großstadt Wien eintrat, hörte er bereits als Vorwarnung – neben sicher vielen aufmunternden Worten – etwa folgende Sätze: Sie werden schon sehen – die Armut ist leicht nachzuvollziehen, auch das Gelübde der Ehelosigkeit kann man verkraften; am schwierigsten ist zweifellos der Gehorsam.

Diese Vorwarnung war nicht nur gut gemeint, sie hat auch in hohem Maße ihre Richtigkeit, speziell dann, wenn sich sehr einseitige »Gehorsamsvorstellungen« dahinter verbergen.

Nach über dreijahrzehntiger Klostererfahrung, nach so manchen Autoritätsfragen im schulischen Bereich und schließlich im Zuge heutiger Krisen, Konflikte und Tendenzen gegenüber der sogenannten Amtskirche mögen die folgenden Zeilen Anstöße bieten, über die Frage des Gehorsams nachzudenken und vielleicht auch die eine oder andere einseitige oder zu simple Auffassung zu korrigieren.

Zunächst soll es um die einzelnen Konfliktbereiche des Gehorsams in der Kirche gehen, dann um einseitige und sicher falsche Autoritätsmodelle; ein Blick auf den »theologischen Fortschritt« des Zweiten Vatikanischen Konzils wird das Bild vervollständigen. Es darf auch nicht übersehen werden, daß es gegenwärtig manchmal einen Rückfall in archaische Gehorsamsvorstellungen gibt. »Vernünftige« Ordensregeln – wie die benediktinische und viele andere – haben immer schon die Vielschichtigkeit der Gehorsamsproblematik gesehen und Einseitigkeit abgelehnt; einige Beispiele werden dies deutlich machen. Ein kritischer Ausblick auf die heutige Situation möge diese Ausführungen beenden.

Konfliktbereiche des Gehorsams

Aus den vielen möglichen Konfliktbereichen im kirchlichen Raum sollen vor allem drei herausgegriffen werden: Christ und Kirche, Priester und Bischof und schließlich das Gehorsamsproblem in den Ordensgemeinschaften.

Etwas pointiert, aber treffend hat vor bereits vielen Jahren ein französischer Abbé die Stellung des *Christen* gegenüber der kirchlichen Obrigkeit in folgende Grundhaltungen zusammengefaßt: Der Laie in der Kirche darf unter der Kanzel sitzen – mittlerweile ist die Predigt von »oben herab« der Frontalpredigt »von vorne« gewichen –, er darf zum Spenden in die Tasche greifen, hat aber im übrigen keinerlei Rechte, höchstens Pflichten, und die im reichsten Maße. Somit gleicht er einem Schaf, das immer wieder geschoren wird. Ein erstes Wetterleuchten für eine neue Denkweise gab es beispielsweise in verschiedenen theologischen Vorlesungen, die um die Zeit des Zweiten Vatikanischen Konzils gehalten wurden; in ihnen wurde sehr vehement darauf hingewiesen, daß es ein unhaltbarer Zustand sei, die Laien zu reinen Befehlsempfängern zu degradieren, die keinerlei Rechte hätten. Man wurde sehr nachdenklich, als man erfuhr, daß die Laien zeitweise sogar als »Feinde der Kirche« angesehen wurden. Ja selbst nach den ersten Neuerungen in den späten sechziger Jahren fielen Äußerungen wie: »Die Laien werden immer frecher!«, »Die Laien reißen immer mehr Macht an sich!«. Aus den Kirchenräten wurden Pfarrgemeinderäte mit relativ großer Mitverantwortung, bis es vor kurzem doch wieder hieß – im übrigen: heimlich, still und leise –, daß im letzten doch der Pfarrer in allem zu entscheiden habe und dieser nicht an die Beschlüsse des Pfarrgemeinderates gebunden sei. Nach anfänglich nicht unbedeutenden Neuerungen und fortschrittlichen Bestimmungen droht der sogenannte »Laie« wieder mit leeren Händen dazustehen.

Es ist gar keine Frage, daß sich unter dem gläubigen Volk, nach großen Hoffnungen vor einigen Jahren, allmählich große Resignation, Enttäuschung und Empörung breitmachen, was durch die große Zahl von Kirchenaustritten mitdokumentiert wird, wobei es sicher auch andere, oft sehr banale Gründe für den »stillen Abfall« geben wird. Die Gläubigen können nicht verstehen, warum sie als Getaufte und damit zum heiligen Volk Gottes Gehörige in sehr vielen Belangen kirchlichen Lebens untätig zusehen müssen. So schreibt auch Heinrich Fries in seinem jüngst erschienenen Buch »Leiden an der Kirche« sehr kritisch: ». . . der gegenwärtige Zustand der Kirche ist wesentlich auch von innen bedingt, von der Kirche selbst hervorgerufen, durch die Maßnahmen und Entscheidungen der Hierarchie in der Kirche, durch die Art und Weise, wie heute das Petrusamt wahrgenommen und dargestellt wird, durch die mangelnde Verwirklichung dessen, was Communio und Volk Gottes als Grundstruktur der Kirche bedeuten – durch das Zurückbleiben hinter dem, was als Hoffnung, Ermutigung und Zuversicht der Geister, die Intention und Zielsetzung des Zweiten Vatikanums war. Es ist das Zurückbleiben hinter dem, was einmal konkrete Wirklichkeit der katholischen Kirche war und der Kirche ein hohes Maß an Zustimmung, der Identifikation und der Glaubwürdigkeit einbrachte – und was sich heute oft in das Gegenteil verkehrt hat.« (S. 74) Diese Zeilen weisen nur auf eine Grundtatsache hin, die an vielen Stellen der Heiligen Schrift, besonders im ersten Petrusbrief, zu finden ist: »Ihr aber seid das erwählte Geschlecht, die königliche Priesterschaft, das heilige Volk. Gott hat euch ausgewählt, sein Volk zu sein, damit ihr seine machtvollen Taten verkündet.« (1 Petr 2,9)

Bei alldem muß jedoch auch gesagt werden, daß die Laien in sehr positiver Weise – speziell im pfarrlichen und schulischen Leben – Initiativen ergriffen, die sich als sehr segensreich ausgewirkt haben. Wie würde heute der Religionsunterricht aussehen, wenn er nur mehr von Priestern getragen würde? Wie würde die pfarrliche Seelsorge aussehen, wenn es keine Tischmütter für den Erstkommunionsunterricht, keine Firmhelfer und manche andere Mitarbeiter gäbe? Ist es da nicht fast eine Selbstverständlichkeit, daß aus diesen zahlreichen Verpflichtungen sich ein entsprechendes Recht ableiten läßt, auch mitzubestimmen? In den Canones 208 bis 231 gäbe es eine ganze Reihe sehr wertvoller Hinweise, die man aufgreifen müßte, die aber gegenwärtig unterzugehen drohen. So heißt es im Canon 212, § 3: »Entsprechend ihrem Wissen, ihrer Zuständigkeit und ihrer hervorragenden Stellung haben die Laien das Recht und bisweilen sogar die Pflicht, ihre Meinung in dem, was das Wohl der Kirche angeht, den geistlichen Hirten mitzuteilen und sie unter Wahrung der Unversehrtheit des Glaubens

und der Sitten und der Ehrfurcht gegenüber den Hirten und unter Beachtung des allgemeinen Nutzens und der Würde der Personen den übrigen Gläubigen kundzutun.«
Liegt da nicht das Gegenteil vor, wenn unbequeme Mitarbeiter oft – wie es zutiefst unchristlich heißt – »ohne Angabe von Gründen« ihres Postens enthoben werden und in solchen Fällen sogar um ihre Existenz bangen müssen? Wäre ein offenes Gespräch nicht nur eine rein menschliche, sondern noch viel mehr eine christliche Selbstverständlichkeit?
Auch die Stellung der *Priester*, im seelsorglichen wie im wissenschaftlichen Bereich, ist kirchlich-hierarchisch gesehen schwierig geworden. So mancher Pfarrer in großstädtischen Monstergemeinden oder abgelegenen, vereinsamten ländlichen Gemeinden fühlt sich im Stich gelassen. Was wird wirklich in so bedrängenden Fragen wie »wiederverheiratete Geschiedene«, wachsende Unbildung weitester Teile der Getauften tatsächlich von »oben her« unternommen – außer daß Weisungen ausgegeben werden? Wann wird die mehr als leidige Frage der Kirchensteuer aus der Welt geschafft? Darf man sich mit der Feststellung begnügen, daß es um die, die austreten, ohnehin nicht schade sei, da sie ja vorher auch nicht gläubig gewesen sein können? Wie lange kann man den Zustand auf sich beruhen lassen, daß Priester weit über ihr Pensionsalter hinaus Dienst tun müssen, ohne Hoffnung, je abgelöst zu werden? Aus dieser prekären Situation kommt man auch dann nicht heraus, wenn man Priester aus dem Ausland importiert oder in einer Frömmigkeitshaltung Zuflucht sucht, die sich von der »bösen Welt« abwendet und mit scheinbar magisch wirkender Kraft den Himmel bestürmt, um die eigene Phantasie nicht anstrengen zu müssen.
Ganz sicher ist die »Zölibatsfrage« nicht die wichtigste und die Möglichkeit, daß Priester heiraten dürfen, kein Allheilmittel. Müßte jedoch nicht auch dieses Problem sehr mutig angegangen werden, da es genügend Priester in allen Teilen der römisch-katholischen Kirche gibt, die sehr darunter leiden, daß sie sich in einem Zwiespalt befinden, aus dem ihnen herauszuhelfen die Obrigkeit nicht gewillt zu sein scheint? Sicher bleibt für die Kirche die Ehelosigkeit um des Himmelreiches willen ein hohes Ideal, das von Christus selbst empfohlen wurde; doch ist dieses nicht zwangsläufig mit Priestertum und apo-

stolischem Wirken verbunden. Geht es in den oft viel zu großen Diözesen zwischen Hirten und anvertrauten und mitarbeitenden »Seelsorgern« nicht meistens sehr amtlich und unpersönlich zu? Mit wem kann der Pfarrer, der Kaplan oder Pastoralassistent zielführend und wirkungsvoll seine Probleme in Ruhe und ausgiebig besprechen?
Bei den Ordensgemeinschaften liegen die Dinge anders, vor allem bei jenen, die exempt und nicht zentral geführt sind. Es wird hoffentlich nicht mehr allzu viele Ordensobere geben, die unter Berufung auf Kreuz und Gehorsam von ihren Mitgliedern Dinge verlangen, die deren Intentionen vollständig zuwiderlaufen. Die Beschlüsse der jeweiligen Kongregation und verschiedene Konstitutionen verhindern in der Regel ein »selbstherrliches« und autoritäres Vorgehen der Oberen. Die Probleme der Ordensgemeinschaften liegen weniger im Gehorsam als vielmehr in dem bisweilen sehr vehement auftretenden Konflikt zwischen den Zielsetzungen, der Spiritualität des betreffenden Ordenshauses und den tatsächlichen Aufgaben. In dieser Situation ist eine Neubesinnung auf den Geist des Gründers und der Mut, aus diesen Einsichten Konsequenzen zu ziehen, dringend notwendig. Das Gejammer über den fehlenden Nachwuchs ist sicher kein taugliches Mittel, einen Wandel herbeizuführen.

Einseitige und falsche Formen des Gehorsams

Die Problematik des Gehorsams in der Kirche liegt nicht nur in einzelnen Personengruppen und deren Beziehungen zueinander, sondern im Verständnis des Gehorsams überhaupt. Gerade in diesem Punkt ist man heute sehr sensibel geworden. Welche Untaten wurden unter Berufung auf Befehl und Gehorsam verlangt und getan? Wie häufig wird immer noch der Gehorsam als einfachstes Mittel eingesetzt, um sich lange und mühsame, aber eigentlich notwendige Diskussionen zu ersparen?
Der Begriff des »Kadavergehorsams«, jener Unterwürfigkeit, die sich willenlos in die Hand des Befehlenden begibt, ist noch lange nicht gänzlich von der Bildfläche verschwunden. Es wäre sehr einfach, sich den Gehorsam etwa so vorzustellen: hier der Befehl der Obrigkeit, dort die exakte und unkritische Ausführung des Befehls. Wie gerne

beruft man sich dabei auf den Willen Gottes selbst, der im Oberen erfahrbar wird! Welcher Verantwortliche im kirchlichen Bereich könnte jedoch so leichtweg behaupten, daß er ganz deutlich den göttlichen Willen erfahren habe? Unterliegt nicht auch er dem »Kampf der Motive«, wenn es um wichtige Entscheidungen geht? Wäre es nicht viel vernünftiger, wenn er sich mit denen berät, von denen er etwas verlangt? Es gibt nicht wenige Fälle, die deutlich machen, daß der Untergebene nichts zu vermelden habe und daß dessen oft gar nicht so unberechtigten Bedenken als persönliche Angriffe aufgefaßt werden, die dann schließlich »Konsequenzen haben müssen«.

Sehr problematisch im Zusammenhang mit Gehorsam ist die Berufung auf das Kreuz. Hier werden oft sehr markante Schriftstellen bemüht, die deutlich machen sollten, daß der Gehorsam oft erst dann wertvoll und Gott wohlgefällig werden kann, wenn er zum »rechten Kreuz« wird. So wird häufig Phil 2,8 zitiert, wo davon die Rede ist, daß Christus »Gehorsam zeigte bis zum Tod, ja bis zum Tod am Kreuz«. Oder man weist auf die Ölbergszene hin, in der Christus den Willen des Vaters an sich geschehen läßt und den Kelch des Leidens gehorsam annimmt (vgl. Lk 22,42) – G. Greshake weist in seinem vor kurzem wieder aufgelegten Werk »Gottes Willen tun« unter Berufung auf K. Rahner darauf hin, wie gefährlich diese Berufung auf das Kreuz ist: »... wenn das Kreuz zur Systematisierung grober Fehlentscheidungen herhalten muß, wenn nämlich der Eindruck erweckt wird, als gäbe es *zwei* Wege zum Guten: den guten Befehl des Vorgesetzten oder das Kreuz eines schlechten Befehls. Ist der Befehl gut, ist sowieso alles in Ordnung; ist der Befehl aber schlecht, führt er den Untergebenen auf den Weg des Kreuzes, und das ist auch wieder ›gut‹. Wer als Oberer so denkt oder handelt, macht aus dem Kreuz ein ›Prinzip‹, das nur den eigenen Interessen dient.« (S. 47 f.) Ist es nicht wesentlich einleuchtender zu sagen, daß ja schließlich auch der Obere zur Kreuzesnachfolge aufgerufen ist und es viel eher dem Geist der Botschaft Jesu entspricht, wenn einer des anderen Last mitzutragen trachtet und nicht bedenken- und gedankenlos die Last des anderen zu erschweren sucht (vgl. Gal 6,2)?

Eine weitere einseitige Form des Gehorsams drückt sich in der Berufung auf die Kirchendisziplin aus. Sie könnte manchmal fast lauten: »Befehl ist eben Befehl!«, »Roma locuta, causa finita!« Richtet sich

der sogenannte »Kadavergehorsam« gegen den Willen des einzelnen, führt diese Art zum reinen Formalismus, zur Äußerlichkeit. Welchen Sinn kann es noch vor einigen Jahrzehnten gehabt haben, wenn man verschiedene Eide und Bekenntnisse mehrere Male ablegen mußte: vor der Subdiakonatsweihe, vor der Priesterweihe, anläßlich der ewigen Profeß oder auch vor der Promotion zum Doktor der Theologie? Wurde der eine Eid – ohnehin immer derselbe – durch die Wiederholung »verstärkt« oder »neutralisiert«? Beim dritten oder gar vierten Mal mußte man sich wirklich schon etwas komisch vorkommen, vor allem, wenn man zudem bedenkt, in welchem Rahmen und in welcher Art und Weise man diesen Eid abzulegen hatte. Diese Form, Gläubige zur Kirchendisziplin zu vergattern, droht »frohe Urständ zu feiern«, kann aber im Grunde nicht allzuviel bewirken, höchstens zu neuen unnötigen Spannungen führen.
Nun könnte sich der eine oder andere fragen: Was bleibt da vom Gehorsam überhaupt noch übrig? Auf nichts darf man sich mehr berufen: nicht auf den Willen Gottes, nicht auf die Haltung Christi, nicht auf die Autorität der Kirche ...

Was ist Gehorsam wirklich?

Gerade in den letzten Jahren hat man sich sehr darum bemüht, dem Begriff des Gehorsams eine neue theologische Tiefe zu geben, ihn nicht zu veräußerlichen und ihn vor allem komplexer zu sehen.
Niemand Geringerer als Bischof Franz Kamphaus hat zusammen mit Johannes Bours im Buch »Leidenschaft für Gott« die Problematik des Gehorsams eingehend behandelt. Gehorsam hat sehr viel mit Hören und »Sich-sagen-Lassen« zu tun. Unser ganzes Leben ist ja bestimmt durch einen dialogischen und gesellschaftlichen Bezug. »Dieser wechselseitige Prozeß der Kommunikation, in dem das ›Hören-Sagen‹ des Glaubens geschieht, gewinnt freilich erst sein Profil, wenn von Gott in Jesus Christus und in der Gemeinschaft des Heiligen Geistes die Rede ist ... Nur in diesem trinitarisch-christologischen Verständnis kann eine theologische Phänomenologie christlichen Gehorsams gelingen.« (S. 124 und 125). Es gibt also letztlich nur eine absolute Autorität, und diese ist Jesus Christus selbst. Alle Autoritäten der

Kirche unterstehen dieser einzigen. Die Autorität Jesu drückte sich – zum Ärgernis vieler Zeitgenossen von einst und jetzt – in erster Linie im Dienen aus, im Einfühlungsvermögen und in einer unglaublichen Geduld gegenüber menschlichen Schwächen und Fehlern. Scharfe Absagen und harte Vorwürfe müssen nur die Heuchler, Selbstgerechten und Starrsinnigen in Kauf nehmen, also diejenigen, die nur von den anderen etwas verlangen, sich selbst aber möglichst aus allem heraushalten.

Wie sieht demnach der Gehorsam konkret, im praktischen Leben aus? Der »Gehorsame« – Priester, Ordensmann, Pastoralassistent ... – stellt seine Fähigkeiten, seine Arbeitskraft, seine schöpferische Phantasie einer bestimmten Aufgabe, einer bestimmten Gemeinschaft, sicher auch einer bestimmten Autorität zur Verfügung; im letzten natürlich Gott selbst. Für die Erfüllung verschiedener Aufgaben wird es sicher äußerst wichtig sein, daß dem Betreffenden ein möglichst großer Freiheitsraum zugestanden wird und er andererseits zum jeweils Verantwortlichen eine lebendige Beziehung haben kann. Kommt es zu Konflikten – und die sind unter Menschen eben unvermeidlich –, muß zweifellos der Verantwortliche das »letzte Wort« haben. Doch bevor es zu diesem »letzten Wort« kommt, müßte vorher ein sehr intensiver und ausgiebiger Dialog vorangehen. Fehlt eines dieser beiden Elemente des Gehorsams, der nötige Freiheitsraum und die personale Beziehung zur Autorität, degeneriert der Gehorsam in irgendeiner Weise. Es darf die persönliche Freiheit nicht zur Willkür ausufern, es bedarf jedoch auch auf der Seite der Verantwortlichen eines großen Fingerspitzengefühls, einer hohen »pädagogischen Begabung«, wertvolle Anregungen und Kräfte zu fördern und nicht zu lähmen oder gar abzuwürgen. Papst Johannes XXIII. hat bei irgendeiner Gelegenheit ungefähr folgenden Ausspruch getan: Der Papst der heutigen Kirche kann nicht wie ein Atlas die Geschicke der Gläubigen tragen; er muß in die Zeit hineinhorchen und entsprechende Akzente setzen. Sehr deutlich ist der Autoritätswandel im schulischen Bereich zu erkennen. Was ist aus dem Lehrer geworden, der sich auf seine Amtsautorität berufen möchte, mit Strafen und Sanktionen droht, Noten und Qualifikationen als Druckmittel betrachtet? Ein Lehrer dieser Art gilt heute schlicht und einfach als »pädagogische Null«. Dieser Wandel ist jedoch wirklich kein Nachteil, sondern kann als Überwindung eines

autoritären Machtanspruchs angesehen werden, demgegenüber die heutige Generation zurecht äußerst skeptisch sein muß. Wie bereichernd und meist auch zielführend ist der Weg der inneren, der Persönlichkeitsautorität! Es läßt sich mit ihr vielleicht nicht auf der Stelle Disziplin herstellen, die Früchte des Erfolgs lassen sich nicht gleich pflücken; wie bei allen Wachstumsprozessen bedarf es der entsprechenden Zeit, der inneren Reifung.
Was macht man mit Uneinsichtigen, mit Widerspenstigen, die mit nichts zur Vernunft zu bringen sind? Auch die gibt es ja! Die Antwort auf diese Frage ist ganz bestimmt nicht leicht. Bevor man jedoch zu äußersten Mitteln greift, muß ein entsprechendes Bemühen vorangegangen sein. Zu einfach wird man es sich gewiß nicht machen dürfen. Man kann in vielen Fällen geradezu betroffen sein, was ein offenes, verständnisvolles, also wirklich »pädagogisches« Gespräch Positives bewirken kann.
Dieser kurze Ausflug in den schulischen Bereich möge nur verdeutlichen, daß man die Gehorsamsproblematik möglichst komplex sehen muß.

Gehorsam in der postkonziliaren Zeit

Brachte das Zweite Vatikanische Konzil eine Wende? Die aufgeworfene Frage läßt sich von vornherein mit einem klaren »Ja« beantworten. Der ganze Entwurf der Dogmatischen Konstitution über die Kirche, »Lumen Gentium«, macht dies schon deutlich. So heißt es beispielsweise im IV. Kapitel: »Die geweihten Hirten wissen sehr wohl, wieviel die Laien zum Wohl der ganzen Kirche beitragen. Sie wissen ja, daß sie von Christus nicht bestellt sind, um die ganze Heilsmission der Kirche an der Welt allein auf sich zu nehmen, sondern daß es ihre vornehmliche Aufgabe ist, die Gläubigen so als Hirten zu führen und ihre Dienstleistungen und Charismen so zu prüfen, daß alle in ihrer Weise zum gemeinsamen Werk einmütig zusammenarbeiten ... Den Laien ist der Weltcharakter in besonderer Weise eigen.« Schon diese wenigen Sätze lassen erkennen, daß in den letzten Jahrzehnten der Kirchengeschichte ein Gesinnungswandel stattgefunden hat. Die zeitweise doch recht hierarchische Struktur wird durch eine demokratische wertvoll ergänzt und abgerundet. Am Ende des IV. Kapitels von »Lumen Gentium« wird dann noch einmal darauf hingewiesen, daß die geweihten Hirten die Würde und Verantwortung der Laien in der Kirche anerkennen und fördern wollen, sie sollen gerne deren klugen Rat benutzen und ihnen vertrauensvoll Aufgaben im Dienst der Kirche übertragen, ihnen Freiheit und Raum im Handeln lassen, ihnen auch Mut machen, aus eigener Initiative Werke in Angriff zu nehmen. »Aus diesem vertrauten Umgang zwischen Laien und Hirten kann man viel Gutes für die Kirche erwarten.« (Nr. 37)

Sind dies nicht Worte, die nicht nur schöne Sätze bleiben sollten, sondern sehr konsequent in die Tat umgesetzt werden müßten?

Auch das »Dekret über die zeitgemäße Erneuerung des Ordenslebens« hat in bezug auf die Thematik »Kirche und Gehorsam« einiges zu bieten.

Die Untergebenen mögen die eigene Verstandes- und Willenskraft einsetzen und die Gaben, die ihnen Natur und Gnade verliehen haben.

»So führt der Ordensgehorsam, weit entfernt, die Würde der menschlichen Person zu mindern, diese durch die größer gewordene Freiheit der Kinder Gottes zu ihrer Reife.« Die Oberen dagegen sollen ihre »Untergebenen dahin führen, daß sie bei der Durchführung des ihnen Aufgetragenen und bei der Inangriffnahme neuer Aufgaben in aktivem und verantwortlichem Gehorsam mitarbeiten. Sie sollen sie deshalb auch bereitwillig anhören und ihr Mitplanen zum Wohl des Instituts und der Kirche fördern, bei voller Wahrung freilich ihres Rechtes, zu entscheiden und anzuordnen, was zu tun ist.« (Nr. 14)

Nicht nur in einzelnen Sätzen und Äußerungen brachte das Zweite Vatikanum eine Wende, sondern in seiner gesamten Konzeption und in der Art und Weise seiner Durchführung. Es gibt auf einmal die »Sprechweise« der Dogmen nicht mehr, keine Klassifikation von Glaubenswahrheiten, keine Anatheme und keinen »Index der verbotenen Bücher«. Besonders das berühmte Schema 13, »Die Kirche in der Welt von heute«, schlägt Töne an, die man bisher bei Konzilien kaum gehört hat. Diese Pastoralkonstitution drückt die engste Verbundenheit der Kirche mit der ganzen Menschheitsfamilie aus, in erster Linie mit den Armen und Bedrängten. Papst und Bischöfe bilde-

ten eine wirklich brüderliche Gemeinschaft, in der Konflikte äußerst fair ausgetragen wurden.
Es stellt sich heute die bange Frage: Was ist aus dem Konzil geworden, was hat sich wirklich geändert...?
Es hat sich zweifellos so manches geändert, vieles zum Besseren – das soll gar nicht verschwiegen werden. Es gibt aber auch ganz ohne Frage deutlich rückläufige Tendenzen, die abermals zu einem Triumphalismus führen könnten, der die Absichten Jesu zunichte macht oder verzerrt. Boshafte Zungen meinen, daß das Tridentinum sich auch erst im Laufe mehrerer Jahrhunderte durchsetzen konnte; sollte es da dem Zweiten Vatikanum besser ergehen?
Dem muß aber sehr ernsthaft entgegengehalten werden, daß wir in einer schnellerlebigen Zeit stehen, in der sich Versäumnisse oder Fehlhaltungen wesentlich verhängnisvoller auswirken könnten als noch vor einigen Jahrzehnten.

Rückläufige Tendenzen und Ermüdungserscheinungen

Das Gehorsamsproblem ist in den letzten Jahren deshalb so vehement aufgebrochen, da sich viele verantwortungsbewußte und suchende Christen mit der heutigen Kirche schwer identifizieren können.
Was hat die jetzige Kirche in ihrer Glaubwürdigkeit so erschüttert, was macht es so schwer, für sie einzutreten?
Viele stellen fest, daß an der obersten Spitze, in der ganzen Art und Weise der Verwirklichung des Petrusamtes, eine Veränderung zum eher Negativen stattgefunden hat und ein gewisser Trend zum überwunden geglaubten Triumphalismus anhält. Es sind weniger äußere Zeichen, die die alte »Papstherrlichkeit« aufleben ließen, sondern der ganze Stil, wie Papsttum in der heutigen Zeit, in der nachkonziliaren Ära verwirklicht wird. Am deutlichsten erfuhren dies jene Länder der katholischen Kirche, in denen es in letzter Zeit Bischofsernennungen gab. Dabei hat eigentlich niemand verlangt, daß Bischöfe in rein demokratischer Form gewählt werden müßten. Ein Theologe sagt in diesem Zusammenhang: »Die Kirche ist keine Demokratie, da Christus ihr Herrscher ist.« Man hätte sich jedoch erwartet, daß verantwortliche Christen, die in der jeweiligen Diözese leitende Funktionen

innehaben, wenigstens »ein bißchen« mitreden dürften. Es ist aber dies nicht nur gar nicht geschehen, sondern das Gegenteil eingetreten: Man hatte fast den Eindruck, daß man genau den Kandidaten auszuwählen trachtete, den buchstäblich fast niemand haben wollte. Wozu wurden dann vorher überhaupt Umfragen gemacht, die in keiner Weise beachtet, vielleicht nicht einmal ausgewertet wurden? Diese Vorgangsweise kann keinen positiven Sinn haben, sie entspringt eher einer Unsicherheit, einem Mißtrauen gegenüber den Fähigkeiten und der Reife des mündigen Christen. Es gab und gibt im Gefolge dieser Aktionen zahlreiche Unstimmigkeiten und völlig unnötige Spannungen, die die ganze kirchliche Gemeinschaft belasten.

Viele fragen sich in berechtigter Sorge, da sie schließlich diese ihre Kirche lieben: Aus welchem Winkel weht dieser kühle konservative Wind? Aus der Konzilsaula des Zweiten Vatikanums sicher nicht!

Autoritäres Auftreten wird rein psychologisch-menschlich immer als Zeichen der Unsicherheit klassifiziert. Ist sich jemand seiner Sache sicher, braucht er sich vor Auseinandersetzungen nicht zu fürchten. So ist es leider eine Tatsache, daß sich im vatikanischen Bereich Dinge ereignet haben, die man nicht vertuschen kann und darf. Mag so manches in David A. Yallops Buch »Im Namen Gottes« sensationslüstern aufgemacht sein;* auch wenn nur ein Bruchteil dessen stimmt, was in dieser Veröffentlichung zu lesen ist, wäre das traurig genug. Daß Erzbischof Paul Marcinkus in äußerst dunkle Machenschaften verwickelt war und ist, steht außer Zweifel. Die Gläubigen hätten vielleicht noch ein Verständnis dafür, daß unter Menschen eben solche Dinge vorkommen können; es ist jedoch völlig unverständlich, daß kriminelle Machenschaften total unter den Teppich gekehrt werden. Wenn jemand etwas Verbrecherisches getan hat, muß er sich eben dafür verantworten. Gerüchte verschiedenster Art werden so lange nicht zur Ruhe kommen, bis in diese traurige Szenerie unguter Verwicklungen in dunkle Geschäfte Klarheit gekommen ist. Daß ferner solche Vorgänge im Vatikan auf den Papst kein gutes Licht fallen lassen, liegt auf der Hand.

Eine weitere Quelle so mancher Enttäuschungen bildet die man-

* Yallop versucht in diesem Buch den Nachweis zu führen, daß Papst Johannes Paul I. ermordet worden sei, weil er u. a. ein umfangreiches personelles Revirement aller mit Finanzen befaßten Ämter des Vatikans beabsichtigt habe. Der Herausgeber.

gelnde Gesprächsbereitschaft übergeordneter Stellen. In einzelnen Fällen wird überhaupt das Gespräch verweigert. Man ist oft zutiefst betroffen, welch gedrückte, unsichere Atmosphäre in kirchlichen Betrieben und Bereichen zu finden sein kann, wie eine drohende Angst vor eventueller Entlassung oder Maßregelung zwischenmenschliche Kontakte lähmt und unterbindet. In diesen Fällen wird man an Systeme erinnert, die sich in der Kirche Jesu Christi niemals etablieren dürften. Paul M. Zulehner spricht in seinem Büchlein »Wider die Resignation in der Kirche« von der Isolation des Amtes. »Zu dieser Isolation, dieser Spaltung von oben, kommt es auf folgende Weise: Bischöfe sind mit der Leitung einer Ortskirche beauftragt. Leitung ereignet sich aber stets im Wechselspiel zwischen dem Leiter und der Gruppe, der Gemeinschaft, die geleitet wird. Verweigert eine Gruppe die Leitung, kann diese auch nicht wirksam ausgeübt werden. Dann gibt es zwar vom übergeordneten sozialen System zugewiesene »Vor-Gesetzte«, die aber mangels der Annahme durch die Leute nicht die Möglichkeit erhalten, die Gemeinschaft auch zu führen.« (S. 36)
Ein sehr trauriges und unwürdiges Bild bietet die heutige Kirche nicht zuletzt durch die starke Polarisierung einzelner Gruppen, die untereinander wenig oder gar keine Gesprächsbereitschaft zeigen, sondern einander buchstäblich bekriegen. Dieser unerquickliche Umstand hat sicher viele Ursachen: Zunächst droht der Mensch der modernen Gesellschaft ganz allgmein die Fähigkeit des offenen, zwischenmenschlichen Gesprächs zu verlieren; er kann oft nur mehr »fachsimpeln«, monologisieren oder sich irgendwie medienmäßig berieseln lassen.
Das Gespräch will in der modernen Gesellschaft wieder gelernt sein! Ferner neigen viele zu einer sehr exklusiven Denkweise: Nur ihre Meinung gilt, die andere ist eben falsch. Mit der Ablehnung der Meinung des anderen verbinden sich oft scharfe Aggressionen, die Bilder der alten Inquisition heraufbeschwören. Aber auch das ist ja eine Binsenweisheit: Zur Wahrheit wird man durch naive »Schwarzmalerei« niemals vorstoßen können; der Weg zur Wahrheit führt über sehr steile, verschlungene und mühsame Pfade. Wer sich's zu leicht macht, geht an ihr sicher vorbei.
Das Wort »Dialog« war beim Zweiten Vatikanum ganz groß geschrieben. Nur durch ständige Dialogbereitschaft, durch ständiges Eingehen auf sehr verschiedene Meinungen kann es gelingen, zuein-

anderzufinden und gleichzeitig einzelne Anschauungen abzurunden und aufeinander abzustimmen. Das Ergebnis dieses Prozesses ist auf jeden Fall erfreulicher als diverse kleinkarierte Feindseligkeiten.
Manche wollen es außerdem nicht wahrhaben, daß die Situation der Kirche in einer modernen, pluralistischen und sehr »aufgeklärten« Gesellschaft wesentlich schwieriger ist als in einer in sich geschlossenen, wie sie es früher einmal war. Weisungen von oben, von oben herab, verhallen ins Leere und dienen höchstens den Medien als dankbarer Anlaß, die Kirche als »ewig gestrige Institution« lächerlich zu machen. Man ist sicher im Umgang mit dem Wort »Aggiornamento«, »Anpassung«, viel vorsichtiger geworden. Man wird sich aber trotzdem immer wieder etwas Neues einfallen lassen müssen, um die Botschaft Jesu auch der heutigen Zeit näherzubringen. Weisungen, Enzykliken, Hirtenbriefe bieten nur *eine* Möglichkeit, sehr häufig die am wenigsten wirkungsvolle; einige rühmliche Ausnahmen – wie beispielsweise der Sozialhirtenbrief – mögen lobend erwähnt werden. Müßten nicht alle Verantwortlichen, die Christen ganz allgemein, noch viel mehr »unter die Leute« gehen, vorzuleben trachten, was Christentum überhaupt ist, und vor allem einer in viele bedrückende Probleme verstrickten Welt Zeichen der Hoffnung sein? Nicht ständig mit erhobenem Zeigefinger moralisieren, sondern glaubhaft und überzeugend vorleben, was z. B. »Botschaft der Bergpredigt« bedeutet. Die Befreiungstheologie, die am Anfang von oben verteufelt wurde, hat schon vor mehreren Jahren die überragende Bedeutung »gelebten Christentums« – auch unter dem Risiko, marxistisch angehaucht zu sein – neu zu Bewußtsein gebracht; manche ihrer Gedanken haben sogar in die jüngste Sozialenzyklika Papst Johannes Pauls II. Eingang gefunden, was im übrigen als sehr positive Tatsache angesehen werden muß.
Alles in allem: Der gegenwärtige Zustand der Kirche ist nicht nur äußerst schwierig, sondern sogar bedrohlich und gefährlich. Es drohen Spaltungen großen Ausmaßes, das Mißverhältnis zwischen Kirche der »westlichen Welt« und Kirche in den »unterentwickelten Ländern« wird aus vielen Gründen – vor allem zahlenmäßig – immer schärfer, die gesunde Lehre Christi und einer sehr redlich um die Wahrheit bemühten Theologie droht gegenüber oft sehr bedenklichen, ja bigotten Frömmigkeitshaltungen ins Hintertreffen zu geraten. Man bedenke,

welch billige, geschmacklose und wirklich häretische Produkte bei den Schriftenständen mancher Kirchen zu finden sind, die meist sogar immer noch ein sogenanntes »Imprimatur« tragen! Es droht eine primitive Volkskirche zu entstehen, die sich kaum mehr an der Heilsgeschichte der Bibel orientiert, sondern sich eigene Frömmigkeitsübungen zurechtbastelt, nicht selten unter Förderung und Anerkennung verantwortlicher Stellen.

Damit ist auch der letzte und menschlichste Grund des Rückfalls ins Gestern, der Ermüdungserscheinungen in der gegenwärtigen Kirche, angedeutet: die Trägheit, Bequemlichkeit und Lethargie. Es ist eben viel bequemer und problemloser, vieles oder alles beim alten zu lassen, auf einst so lieb gewesene Formen zurückzugreifen und sich eben nur mehr von »oben« alles Heil zu erwarten. Man holt alte Andachtsbüchlein hervor, man schwelgt in liturgischen Formen und Gewändern und macht allmählich aus der Kirche ein Museum. Der klare Auftrag Jesu, in alle Welt hinauszugehen und seine Botschaft zu verkünden, wird auf Weihen und Segnungen, liturgische Handlungen und nur mit ihnen verbundene Predigten reduziert. Um wie vieles mühsamer ist es hingegen, das Evangelium dort umzusetzen, vorzuleben, wo man auf Widerstand und Verachtung stoßen wird! Will die Kirche missionarisch und apostolisch sein, wird sie sich vor dieser Aufgabe nicht drücken dürfen. »Selig seid ihr, wenn man euch beschimpft, verfolgt und verleumdet um meinetwillen. Freut euch und frohlockt; euer Lohn im Himmel wird groß sein!« (Mt 5,11)

Ein »fortschrittlicher« Blick in die Vergangenheit

Als Abt einer benediktinischen Ordensgemeinschaft sei es dem Autor gestattet, einen Blick auf die Ursprünge dieses Ordens zu werfen. Auch da gab es Autoritätsprobleme und Schwierigkeiten mit Gehorsam und Kirchendisziplin, Untergangsstimmung und Neuaufbrüche. In diese Zeit der Wende setzt der hl. Benedikt von Nursia seine Ordensregel und seine klösterliche Gemeinschaft. In ihr weht aber ein durchaus zuversichtlicher Wind, keine Rede war von starrer Gehorsamsforderung und kleinlichen Reglements.

Speziell das Kapitel II, das über den Abt handelt, wäre vor allem denen zur genaueren Lektüre zu empfehlen, die in der Kirche leitende Funktionen innehaben. »Wer den Namen ›Abt‹ annimmt«, heißt es da, »muß seinen Jüngern in doppelter Weise als Lehrer vorstehen: Er zeige mehr durch sein Beispiel als durch Worte, was gut und heilig ist; den gelehrigen Schülern lege er die Gebote Gottes mit Worten dar, den Harten und Einfältigeren aber veranschauliche er den Willen Gottes durch sein Beispiel ... Er darf im Kloster niemanden bevorzugen. Er soll wissen, wie schwer und mühevoll die Aufgabe ist, die er übernommen hat: Seelen zu leiten und der Eigenart vieler zu dienen ...«

Gleich das darauffolgende III. Kapitel spricht über die »Berufung der Brüder zum Rat«: »... Daß zur Beratung alle gerufen werden, bestimmen wir deshalb, weil der Herr oft einem Jüngeren offenbart, was das Bessere ist.«

Die schönsten und weisesten Kapitel finden sich ganz am Schluß der Regel des hl. Benedikt: Im Kapitel 71 ist vom gegenseitigen Gehorsam die Rede. »Die Tugend des Gehorsams soll nicht nur dem Abt gegenüber von allen geübt werden, sondern die Brüder sollen sich auch gegenseitig gehorchen, in der Überzeugung, daß sie auf diesem Weg des Gehorsams zu Gott gelangen.«

Der hl. Benedikt faßt seine gesamte Regula jedoch nicht als einen Gesetzesentwurf auf, der immer so bleiben müsse, sondern als eine Möglichkeit, durch die Führung des Evangeliums das ewige Ziel zu erreichen.

Dieser Rückblick möge verdeutlichen, wie in schwierigen Situationen die Initiativen einzelner Persönlichkeiten der Kirchengeschichte Großes und Umwälzendes bewirken können und strenge Weisungen von oben herab eher kosmetischen Operationen gleichen, die keine Heilung im Inneren bewirken können. Wirklich verändernde Kraft besitzt das innerlich Echte, Gelebte und nur das, was sich sehr demütig am Beispiel Christi orientiert.

Kritischer, aber zuversichtlicher Ausblick

Die gesamte Gehorsamsproblematik ist sehr eng mit der gegenwärtigen Situation der Kirche verbunden. Nach einer Phase des dynamischen Aufbruchs im Zuge des Zweiten Vatikanischen Konzils schleicht sich eine allgemeine Müdigkeit und Resignation ein, die wertvolle Kräfte lähmt und brachliegen läßt. Der Weisheit letzter Schluß scheint in einem Zurückgehen auf alte Formen zu liegen, was jedoch gegenüber dem unbestreitbaren Fortschritt des letzten Konzils einen Verrat darstellt. Die Früchte des zähen Ringens des damaligen Weltepiskopats zu bagatellisieren oder sie in anmaßender Weise überhaupt von vorneherein in Zweifel zu ziehen, würde bedeuten, den in der Kirche seit ihren Anfängen wirkenden Geist austreiben zu wollen. Wie soll der »gehorsame« Gläubige nun seinen Weg weitergehen? Darf er wirklich, wenn er treuer Christ bleiben möchte, an den kirchlichen Autoritäten nicht rühren? – Diese Auffassung wäre so falsch, wie sie auch gleichzeitig bequem ist. Wäre sie richtig, hätte die Botschaft Jesu niemals ihren Siegeszug durch das damalige Römische Reich antreten können. – Zuallererst darf sich der Christ unserer heutigen Kirche nicht verwirren und einschüchtern lassen; er soll ruhig sich um seine eigene Überzeugung bemühen und sie ohne Furcht, auch wenn es »Folgen haben sollte«, an kompetenter Stelle deponieren. Nur so kann wirklich etwas weitergehen. Selbstverständlich muß auch dies in Loyalität, mit viel Geduld und Liebe geschehen, aber ohne Abstriche von der persönlichen Überzeugung.

Es wird ferner notwendig sein, daß geschichtlich gewordene, jedoch sicher unchristliche Machtstrukturen radikal abgebaut werden. Durch die Ohnmacht des Kreuzes wurde schließlich jede äußere Macht in Frage gestellt. Das Kreuz soll ruhig einmal Zeichen des Leidens und Todes bleiben, Zeichen jenes Leidens, unter dem viele Menschen der heutigen Zeit zusammenzubrechen drohen, und kein mit Edelsteinen übersätes Schmuckstück, das letztlich doch der eigenen Eitelkeit frönt. Es ist schwer nachvollziehbar, daß jemand die Botschaft Jesu ernst nimmt und gleichzeitig um Titel, Machtfunktionen, um Karriere und Publicity bemüht ist.

Das große Ärgernis für die heutige Zeit ist jedoch das Heer der Armen, Verfolgten und Rechtlosen. Für sie ist die Kirche nach den Absichten Jesu in erster Linie da, hier kann sie seiner Botschaft gegenüber Gehorsam üben. Je mehr sich die Gemeinschaft der auf Christus Getauften diesen Menschen zuwendet, desto mehr wird sie zu einer Kirche Jesu Christi, je mehr sie sich in verschiedenen Machtstrukturen aufbläht, desto stärker dient sie den Götzen menschlicher Eitelkeiten.

Kirche und Gewissen

Wir leben in einer lauten Zeit. Zwar heißt es, daß Reden Silber sei und Schweigen Gold, aber es kassieren doch zumeist die Schreihälse. In der Politik ist häufig der Stärkere, wer sich Gehör verschafft. Denn Schweigen wird oft als Zustimmung interpretiert, auch wenn die Stillen in der Majorität sind: Dann nennt man sie die »schweigende Mehrheit« – und beachtet sie genausowenig.

Noch einmal: Wir leben in einer lauten Zeit.

Wer horcht da schon auf, wenn sich eine innere Stimme rührt? Der äußere Lärm übertönt sie. Und doch kann die innere Stimme Lautstärke durch Beharrlichkeit ersetzen. Diese innere Stimme, die wir »Gewissen« nennen und damit freimütig zugeben, daß sie etwas mit Wissen zu tun hat.

Wir neigen dazu, das Gewissen vom Negativen her zu beschreiben. Das schlechte Gewissen war da, wenn wir insgeheim taten, was die Eltern nicht wollten – damals, als wir noch Kinder waren, als die »heterogene Moral« unser Gewissen prägte. Später wurden wir mündig. Wer prägte da unser Gewissen?

Es ist, wie schon Sokrates sagte, ein Gesetz, »das sich der Mensch nicht selbst gibt«. Es ist ein Richtstrahl – Strahl, welch schöne Gedankenbrücke!

Das Gewissen wird häufig dem Gesetz gegenübergestellt, auch in der Kirche. Steht der Papst über dem Gewissen? Kann das Gewissen irren? Und wer erkennt den Irrtum?

Der Streitpunkt Gewissen ist ein besonders schmerzhafter. Er kann Seelenpein verursachen. Das Gewissen habe sich an bestimmten Normen zu orientieren, sagen die einen. Es sei völlig frei, und schließlich sei diese Gewissensfreiheit ja auch in den Verfassungen verankert, meinen die anderen.

Zwischen den Fronten steht der Mensch, der das Pochen fühlt, das Klopfen hört. Gewissen: Nie war es so schwierig zu definieren wie heute. Nie so viel diskutiert. Und nie so umstritten. Denn es ist so schwer zu beschwichtigen.

Hubert Feichtlbauer

Höchst- und Letztinstanz der Mündigen

Die Geschichte der Kirche ist auch eine Geschichte der Irrtümer

Gewissen kontra Gesetz: Wie lauten im Konfliktsfall die Vorrangregeln? Steht das Gewissen über dem Papst, oder muß auch dieser eins haben? Muß man sich aus einem Widerspruch zum kirchlichen Lehramt »ein Gewissen machen«?
Soviel steht fest: Gewissen ist »in«. Der innerkirchliche Meinungsstreit um Bischofsernennungen, Konzilstexte, Ministrantinnen und – natürlich – Empfängnisregelung hat einen klaren Kristallisationspunkt gefunden: das Gewissen als Gewissensfrage an katholische Christen. P. Walbert Bühlmann, der betagte Kapuziner (Jahrgang 1916) mit dem jugendlichen Feuerherzen, hat in seinem jüngsten Buch »Wer Augen hat zu sehen . . .« (Styria, 1989) ein eigenes Kapitel der Argumentation gewidmet: »Die Kirche erwacht in den Gewissen«. Und er meint damit den Übergang vom mittelalterlichen Buchstabenglauben einer »Volkskirche« zu einer zeitgemäßen »Gewissenskirche«.
Vor dem Priesterrat der Diözese Linz mahnte im April 1989 der Moraltheologe Alfons Riedl: »Unsere Zeit braucht nicht weniger Gewissen und mehr Autorität, sondern Gewissen, die fähig sind, verantwortlich zu urteilen und zu entscheiden.« Wer »anderen das Gewissen abspricht oder abnimmt, darf sich nicht wundern, wenn diese einmal keines haben, wenn sie es bräuchten.« Vielleicht darf man an die NS-Zeit denken: Die ganze Weltkirche mit ihrem Reichtum an kasuistischer Moral hat die Verbrechen des Nationalsozialismus nicht verhindern und auch kaum mindern können. Vielleicht hätten Millionen gut geschulter Einzelgewissen mehr erreicht – wenn sie rechtzeitig geschärft worden wären.
Demgegenüber warnen um Wahrung der Gaubenseinheit besorgte Lehramtsverteidiger vor einem »Formalkatholizismus«, wie Weihbischof Kurt Krenn es formulierte. »Das bedeutet, daß man meint, man

müsse nur mit Liebe handeln, nur mit Gewissen entscheiden, nur demokratisch abstimmen«, und schon wäre man ein guter Christ. Derselbe Bischof wandte sich in öffentlichen Vorträgen gegen ein Gewissen, »das tun und lassen kann, was es will«, wodurch »die Norm von der faktisch geübten Lebensweise einer wirklichen oder angeblichen Mehrheit abhängig gemacht« werde. Diese Argumentationsweise kennt man: Es wird ein Feindbild errichtet, das es in Wirklichkeit nicht gibt, das aber niemand verteidigen kann. Kein ernst zu nehmender Kritiker einer überzogenen Lehramtsautorität macht ein Gewissen geltend, das Willkür als obersten Entscheidungsgrundsatz hat, und niemand will Gewissensfragen von demokratischen Abstimmungen abhängig machen. Gerade das nicht!

Auch der bekannte Wiener Moraltheologe P. Andreas Laun OSFS überzeichnete in der »Furche« 49/1988 die Alternative, als er die rhetorische Frage stellte: Hätten sich etwa Eva und Adam im Garten Eden in ihrem Gewissen rechtmäßig für das Essen der Frucht vom Mittelbaum entscheiden und beim Nahen Gottes diesem ruhig ins Auge blicken können? Konkret: Darf der Mensch unter Berufung auf sein Gewissen einem Gesetz Gottes widersprechen, seinem Gebot zuwiderhandeln? Die Antwort lautet selbstverständlich: Nein! Dozent Laun führt dann auch Beispiele an, bei denen kein entschuldigender Rückgriff auf das Gewissen möglich sei: Wer eine Vergewaltigung begeht, medizinische Experimente mit Behinderten vornimmt, ein Bordellbesitzer, der Inhaber einer Abtreibungsklinik, der Entführer eines Kindes oder gar der Judenmassenmörder Eichmann könnten nicht sagen: Ich bin meinem Gewissen gefolgt! Dagegen hätten die Offiziere um Oberst Claus Stauffenberg, die am 20. Juli 1944 ein Attentat auf Hitler verübten, keinen Eidbruch begangen, da ein auf ein unmoralisches Regime geschworener Eid ungültig sei und dessen »Bruch« daher kein Gewissen belasten könne.

Freilich verdunkelt auch diese Beispielsammlung die traditionelle Lehre der Kirche, die lange vor dem Zweiten Vatikanischen Konzil den Grundsatz vertreten hat, daß es nicht nur Recht, sondern Pflicht des Christen sei, seinem Gewissen zu folgen. Schon Thomas von Aquin ging davon aus, daß das Gewissen die »regula proxima agendi«, also oberste Handlungsregel des Christen sei. Daß es sich dabei jeweils um ein gebildetes, natürlich (auch) an den Aussagen des kirchlichen Lehramtes orientiertes Gewissen handeln muß, sei außer Streit gestellt. Konkret heißt dies: Ich muß als katholischer Christ in Glaubens- und Sittenfragen die offizielle kirchliche Lehre kennen. Ich muß mich gründlich damit auseinandersetzen und darf nicht leichtfertig oder gar aus Gründen der Bequemlichkeit eine andere Position beziehen. Aber ich darf, nein: Ich muß nach der Begründung einer Regel fragen. Wenn diese biblisch nicht belegbar ist, muß ich die einschlägige kirchliche Tradition doppelt genau studieren. Aber auch die Dauer einer bestimmten kirchlichen Aussage ist noch kein letztes Maß für ihre Gültigkeit. Die Versessenheit des kirchlichen Lehramtes auf Kontinuität und äußerliche Konsequenz hat die Kirche leider schon öfter, als ihrem Ansehen gut tat, daran gehindert, rechtzeitig einen Irrtum zu korrigieren. (Auf viele praktische Beispiele wird man weiter hinten in dieser Darstellung noch stoßen.)

Wer also Zweifel an der Hieb- und Stichfestigkeit der Begründung einer Lehramtsaussage hegt, muß diese Zweifel auch als gläubiger Katholik keineswegs unterdrücken. Er wird sie im Licht biblischer und kirchentraditioneller Aussagen ernsthaft überprüfen, aber auch mit Erkenntnissen der theologischen und anderer Wissenschaftsdisziplinen vergleichen und schließlich nach redlicher Überprüfung aller Argumente zu einem konkreten Schluß kommen. Dieser Schlußfolgerung muß er auch dann folgen, wenn sie mit der Aussage der Amtskirche nicht übereinstimmt. (Das Wort »Amtskirche« wird von manchen als Herabwürdigung empfunden, kann es aber angesichts der Tatsache nicht sein, daß dem Papst selbst ein oberstes Lehr-, Priester- und Hirtenamt zugeschrieben wird und die Kirche in jeder Diözese ein Seelsorge- bzw. Pastoralamt betreibt.)

Wenn alle die genannten Voraussetzungen erfüllt sind, dann ist ein Mensch in seinem Tun auch dann subjektiv gerechtfertigt, wenn er objektiv zweifelsfrei ein göttliches Gesetz verletzt. Das muß man, auch wenn sich (gerade angesichts des Schreckenskatalogs von P. Laun) die Feder dagegen sträubt, offen aussprechen. Andernfalls hieße es ja, daß man schon hier auf Erden ein gültiges Urteil über Menschen fällen könnte (»Er hat ein göttliches Gesetz verletzt und ist daher verdammt«). Eine solche Arroganz hat sich die Kirche niemals angemaßt. Freilich ist es eine klare Pflicht der Mitchristen, Verletzungen göttlicher Gebote unmißverständlich zu verurteilen, auch wenn diese im Namen eines irregeleiteten Gewissens begangen wurden. Hätten sich nur alle Christen in der Zeit der NS-Unrechtherrschaft daran erinnert! Beim Soldateneid wird die Sache schon schwieriger. Sicher: Der auf das verbrecherische Hitler-Regime geschworene Eid war objektiv ungültig, verpflichtete niemanden und hätte keine Gewissenslast sein sollen. Aber ebenso unstatthaft wäre es, alle jene, die subjektiv der (irrigen) Meinung waren, sie hätten einen gültigen Eid geschworen und seien zu seiner Einhaltung verpflichtet, als Verbrecher einzustufen. In der Praxis gilt wohl hier wie so oft: Anstelle klarer Gewißheit regieren bei vielen Zweifel!

Damit kommen wir auf das Glatteisgebiet der Gewissensanwendung durch Güterabwägung. Verbreiteter Irrmeinung zum Trotz sind auch Gewissensfragen Kompromissen zugänglich – gerade auch sie. Natürlich gilt zum Beispiel das fünfte Gebot (»Du sollst nicht morden!«) absolut. Aber wer wüßte nicht, wie sehr gerade auch die Kirche es im Hinblick auf den »gerechten Krieg« relativiert hat? Die Grundregel gilt auch heute noch: Notwehr (Abwehr eines Angriffs auf das eigene Leben) und Nothilfe (Beistand für einen Dritten, dessen Leben bedroht wird) sind bis zur allenfalls unvermeidlichen Tötung des Angreifers gerechtfertigt – sowohl dann, wenn das Leben eines einzelnen, wie auch dann, wenn die Existenz eines Staates bedroht sind. Das ist gerade für die meisten Traditionalisten, die heute um eine angeblich laxe »Gewissensmoral« besorgt sind, kein Problem.

Es wird aber für viele ein Problem, wenn die Tötung geborenen Lebens in gewissen Ausnahmesituationen erlaubt ist, die Tötung ungeborenen Lebens aber auch in Ausnahmesituationen (»Indikationenregelung«) nach kirchlicher Lehre nie. Und es ist ein besonderes Problem, daß die offizielle kirchliche Lehre den absoluten Vorrang des Kindes betont, wenn bei einer vorgeburtlichen Operation das Leben der Mutter wie auch das Leben des Kindes bedroht sind und der Arzt nur eines davon retten kann. Liegt nicht in gewisser Weise auch in einem solchen Fall eine (freilich ungewollte) Bedrohung des Lebens der Mutter durch das Kind, also eine Art Notwehrsituation, vor? Entscheiden sich nicht heute schon viele gläubige katholische Eltern guten Gewissens doch für die Rettung des Lebens der Mutter, deren Tod vielleicht eine größere unversorgte Familie in eine Katastrophe stoßen könnte? Auch darüber wird man in Zukunft nicht mehr einfach hinwegschweigen können.

Auch das Verbot, wider den Nächsten ein falsches Zeugnis zu geben, gilt absolut. Aber auch hier fallen jedem von uns Beispiele dafür ein, wie man etwa in einem totalitären Staat, ohne jemandem zu schaden, das Leben eines Unschuldigen durch eine »Notlüge« retten kann. Also ist auch das achte Gebot relativierbar. Daß die Aneignung fremden Eigentums vor dem Verhungern kein Verstoß gegen das Diebstahlsverbot des Dekalogs ist, dürfte den meisten Menschen geläufig sein. Der Kölner Kardinal Joseph Frings, der im Elendsjahr 1945 unter solchen Voraussetzungen das Stehlen von Erdäpfeln und Kohlen erlaubte, hat sogar die Alltagssprache nach Kriegsschluß bereichert: »Fringsen« nannte man diese Art der letztinstanzlichen Selbstversorgung.

Es gibt also im Bereich der Moral eine Güterabwägung. Eine solche Form dieser Güterabwägung hatten die katholischen Bischöfe mehrerer Länder wohl auch im Auge, als sie nach Erscheinen der Enzyklika »Humanae vitae« 1968 die Gläubigen wissen ließen, es handle sich dabei um keine unfehlbare Aussage des Papstes, und wer aufgrund der gewissenhaften Prüfung aller Umstände zu einer anderen Schlußfolgerung als der in der Enzyklika ausgesprochenen Verdammung sogenannter künstlicher Empfängnisverhütungsmittel komme, »kann dieser abweichenden Überzeugung folgen« (so die »Mariatroster Erklärung« der Bischöfe Österreichs). Eine solche Gewissensentscheidung, so darf man wohl annehmen, entspricht der Lehre Jesu Christi, der wohl unmißverständlich »Ich bin nicht gekommen, das Gesetz aufzulösen, sondern es zu erfüllen« (Mt 5,17) gesagt, gleichzeitig aber immer wieder darauf hingewiesen hat, daß es auf den Sinn und nicht auf die Buchstabenhaftigkeit eines Gesetzes ankomme: »Der Sabbat ist um des Menschen willen und nicht der Mensch um des Sabbats willen da« (Mt 15,5 und 13, 16; Joh 7,23 und 12,1 ff.). Und auch der Apostel Paulus war sehr deutlich: »Der Buchstabe tötet, aber der Geist macht lebendig« (2 Kor 3,6). Und: »Zur Freiheit seid ihr berufen« (Gal 5,13). Wie sehr der Buchstabe tatsächlich töten kann, erwies sich beim Prozeß gegen Jesus: »Wir haben ein Gesetz, und nach dem Gesetz muß er sterben« (Joh 19,7).

Deshalb regt sich gerade in einer Zeit, die in staatlichen Gemeinschaften weltweit den mündigen Bürger und in der römisch-katholischen Kirche den mündigen Christen zur Entfaltung bringt, mit Recht der Widerstand gegen Versuche, »die lehramtliche Kompetenz des Papstes in unzulässiger Weise geltend zu machen und zu überziehen«, wie die »Kölner Erklärung« deutschsprachiger Theologen dies im Jänner 1989 formulierte. Auch der schon mehrfach zitierte Moraltheologe Andreas Laun sagte vor katholischen Akademikern mit erfreulicher Deutlichkeit: »Man treibt nicht deshalb nicht ab, weil der Papst oder die Kirche es verboten haben, sondern weil menschliches Leben heilig ist.«

Blinder Gehorsam ist menschenunwürdig. Ein Gebot oder Verbot muß einsichtig begründet sein oder darf zumindest nicht aufreizend der kritischen Vernunft widersprechen. Laun (in »actio catholica« 1/89): »Der Sinn des moralischen Imperativs muß zwar nicht beim ersten Hinschauen klar auf der Hand liegen, aber grundsätzlich sind sittliche Normen verstehbar und – das ist ein wichtiger Punkt – sollen auch verstanden werden.« Das Verstehenkönnen eines Gebotes oder Verbotes ist auch der kritische Punkt des aktuellen Streites und nicht der angebliche Versuch, sich gewissermaßen aus dem Bauchladenangebot der Moral zu Okkasionspreisen das gerade noch Erträgliche herauszusuchen. Alle Erfahrung lehrt: Das Mordverbot bleibt auch dann einsichtig, wenn immer mehr Mörder, Totschläger und Kriegsverbrecher ihr Unwesen treiben. Das Wahrheitsgebot bleibt auch dann eine allgemein akzeptierte Grundregel menschlichen Zusammenlebens, wenn immer mehr Menschen lügen. Selbst das Verbot des Ehebruchs werden sehr viele von denen, die es in ihrem Leben übertreten, noch immer als sinnvoll einsehen. Aber Millionen Menschen, auch gläubige Katholiken, sehen auch nach ernsthafter Auseinandersetzung mit der Argumentation des kirchlichen Lehramtes nicht ein, warum zwar die Bestimmung der Zahl der Kinder in die freie Gewissensentscheidung der Eltern fallen soll (so die Pastoralkonstitution »Gaudium et spes«, Nr. 87), die Bestimmung der empfängnisregelnden Methode aber nicht.

Das ist ein provokanter Verstoß gegen die Logik, wenn man bedenkt, daß die Anwendung künstlicher Techniken aus dem Alltagsleben keines Menschen mehr wegzudenken, ja für das Überleben der Spezies Mensch überhaupt Voraussetzung war und ist. Der Mensch ist erst dadurch Mensch geworden, daß er mit Hilfe des ihm eingehauchten göttlichen Funkens Werkzeuge und Maschinen baute, Wohnhöhlen und Häuser errichtete, Jagd- und Verteidigungswaffen erzeugte und das abfallende Haarfell durch künstliche Kleider ersetzte. Später kamen Brillen und Arzneien, Prothesen und künstliche Organe dazu. Viele Millionen von Menschen können überhaupt nur dank technischer Vervollkommnung ihrer Natur leben und Mensch sein. Nur ein Kondom oder eine eisprunghemmende Pille sollen per se schwere Sünde sein?

Immer wieder schlägt bei den Verfechtern dieser Position auch die Sorge durch, mit der Freigabe der künstlichen Empfängnisregelung würde sexueller Ausschweifung der Weg bereitet. Abgesehen davon, daß das Verbot diese Ausschweifung offenbar in keiner Weise verhindert hat: Würde es nicht genügen, zu definieren, unter welchen ethischen Voraussetzungen Geschlechtsverkehr erlaubt ist, um damit die verantwortliche Entscheidung der Partner in der Sache selbst und nicht in der Methodenfrage herauszufordern? Statt dessen nimmt das Lehramt der Kirche dem Christen lieber von vornherein die Mittel wie Kindern ein Spielzeug weg. So behandelt man nicht erwachsene Menschen.

Den Ausweg, den aufgeschlossene, zeitnahe Seelsorger in dieser Frage weisen, lautet zumeist: Akzeptiert die Lehre, aber sucht euch im Gewissen einen Ausschließungsgrund! Das ist gut gemeint, aber redlicher ist da Andreas Laun, der im eingangs zitierten »Furche«-Beitrag schrieb, man müßte »den Widerspruch ehrlicherweise so formulieren: Die Kirche irrt mit manchen ihrer Behauptungen. Bei der Empfängnisregelung ist die Frage nicht, ob sich die Menschen nach dem Gewissen richten sollen. Das versteht sich von selbst. Umstritten ist vielmehr, ob der Papst recht hat, daß die Entscheidung für die künstliche Verhütung objektiv eine Sünde ist ...« Genau so ist es, und zwar in zweifacher Weise. Nämlich daß dies die ehrlichere Fragestellung ist – und daß viele eben dies vom Papst annehmen: daß er selbst hier einem irrenden Gewissen folgt.

Es darf wohl als bekannt vorausgesetzt werden, daß nicht jedes Papstwort göttlicher Erleuchtung entspringt. Das ordentliche Lehramt der Kirche übt nach der Dogmatischen Konstitution »Lumen gentium« des Zweiten Vatikanischen Konzils (Nr. 22) das Kollegium der Bischöfe »gemeinsam mit ihrem Haupt, dem Bischof von Rom, und niemals ohne ihr Haupt« aus. Das außerordentliche Lehramt besteht darin, daß der Papst allein unter genau definierten Voraussetzungen im Namen der gesamten Kirche deren Glaubensüberzeugung als verbindliche Lehre zum Ausdruck bringen kann. Es könnte also der Papst die Lehre vom Empfängnisverhütungsverbot gar nicht als unfehlbare Lehre verkünden, weil er damit nicht den Sensus fidelium, also den gemeinsamen Glaubenssinn aller Katholiken, ausdrücken würde. »In diesem Sinn hat das Lehramt so etwas wie demokratischen Charakter: Es verteidigt den gemeinsamen Glauben, in dem es keinen Rangunterschied zwischen Gelehrten und Einfachen gibt«, zitiert Andreas Laun im erwähnten »actio«-Heft einen unverdächtigen Zeugen: Kardinal Joseph Ratzinger.

Der Sensus fidelium ist in den erwähnten Fragen gewiß unterschiedlich. Eine von den »Vorarlberger Nachrichten« in Auftrag gegebene Umfrage unter Katholiken Vorarlbergs ergab zu Beginn des Jahres 1989 eine Mehrheit von 87 Prozent zugunsten einer kirchlichen Freigabe künstlicher Empfängnisregelung; ebenso lehnten 79 Prozent kirchliche Sanktionen gegen standesamtlich wiederverheiratete Geschiedene ab. Der Schluß auf ähnliche Einstellungen im übrigen Österreich ist zulässig. Aus den USA kennt man seit Jahren womöglich noch dramatischere Abweichungen von offiziellen Kirchenpositionen. Hier hat sich ein »Graben traumatischen Ausmaßes« zwischen Lehramt und Fußvolk der Kirche aufgetan, wie der Tübinger Dogmatiker und nunmehrige Bischof Walter Kaspar treffend konstatierte.

Es trifft aber wohl auch nicht zu, daß es sich dabei um einen Graben handelt, der kompromißlose Gesetzeshüter und laxe Gewissensflüchtlinge voneinander trennt. Wenn das Gewissen »eine Stimme« ist, die laut Sokrates den Menschen »von Jugend an vom Schlechten abhält«, eine Art »innerer Gerichtshof im Menschen« (Kant), dann kann das Gewissen nicht ein Papageienmechanismus oder ein Kopierer sein, der auf bestimmte Auslöserreize hin ein immer gleichbleibendes Ergebnis ausspuckt. Und in der Tat: Auch in der Auffassung des Zweiten Vatikanischen Konzils ist das Gewissen »ein Gesetz im Inneren des Menschen, das er sich nicht selbst gibt«, sondern das »von Gott seinem Herzen eingeschrieben ist« – als »verborgenste Mitte und

Heiligtum im Menschen, wo er allein ist mit Gott, dessen Stimme in diesem seinem Innersten zu hören ist...« (»Gaudium et spes« 16).
Allein mit Gott. (Nicht mit dem Papst.) Stimme des Schöpfers. (Nicht eines irdischen Lehrers.) Jeder Mensch hat ein Gewissen. Auch der Papst. Jeder Mensch muß es befragen. Auch der Papst. Der Papst soll katholischen Christen ins Gewissen reden. Aber er *ist* nicht das Gewissen. Jeder Mensch kann irren. Auch der Papst. Auch ein irrendes Gewissen hat Anspruch, in seiner Würde respektiert zu werden. Aber das Gewissen nur gelten zu lassen, wenn und insoweit es mit den Lehraussagen des Papstes übereinstimmt, ist eine unerfüllbare Forderung, wenn ein Papst irrt.
Was aber ist davon zu halten, daß das kirchliche Lehramt die von Gott geoffenbarte Wahrheit auslegt, Wahrheit aber absolut und unabänderlich und daher auch nicht zu verschiedenen Zeiten verschieden deutbar ist? An diesem Satz stimmt nur ein Teil. Natürlich gibt es insgesamt nur *eine* Wahrheit, nur *eine* Wirklichkeit. Aber diese besteht sozusagen aus vielen Bestandteilen, Facetten, Gesichtspunkten und Zusammenhängen. In diese dringt der suchende und forschende Menschenverstand nur schrittweise ein. Das gilt auch von der geoffenbarten Wahrheit: »Bruchstückhaft ist unser Erkennen« (1 Kor 13,9). Wir wissen dank der Offenbarung genug, um das Heil erlangen zu können – aber in die Tiefe der Heilswahrheiten sind wir im Lauf von 2000 Jahren Kirchengeschichte erst allmählich eingedrungen. Es wäre vermessen, behaupten zu wollen, ausgerechnet in unserer Zeit hätten wir bereits den Höchststand an Wahrheitserkenntnis erreicht. Nein: Es muß weitergeforscht werden. Dazu ist die Theologie da. Deswegen ist Theologie unentbehrlich. Deshalb steht auch der Kirche das demütige Bekenntnis gut an, weiterhin auf der Suche nach der ganzen und umfassenden Wahrheit zu sein und diese nicht schon, wie Fundamentalisten hervorzukehren nicht müde werden, zu besitzen.
Natürlich ist Kirche der Ort, wo Wahrheit nicht nur gesucht, sondern auch gefunden wird. Aber was die Bilder und Gleichnisse, in denen der Gott des Alten Testamentes und auch Jesus von Nazareth gesprochen haben, wirklich aussagen, muß jede Generation für ihre Zeit und jedes geschichtliche Volk für seinen Kulturraum immer wieder neu entdecken. Auf dieser Entdeckungsreise gibt es Umwege, Irrwege

und Abwege wie in anderen Erfahrungsbereichen auch. Die Geschichte der Kirche ist auch eine Geschichte der Irrtümer. Nur die Erkenntnis, daß auch das kirchliche Lehramt irren kann, macht 2000 Jahre Kirchengeschichte problemlos erträglich. Sonst müßte man ja unweigerlich zu der Überzeugung kommen, Lügnern aufgesessen zu sein.

Es war ein schrecklicher Irrtum, zu behaupten, die Ketzer (die zu ihrer Zeit manche heute als richtig erkannte Positionen vertraten) gehörten gefoltert, damit sie gestehen, und nach dem Geständnis verbrannt. Es war ein schrecklicher Irrtum, zu behaupten, bestimmte Frauen seien vom Teufel besessen und müßten zur größeren Ehre Gottes auf den Scheiterhaufen wandern. Es war ein schrecklicher Irrtum, zu meinen, die Beherrschung Jerusalems durch muslimische Regenten stellte eine Beleidigung Christi dar und müßte durch blutige Kreuzzüge gesühnt und beendet werden. Ohne Eingeständnis der Irrtumsanfälligkeit des kirchlichen Lehramtes hätte das Bauernmädchen von Domrémy nicht 1431 von einem geistlichen Gericht auf den Scheiterhaufen von Rouen geschickt und 1920 als Jungfrau von Orléans heiliggesprochen werden können.

Oder nehmen wir die Aussagen des kirchlichen Lehramtes zum Kriegsdienst: Frühchristliche Theologen wie Tertullian, Origenes und Lactantius lehnten im zweiten und dritten Jahrhundert den Kriegsdienst für Christen unter Hinweis auf Texte des Neuen Testamentes ab. Nach der »Konstantinischen Wende«, die einen »christlichen Staat« unter Führung eines »christlichen Kaisers« brachte, kam es umgekehrt: Kriegsdienst war jetzt Privileg christlicher Soldaten und blieb Nichtchristen ausdrücklich verwehrt. Die Lehre vom »gerechten Krieg« und ihre Verfeinerung beschäftigte Jahrhunderte hindurch christliche Moraltheologen, während die heutigen Päpste einen mit modernen Massenvernichtungswaffen geführten totalen Krieg total ablehnen: klassischer Fall einer Weiterentwicklung und Vertiefung kirchlicher Moralprinzipien im Licht weitergehender Entwicklungen und Erkenntnisse.

Ähnliches gilt vom Verbot, Zinsen zu nehmen, das die römisch-katholische Kirche 18 Jahrhunderte hindurch vertrat und von fünf Konzilien bekräftigen ließ, ehe der Vatikan dieses vorgeblich göttliche Gesetz 1830 aufhob und seither nicht zimperlich im Zinsennehmen ist.

Oder man denke an den »Syllabus« von 1864, der in Ergänzung zur Enzyklika »Quanta cura« von Pius IX. als Verzeichnis der achtzig »hauptsächlichen Irrtümer der Zeit« veröffentlicht wurde und so manchen »Hauptirrtum« anführte, der heute auch von der Kirche als Menschenrecht hochgehalten wird: etwa die freie Gewissensentscheidung zugunsten einer Religion, aber auch Rede- und Meinungsfreiheit und die Trennung von Kirche und Staat.
Was aber den Themenkreis Ehe- und Sexualmoral anlangt, so taten sich Kirchenlehrer hier jahrhundertelang durch besondere Wirklichkeitsferne hervor. »Lust kann nie ohne Sünde sein«, behauptete Papst Gregor der Große vor 1400 Jahren. Daß Empfängnisverhütung mit Mord gleichzusetzen sei, wurde 1241 von Papst Gregor IX. ins Kirchenrecht hineingeschrieben, wo es (freilich vielfach unbeachtet) formell bis 1917 stehenblieb, vom päpstlichen Moralberater Carlo Caffaro in etwas abgeschwächter Form aber 1988 glatt wieder ausgegraben wurde. Noch in der ersten Hälfte des 20. Jahrhunderts wurde eine historische Untersuchung des Schweizer Theologen Bernhardin Krempel über die Ehelehre des Thomas von Aquin von kirchlicher Seite verworfen, weil darin die Fortpflanzung nicht als alleiniger Hauptzweck der Ehe angeführt wurde. Ähnlich erging es den schlesischen Theologen Joseph Wittig und Herbert Doms. In der Enzyklika »Casti connubii« hatte Pius XI. ja 1930 die Linie vorgegeben, an die sich die Theologen hätten halten sollen: Hauptzweck der Ehe sei die Zeugung und Erziehung von Kindern. Das Zweite Vatikanische Konzil hat diese Einseitigkeit endlich klar überwunden und in der Pastoralkonstitution »Gaudium et spes« (50) festgehalten, daß auch der gegenseitige Liebeserweis der Ehegatten ein wesentlicher Ehezweck sei.
Für Millionen Katholiken besteht schon heute kein Zweifel mehr darüber, daß auch gewisse Aussagen der Papstenzykliken »Humanae vitae« und »Familiaris consortio«, deren Hauptlehren auch vom Konzil übernommen wurden, eines Tages als Irrtum entlarvt sein werden. (Was nichts an der hervorragenden Qualität eines Großteils des sonstigen Inhalts ändern kann!) Aber alle Versuche, weitere Diskussionen darüber zu verbieten, sind zum Scheitern verurteilt. Die beschwörende Mahnung Pauls VI., es sei »von größter Bedeutung, daß in Sitten- wie in Glaubensfragen alle dem kirchlichen Lehramt gehorchen

und die gleiche Sprache sprechen« (»Humanae vitae« 28), ist ein frommer, aber unerfüllbarer Wunsch.
Daß es nicht gut für das Ansehen und die Glaubwürdigkeit der Kirche ist, wenn in existentiellen Fragen des Menschen solche Auffassungsunterschiede zutage treten, soll keineswegs bestritten werden. Was der amerikanische Theologe Andrew Greeley SJ für die USA schon vor Jahren nachgewiesen hat, gilt fraglos auch für andere Länder. Die Ablehnung der Empfängnisregelungslehre des Vatikans durch Millionen Katholiken hat auch zu Zweifeln an anderen Aussagen des kirchlichen Lehramtes und damit an der Glaubwürdigkeit der Kirche insgesamt geführt. Die richtige Schlußfolgerung daraus kann aber in der Sicht vieler überzeugter Katholiken nicht im Verzicht auf Kritik an uneinsichtigen Entscheidungen des Lehramtes, sondern nur im Verzicht des Lehramtes auf uneinsichtige Entscheidungen bestehen.
Die Dogmatische Konstitution über die Kirche, »Lumen gentium«, fordert in Nr. 25 »aufrichtige Anhänglichkeit« auch gegenüber Entscheidungen des Papstes, wenn dieser »nicht kraft höchster Autorität« (also unfehlbar) spricht. Aber da wird wohl auch der Umkehrschluß zulässig sein: Wer nicht »aufrichtig« mithalten kann, soll nicht heucheln, sondern widersprechen: demütig, ohne Anmaßung, ohne selbstgerechte Verurteilung anderer, aber doch im Sinn des englischen Kardinals John Henry Newman, eines der bedeutendsten Theologen des 19. Jahrhunderts, der einmal schrieb: »Wenn ich genötigt wäre, bei den Trinksprüchen nach einem Essen ein Hoch auf die Religion auszubringen (was freilich nicht ganz das Richtige zu sein schiene), dann würde ich trinken – gewiß auf den Papst, jedoch zuerst auf das Gewissen und erst dann auf den Papst.«
Aus all dem Gesagten darf aber nicht die Schlußfolgerung gezogen werden, die Verteidiger des Gewissens hätten es auf eine Schwächung der Autorität des Papstes oder des kirchlichen Lehramtes abgesehen. Im Gegenteil: Die Kritik zumindest der allermeisten Katholiken gilt den Gefahren der Überziehung der Lehramtsautorität: Wer alles verlangt, bekommt gar nichts mehr! Ein Vater, der ständig den mahnenden Zeigefinger hebt und seinen Kindern jede Entscheidung von vornherein durch hundert Gebote und Verbote abnimmt, wird bald gefürchtet, aber nicht mehr geachtet sein. Sicher genügt das bloße Ar-

gument zugunsten einer Regel nicht immer, um ihre Einhaltung zu sichern. Der Vater wird gegebenenfalls auch hart auf einem Gebot bestehen müssen. Aber vorher muß dieses Gebot einsichtig gemacht worden sein. Und die Einhaltung darf nicht jedesmal in genau derselben Verhaltensweise bestehen. Vielmehr muß eine gleichbleibende Gesinnung erkennbar sein, die sich bei unterschiedlichen Voraussetzungen in unterschiedlichen Verhaltensweisen äußern kann. Darauf müssen die Kirchen ihre Mitglieder vorbereiten.

Es ist schon gesagt worden: Wir leben in einem Zeitalter des Mündigwerdens von Menschen und Völkern in unterschiedlichen politischen Systemen, aber auch in Religionsgemeinschaften und Kirchen. Mancherorts ist dieser Prozeß weiter, anderswo weniger weit gediehen. Es wäre eine Tragödie, wenn die Geschichtsschreibung eines Tages vermelden müßte, daß die römisch-katholische Kirche zu den Nachzüglern beim Erwachsenwerden ihrer Mitglieder gehörte.

Eine immer komplexer werdende Welt mit immer undurchsichtiger werdenden Sachproblemen verlangt ein immer häufigeres und rascheres Reagieren auf die vielfältigen – auch ethischen – Herausforderungen. Computerperfektionierung und Genmanipulation, ständige Vervollkommnung der Massenvernichtungswaffen und anhaltende Zerstörung der Lebensgrundlagen unseres Planeten erfordern ein Höchstmaß an Urteilsfähigkeit und Verantwortungsbereitschaft bei allen Menschen. Dazu müssen die Kirchen ihre Mitglieder befähigen. Aber sie können diesen die Entscheidungen nicht abnehmen – keinem und keiner von ihnen. Gefragt sind Menschen, die nicht erst in Lehrbüchern und Enzykliken nachschlagen müssen, sondern die dort ihre Zuflucht nehmen, wo die sittliche Höchst- und Letztinstanz des mündigen Kirchen-, Staats- und Weltbürgers sitzt: im gründlich gebildeten Gewissen.

Kirche und Jugend

Hat die Kirche die Jugend verloren? Ist Religion zum Anachronismus geworden?
Egal nun, ob Lenin diese Religion als »Opium des Volks« oder »Opium für das Volk« bezeichnet hat – die Aussage ist umstritten, sie bedeutet jeweils etwas anderes –, egal also, ob der Begründer des Weltkommunismus leninistischer Prägung die vermeintliche Umnebelung als schon vorhanden feststellen oder erst erreichen wollte: Lenin hat Religion als Droge bezeichnet. Wendet sich die Jugend im Zeitalter vermehrten Drogenkonsums anderen Stoffen zu?
Die Jugend hat jedenfalls im Streit in der Kirche Partei bezogen. Sie atmet Zeitgeist und ist deshalb, so scheint es jedenfalls, mehrheitlich auf seiten dessen, der den Fortschritt verkündet. Das ist ihr gutes Recht. Auch wenn sich jeder seine eigene Definition des Fortschritts bastelt, sofern er sie nicht aus einschlägigen Magazinen bezieht, bleibt doch die Frage, wie die Kirche »mithalten« kann. Was freilich, andererseits, zur Beantwortung einer anderen, einer noch wichtigeren Frage führt: Will die Kirche »mithalten«?
Eine Gemeinschaft, die sich nicht zu regenerieren imstande ist, stirbt. Oder auch: Sie stirbt aus. Das wissend, hat die Kirche, um für die Jungen attraktiv zu bleiben, manchen Staub abgeklopft, manches von dem abgeworfen, was viele als Ballast bezeichnet haben. Sie ist moderner geworden. Moderner? Wo liegt die Grenze zum Modernismus? Sind neue liturgische Formen, neue Lieder, neue Gestaltungsarten religiöser Feiern modern – oder gehorchen sie nur einem Modetrend? Anders ausgedrückt: Genügt es, Äußerlichkeiten zu ändern, zu erneuern, zu »modernisieren«, um die Jugend zu behalten, oder ist es einfacher und vielleicht auch besser und erfolgreicher, die Jugend mit einer Art neuer Verinnerlichung zu erobern? Ist die Form oder ist der Inhalt wichtiger?

Die Frage nach der Jugend in der Kirche ist gleichzeitig die Frage, wie jung die Kirche ist. Und wie jung sie bleibt, auch an der Schwelle zum dritten Jahrtausend.

Egon Kapellari

Sie tun sich schwer miteinander

Die Kirche muß den jungen Menschen Gott geben

Zornige oder auch nur ängstliche alte Männer haben im Frühjahr 1989 in Peking auf junge, recht sanft agierende Leute, zumeist Studenten, schießen lassen. Jahrzehnte vorher hat ein indessen verstorbener alter Mann vielerorts in China zornige junge Menschen dazu mißbraucht, die alten Männer von heute zu demütigen, zu quälen und im Namen einer Kulturrevolution Kultur zu zerstören. Der Pekinger Platz des Himmlischen Friedens spricht nun seinem Namen hohn.

Ein positives Kontrastbild zu diesem Kampf der Generationen in China erscheint an jedem Morgen in der Kathedrale von Chartres, wenn das Licht die riesigen Fenster des nördlichen Querschiffes erobert. In ihnen sind die vier großen Schriftpropheten dargestellt, auf deren Schultern vier junge Männer sitzen: die Evangelisten des Neuen Testamentes. Nicht die Väter sitzen hier lastend den Söhnen auf, wie es – wenn die Klagen der Jungen zutreffen – in der Abfolge der Generationen immer wieder der Fall ist, sondern die Jungen sitzen leichtgewichtig, federnd auf den tragfähigen Alten. Die Fenster von Chartres zeigen solchermaßen eines der schönsten Symbole für eine Tradition, die mehr Lebensquelle als Last ist.

Der Ausgleich zwischen den Generationen, den man heute gern als Generationenvertrag bezeichnet, war in der Geschichte oft gefährdet. In den überlieferten Dokumenten antiker Weisheit findet man ein reichliches Lamento über die damalige »Jugend von heute«. Augustinus schreibt: »Hier in Karthago ist die Frechheit und Zügellosigkeit der Studenten maßlos. Sie brechen die Hörsäle auf und stören die Ordnung mit Beleidigungen und Missetaten, die strafbar wären, wenn die Gewohnheit sie nicht schützen würde.« Das Alte Testament erzählt vom Zorn eines kahlköpfigen Propheten, der Bären herbeirief, damit sie Knaben zerrissen, die ihn verspottet hatten: ein Beispiel für zwar prophetischen, aber nicht unbedingt heiligen Zorn. Und das Neue Testament berichtet vom Zorn zweier Jünger Jesu, der »Donnersöhne«, die Feuer vom Himmel auf Ortschaften herabrufen wollten, welche Jesus und den Jüngern die Gastfreundschaft verweigert hatten. Jesus verwies es ihnen und gab so der Kirche ein Maß, damit sich erfülle, was später Augustinus gesagt hat: Kirche ist Geduld. Wenigen nur ist bekannt, daß die letzten Sätze der Schriften des Propheten Zacharias, mit welchen das Alte Testament endet, von einem Generationenkonflikt handeln: Der Prophet Elias wird wiederkommen, so lautet die abschließende Verheißung. Er wird das Herz der Väter den Söhnen und das Herz der Söhne den Vätern zuwenden, damit dem Land der Bannfluch erspart bleibt.

Väter und Söhne, Mütter und Töchter wenden einander – biblisch gesprochen – das Herz zu, indem sie miteinander reden. »Cor ad cor loquitur« – »Das Herz redet zum Herzen« lautete der Wahlspruch des Kardinals John Henry Newman, eines der großen christlichen Pädagogen. Sein dazugehörendes Wappen zeigt aber nicht nur zwei, sondern drei Herzen: ein Hinweis darauf, daß im Gespräch zweier Glaubender Gott mit dabei ist; ein Hinweis vielleicht auch auf das Gespräch der Jünger mit dem unerkannt mitgehenden Christus auf dem Weg nach Emmaus; und schließlich wohl auch ein Hinweis auf das Zentralmysterium des christlichen Glaubens, auf die Heiligste Deifaltigkeit. Gott selbst ist immerwährendes Gespräch des Vaters mit dem Sohn im Heiligen Geist.

Die Philosophie der Pariser Studentenrevolte 1968 hat sich besonders in jenen Parolen dokumentiert, die man mittels Spraydosen auf Mauern schrieb. Einer dieser Sprüche lautete: »Vorsicht, die Ohren haben Wände!«

Wände hatten damals freilich auch die Ohren vieler junger Menschen. Einer von ihnen, der als Student dabei war und heute längst schon selbst Professor ist, erzählte mir von jenem Schlüsselerlebnis, das ihn veranlaßte, aus der Reihe der Kontestierenden abrupt fortzugehen: Man diskutierte in einem Hörsaal darüber, wie man einen Professor »fertigmachen« könnte. Ein Diskutant wandte ein, der alte Mann sei schwer herzkrank, und Aufregung bedeute für ihn Lebensgefahr. Die anderen taten diesen humanen Reflex mit der zynischen

Bemerkung ab: »Dann gibt es wenigstens einen von dieser Sorte weniger.«
Seit dem Pariser Mai 1968 hat sich die Jugendszene mehrmals stark verändert. Die Utopie der späten sechziger Jahre wurde abgelöst durch die Resignation der frühen achtziger Jahre mit ihrem Schlagwort von der »No-future-Generation«. Die Gegenwart scheint (für wie lange?) durch einen neuen Pragmatismus geprägt zu sein. Dem mehrmaligen Paradigmenwechsel der letzten Jahrzehnte entsprachen so unterschiedliche Feuilletontitel zum Thema Jugend wie »Die jungen Wilden«, »Die Unauffälligen« oder »Diese jungen Fremden«. Solche Generaldiagnosen betrafen freilich nur die sogenannte westliche Welt, jene Regionen, die durch Wohlstand, durch eine erhebliche Jugendarbeitslosigkeit und durch eine drohende Vergreisung der Gesellschaft geprägt sind. In den kommunistisch beherrschten Ländern, denen ein vergleichbarer Wohlstand versagt blieb, kamen einige westliche Tendenzen mit etlicher Verspätung ebenfalls zum Tragen.
Ganz andere Prägung hat das Leben der Jugend im globalen Süden: Wenn Afrikaner einen Dokumentarfilm über Europa sehen, dann fragen sie üblicherweise: »Was sind denn das für alte Leute in Europa? Gibt es dort keine Kinder?« Besonders afrikanische Jugendliche fragen so. Die Menschheit – diese wimmelnde Milliardenmenge mit weißem, schwarzem und gelbem Antlitz – wird heute im ganzen durch die jungen Menschen dominiert. Für Afrika wurde im Jahre 1985 eine Bevölkerungsstruktur von fünfzig Prozent unter fünfzehn Jahren angegeben, während damals nur fünfundzwanzig Prozent der Bevölkerung älter waren als fünfundzwanzig Jahre. Wer eine Großstadt in der dritten Welt besucht, der wird zugleich erfreut und bedrückt sein über die riesige Zahl junger Menschen, die dort das Bild prägen. Erfreut über das spielerische Element in ihrem Lebensvollzug und bedrückt durch die unabweisbare Frage: Wer wird diesen jungen Leuten Arbeit, Brot und Lebensorientierung geben? Wer wird sie abholen vom Markt des Lebens, wo sie, wie die Arbeiter des biblischen Gleichnisses, herumstehen und darauf warten, daß einer kommt, sie zu engagieren und ihnen einen Weg in die Zukunft zu weisen?
Das Verhältnis der Jugend in der westlichen Welt zum Glauben ihrer Vorfahren und zur Kirche als dem Haus dieses Glaubens wird durch einen Prozeß der Säkularisierung beeinträchtigt, der seit mehreren

Generationen im Gang ist und sich aus vielen Säkularisierungsschüben ergeben hat. Durch längere Zeit war es öffentliche Meinung mindestens unter den Religionssoziologen, daß dieser Prozeß nicht nur einer Entchristlichung, sondern eines kontinuierlichen Abbaues religiöser Überzeugung und Praxis überhaupt nicht mehr umkehrbar sei. Im Einflußbereich des Marxismus wurde dieser Meinung geradezu die Würde eines Dogmas verliehen.

Indessen erlebt der Marxismus selbst eine riesige »Glaubenskrise«, die von vielen Beobachtern als Krankheit zum Tode diagnostiziert wird. Gegen alle Erwartungen gab es aber nach der internationalen Kontestation der Studenten 1968 in Europa und in den USA Wellen eines großen religiösen Aufbruches gerade bei der Jugend. Man denke in diesem Zusammenhang an den Einfluß des ökumenisch-christlichen Epizentrums Taizé in Frankreich, das heute zwar stiller wirkt als vor Jahren, aber keineswegs stillgelegt ist. Man erinnere sich an die religiösen Aufbrüche im Zusammenhang mit dem Jubiläum zum Gedächtnis an die Geburt des heiligen Franz von Assisi vor achthundert Jahren. Und schließlich vermag es der gegenwärtige Papst wie kein zweiter christlicher Hirte, im Rahmen seiner Pastoralbesuche und bei den Weltjugendtreffen, junge Menschen in riesiger Zahl anzusprechen, obwohl und wohl auch weil er ihnen nicht nach dem Munde redet. Auch haben sich in den romanischen Ländern neue kirchliche Bewegungen, die sogenannten »Movimenti« entwickelt, die an ihrem Anfang zumeist Jugendbewegungen waren und noch heute zahlenmäßig von der Jugend dominiert werden.

Es mag von Interesse sein zu erfahren, wie eines der größten dieser Movimenti, die italienische Bewegung »Comunione e liberazione«, entstanden ist. Der Gründer Don Giussani, ein Mailänder Priester und Religionslehrer an einem dortigen Gymnasium, hatte den quälenden Eindruck, auf verlorenem Posten zu stehen. Eines Tages stieg er nach dem Unterricht müde in einen nach Monza fahrenden Zug und traf im Abteil drei junge Leute, die ihm von der Schule her als bekannt erschienen. Sie waren tatsächlich Schüler seines Lyzeums, und es ergab sich ein Gespräch. Der Priester fragte sie, ob sie katholisch seien, was sie erstaunt mit dem Hinweis bejahten, es seien doch alle in der Schule katholisch. Giussani wandte ein, daß man davon aber kaum etwas merke. Die öffentliche Meinung in der Schule sei von

Kommunisten und Neofaschisten und vom Streit zwischen diesen Lagern beherrscht, während die Katholiken als solche in der Regel schwiegen.

Die drei Schüler wurden nachdenklich. Erstmals hatte sie jemand auf dieses Thema gestoßen. Am nächsten Tag, als Kommunisten in einer Pause wieder anfingen, lautstark über eines ihrer Lieblingsthemen zu reden, und als Neofaschisten ebenso laut dagegen redeten, erhob sich ein zaghafter Chor von drei Stimmen, die riefen »Wir Katholiken sagen . . .« In nie dagewesener Eintracht stürzten sich die anderen auf die neue Konkurrenz mit der Absicht, diese zu erledigen, aber die Katholiken leisteten Widerstand. Aus dieser Résistance ist indessen eine große Bewegung von Schülern, Universitätsstudenten und Berufsschulabsolventen geworden, die an allen Universitäten und an vielen höheren Schulen Italiens präsent ist. Es gelingt dieser Bewegung, jungen Menschen starke Hilfen zum Aufbau einer christlich geprägten Lebenskultur zu geben und ihnen jenen katholischen Minderwertigkeitskomplex zu ersparen, der gerade in der Kulturszene romanischer Länder durch lange Zeit typisch gewesen ist. »Comunione e liberazione« ist streitbar und in der Gesellschaft und Kirche Italiens umstritten, aber unübersehbar und unüberhörbar, wenn es um die Gestaltung der Schule, der Universität und mancher anderer wichtiger Lebensbereiche geht.

Nur ein Teil der im globalen Westen wiedererwachten Religiosität hat freilich in der Kirche, in den Kirchen Heimat gefunden. Sekten, zumal die sogenannten neuen Jugendreligionen, haben etliches davon einbergen können, wenngleich gerade die von den »Jugendreligionen« entzündeten Feuer am jeweiligen Ort meist bald wieder erloschen sind.

Das »New-age«-Syndrom umfaßt heute wohl ebenfalls viel unbehaust gewesene Religiosität in einer lockeren Bindung. Vieles in diesem Horizont verweigert sich einer profunden Entscheidung und dem Prinzip Askese, doch gibt es auch Fermente positiv erstaunlicher oder negativ erschreckender Radikalität.

Religion, von marxistischen Dogmatikern und anderen Religionskritikern als theoretisch überholt und als praktisch zum Aussterben bestimmt angesehen, hat diese Prognosen Lügen gestraft. Das bedeutet freilich noch nicht, daß gegenwärtig dem Christentum und konkreter der katholischen Kirche in der westlichen Welt eine Phase erkennbaren Aufbruches zu einer neuen Blüte beschieden wäre. Die Kirche trägt ja hier das Joch einer Epoche, die belastet ist durch große gesellschaftliche Frustrationen infolge einer sich mehr und mehr enthüllenden »Dialektik der Aufklärung« und der Ambivalenz des wissenschaftlichen Fortschritts. Als Konsequenz ergeben sich starke Ängste vor der Zukunft, die durch jeweils neue Ansätze zu einer ökonomischen oder umfassenderen Konjunktur eingedämmt oder durch Flucht in Zerstreuung verdrängt werden. In dem Maße einer aber Glauben hat, hat er auch Anteil an jener Liebe, von welcher Jesus im Johannesevangelium sagt: »Furcht ist nicht in der Liebe, denn die Liebe treibt die Furcht hinaus.«

Dort freilich, wo Christen durch lange Zeit Entsetzliches erlitten haben – etwa in der Tschechoslowakei oder in Vietnam –, blüht die Kirche auf berührende Weise wieder auf. Das altchristliche Wort über das Blut der Märtyrer, das zum Samen für die Erweckung neuer Christen wird, erweist seine ungebrochene Gültigkeit. Ein Kenner der Heiligen Schrift mag sich in diesem Zusammenhang an eine Frage erinnern, die der Seher von Patmos in der Geheimen Offenbarung dem ihn begleitenden Engel angesichts eines Chores stellt, der dem Lamm Gottes Loblieder darbringt: »Wer sind diese, die da singen?« Die Antwort lautet: »Es sind jene, die aus der großen Drangsal kommen«.

Auch der Islam läßt sich längst nicht mehr so assoziativ mit einem kranken Riesen am Bosporus verbinden. Er ist weltweit neu erwacht und stellt, was seinen weiteren Weg und die Koexistenz mit ihm betrifft, den Christen, den Nicht-mehr-Christen und den Noch-nicht-Christen in Europa, Afrika und Asien herausfordernde Fragen. In bezug auf diese Koexistenz und auf Ansätze eines Dialogs steht die katholische Kirche Frankreichs auf vorgeschobenstem Posten. Diese materiell beklemmend arm gewordene, aber spirituell wieder erstarkende Kirche verkündet in den Ausländervierteln der großen Städte Frankreichs, aber auch in Werken der Fürsorge für Leprakranke und andere besonders Arme in islamisch dominierten Ländern Afrikas den christlichen Glauben in jener Torheit seiner Liebe, die stärker ist als alle bloße Selbstbehauptung.

Wendet man sich nach einem globalen Rundblick wieder der religiösen Situation im eigenen Land und in dessen mittel- und westeuropäi-

scher Umgebung zu, dann begegnet man bald dem medial verstärkten Klageruf, die Kirche verliere die Jugend. Nicht selten wird sogleich die Behauptung hinzugefügt, die Kirche sei eben dabei, auch die Frauen zu verlieren, so wie sie seinerzeit die Arbeiter verloren habe. Solche Pauschalbehauptungen treffen allerdings weder für die Vergangenheit noch für die Gegenwart zu. In Irland, Polen und weithin auch in den USA hat die Kirche seinerzeit die Arbeiter nicht verloren, weil sie mit ihrem Klerus fest im Leben und auch im Leiden der einfachen Menschen verwurzelt war. Was heute die stärkere Integration zumal der jüngeren Frauen betrifft, so bleibt für die katholische Kirche gewiß viel zu tun. Sie darf dazu aber in der Frage der Ordination von Frauen für den priesterlichen Dienst nicht unter dem Druck einer öffentlichen Meinung die apostolische und normative Tradition aufgeben, will sie nicht eine Spaltung in den eigenen Reihen bewirken und den Graben zur orthodoxen Kirche und zu den altorientalischen Kirchen hin ungeheuer vertiefen. In ökumenischer Ehrlichkeit wird man katholischerseits auch darauf hinweisen dürfen, daß den protestantischen Kirchen heute zwar etliche, die katholische Kirche belastende Spannungen in bezug auf die Integration geschiedener und wiederverheirateter Christen in das kirchliche Leben und in bezug auf Fragen der Sexualmoral weniger stark auferlegt sind, daß diese Kirchen es aber unter den Bedingungen der heutigen westeuropäischen Gesellschaft keineswegs leichter haben als die katholische Kirche, ihre Gläubigen zur Bildung lebendiger Gemeinden zu motivieren.
»Kirche und Jugend tun sich miteinander schwer«, heißt es in einem Bericht der bundesdeutschen katholischen Nachrichtenagentur KNA über ein Gespräch mit Bischof Franz Kamphaus, dem Jugendreferenten der Deutschen Bischofskonferenz. Der Bischof ist der Überzeugung, die Mehrheit der jungen Menschen in der heutigen Bundesrepublik Deutschland (und wohl auch in deren Nachbarländern) befinde sich in einer präkatechumenalen Situation. Vieles, was früher wie selbstverständlich an Glaubenswissen und Glaubenserfahrung vom Elternhaus mitgebracht wurde, könne heute nicht mehr vorausgesetzt werden. Die Chance, daß diese junge Generation aus eigenem Antrieb ihre Kinder wiederum zum Glauben hinführt, sei geringer geworden. Wenn aber die Überlieferung religiöser Überzeugungen einmal derart gestört ist, dann sind die Folgen unabsehbar. »Jugendbi-

schof« Kamphaus übersieht neben dem Besorgniserregenden nicht das für die Kirche Erfreuliche an dieser jungen Generation: Ihre Ehrlichkeit, ihre Bereitschaft zur Versöhnung, ihre Entschlossenheit zum Dienst am Frieden, ihre Hinwendung zu sozial Benachteiligten, ihre Fähigkeit zu teilen und ihren Sinn für Gerechtigkeit. Kollisionen gebe es vor allem in Fragen der Sexualität.

Was soll die Kirche in dieser Situation für junge Menschen tun? Ein Negro-Spiritual singt »Give me Jesus«. Viele junge Leute singen dieses Lied auch heute nach. Man soll sie beim Wort nehmen. Die Kirche muß den jungen Menschen Gott geben, muß sie zu Christus führen. Weniger darf sie nicht wollen, will sie sich nicht dem sarkastischen Vorwurf eines Künstlers aussetzen, der sagte, manche Theologen machten Gott so flach wie ein Stück Papier, um ihn den Atheisten leichter unter der Tür hineinschieben zu können.

Als das Treffen von fast 80 000 jungen Christen mit Papst Johannes Paul II. im Wiener Praterstadion 1983 vorbereitet wurde, wollten einige Jugendverantwortliche dafür das Motto »Unsere Weltverantwortung« durchsetzen. Es gelang schließlich doch, statt dessen das Thema »Jesus Christus – unser Weg« zu wählen. Woher soll denn heute ein junger Christ die Kraft holen, Augen und Ohren beständig offenzuhalten und alle moralischen Appelle zur Weltverbesserung (oft ohne vorausgehende Bekehrung der eigenen Person) zu ertragen, ohne in Haß und Gleichgültigkeit zu verfallen, wenn man ihm nicht hilft, Jesus zu entdecken? Wenn man ihm schon immer das Gesetz predigt, statt von der zuvorkommenden und begleitenden Gnade zu sprechen? Nur eine tiefe Geborgenheit in Gott bewahrt vor einem schließlich wenig bewirkenden moralischen Leistungsüberdruck.

Der Apostel Paulus hat den Korinthern geschrieben, sie hätten zwar viele Lehrmeister in Christus, er aber wolle ihr Vater in Christus sein. Solche Väter, Mütter, Brüder und Schwestern in Christus, die die ungeheure Verheißung dieser Namen halbwegs einholen, gibt es allemal zu wenige. Es sind Menschen, die Zeit haben für andere, die mehr Ohr sind als Mund und darum zur rechten Zeit auch wirklich etwas zu sagen haben. Die in jugendlichen Protestäußerungen hinter dem so reichlich verwendeten Rufzeichen das verborgene und eigentlich gemeinte Fragezeichen erspüren. Die eine Art von strenger Liebe vorleben und nicht billige Permissivität. Die Wahrheit des Evangeliums gleicht einer Flamme, die zugleich leuchtet und wärmt, aber auch in sanfter Unerbittlichkeit Schlacken wegbrennt, ausfällt. Junge Christen sollten lernen, daß man Helle und Wärme dieses Lichtes nur haben kann, wenn man sich seinem läuternden Anspruch nicht entzieht: Was leuchten will, muß dulden, daß es brenne. »Christus ist euer Freund, aber er ist ein anspruchsvoller Freund«, hat der Papst 1988 in Straßburg den dort versammelten 40 000 Jugendlichen aus mehreren Ländern Europas gesagt.

In der Kultur- und Geistesgeschichte wechseln asketisch geprägte Zeiten ab mit Phasen eines Lebensgenusses, dessen Preis man nicht bezahlen will. Die vergangenen Jahrzehnte waren in Westeuropa und Nordamerika von letzterer Art. In der pädagogischen Szene beginnt man zu fragen, ob sich die hier praktizierten Erziehungsziele bewährt haben. Im Rückblick setzt man sich da und dort von einer sogenannten Verhätschelungspädagogik ab. Man beginnt neu zu fragen, was denn das beliebte Wort Selbstverwirklichung in einem humanistischen, zumal in einem religiösen Horizont authentisch bedeutet. Woraufhin wird in der Schule, aber auch in der Kirche erzogen? Eine Lehrerin, die seit Jahrzehnten vor allem in der ersten Volksschulklasse unterrichtet hat, antwortete auf die Frage, ob sich ihre jetzigen Schüler von denen in früherer Zeit erheblich unterscheiden, lapidar: Die jetzigen sind lauter liebe kleine Egoisten.

Dennoch ist das Prinzip Askese jungen Menschen heute nicht fremd. Sie sind beispielsweise bereit, für ökologische Verbesserungen viel Zeit, Phantasie und auch einiges von dem eher wenigen Geld, das ihnen zur Verfügung steht, einzusetzen. Weitaus schwieriger ist es für sie, zu erkennen, daß auch die Integration der Sexualität in die Persönlichkeit des Prinzips Askese bedarf. Die Gesellschaft im ganzen ist ihnen dabei wenig hilfreich, bietet sie doch im Ausgleich zu hoher Leistung privat hedonistische Permissivität. In einem konsumorientierten Leben herrscht die Tendenz, das Intervall zwische Triebreiz und Triebbefriedigung zu minimieren. Wird diese Haltung auf zwischenmenschliche Beziehungen übertragen, dann wirkt sie zerstörerisch. Das Wartenkönnen ist ein unverzichtbares Element zwischenmenschlicher Kultur.

Der deutsche Historiker Leopold von Ranke hat gesagt, jedes Zeitalter sei unmittelbar zu Gott. In christlicher Schau kann gleiches in bezug auf die Lebensalter des Menschen gesagt werden. Sie sind, gleichviel ob Kindheit, Jugend, Lebensmitte oder Lebensabend, unmittelbar zu Gott. Bevorzugt ist in dieser Schau nur das Verletzte und das besonders Verletzbare. Die Kirche darf daher keinen Kult mit der Jugend treiben und darf sich der Jugend nicht anbiedern. Aber die Kirche verkündet, daß Gott in seinem Sohn Jesus Christus der Welt ein jugendliches Antlitz gezeigt hat. Jesus ist, wie der greise Theologe Hans Urs von Balthasar in einem seiner späten Aufsätze hervorgehoben hat, in einem Alter gestorben, das die Römer als »iuventus«, Jugend, bezeichnet haben. Er ist nicht alt geworden wie viele Weise dieser Welt: Buddha, Laotse, Sokrates und Platon. Er hat sich nicht milde von den Illusionen der irdischen Welt distanziert wie diese alten Weisen. Er hat das Irdische, so wie es ist, umarmt bis zur Annagelung am Kreuz. Und so hat er es erlöst.

Dieser junge Mann, Menschensohn und Gottessohn zugleich, hat einen Blick in die Tiefen Gottes ermöglicht. Gott ist dann nicht mehr der Eine, Einsame, als den ihn spätgriechische Weisheit dachte. Gott ist dreifaltig: ein ewiger Prozeß der Liebe, in welchem der Vater zeugend den Sohn aus sich entläßt und beide sich im Heiligen Geist ewig verbinden. Ein menschliches Kind – so hat ebenfalls Urs von Balthasar gesagt – löst sich von seinen Eltern, um zu wachsen und zu altern. Das göttliche Kind aber emanzipiert sich nie, weil Liebe das nicht nötig hat. Dieses Kind hat als Mann Jesus ein Kind in die Mitte der Jünger gerufen und gesagt: »Wer das Reich Gottes nicht annimmt wie ein Kind es tut, der wird nicht hineinkommen«.

Keine Gemeinschaft in Europa ist älter als die Kirche. Sie gleicht in der Sicht mancher einem alten Baum. Kommt man im Winter vorbei und sieht den zerklüfteten Stamm, dann könnte man meinen, die Wurzeln seien abgestorben. Kehrt man aber im Frühjahr wieder, dann sieht man, wie dieser Baum tausendfach Blätter und Blüten treibt. Die alte Kirche ist jung und bleibt jung in dem Maße, als sie sich dem jungen Gott öffnet. Viele an Jahren junge Menschen wirken alt, weil erstarrt – beispielsweise in Drogenabhängigkeit. Andere sind hochbetagt und dennoch spirituell jung geblieben, weil sie auf Gott hin leben, der sie – wie ein Psalm sagt – erfreut von Jugend an.

Ein solcher Mensch war auch zeit ihres Lebens die Mutter Teresa. Als sie 1984 beim Weltjugendtreffen in Rom inmitten einer riesigen Zahl von Jugendlichen neben dem Papst saß, wandte sich dieser während seiner Ansprache ihr zu und sagte zu den jungen Leuten: »Schaut sie an; sie ist jünger als wir alle.« Diese von der Last des Alters und des unablässigen Sich-Hinabbeugens zu den ärmsten Menschen gebeugte Frau war tatsächlich jung, weil sie tief im Mysterium des ewig jungen Gottes eingewurzelt ist.

Kirche und Frauen

Dürfen Mädchen am Altar dienen, mit anderen Worten: Sind Ministrantinnen zulässig?

Der Streit in der Kirche reduziert sich bisweilen und mancherorts auf jene Details, in denen offenbar nicht nur nach landläufiger Meinung, sondern auch nach amtlicher Ansicht »der Teufel steckt«.

Freilich ist die Debatte darüber, ob wirklich ausschließlich Buben als Ministranten zu verwenden seien, nur eine Facette jenes Bildes, das dem großen Diskussionsthema »Die Frau in der Kirche« gewidmet ist.

Oder sollte der Themenbereich besser »Kirche und Frau« lauten? Die Debatten, die rund um diesen, wohl besonders neuralgischen Streitpunkt geführt werden, sind hitzig und emotionsgeladen. Im Zeitalter der Emanzipation und zweihundert Jahre nach der Französischen Revolution, die neben der Freiheit auch die Gleichheit auf ihr Banner geschrieben hatte, läßt sich die weibliche Hälfte der Menschheit nicht mehr entmündigen.

Gerade weil aber die Frage nach der Rolle der Frau in der Kirche nicht emotionsfrei beantwortet werden kann, ufert die Debatte leicht ins Demagogische aus.

Daß die evangelische, daß die anglikanische Kirche bereit ist, weibliche Geistliche zuzulassen, muß nicht zwangsläufig auch zu einem reformatorischen Umdenken bei den Katholiken führen, wohl aber heizt dies den Streit weiter an.

Er läßt sich leicht, um ein Modewort zu gebrauchen, »auf den Punkt bringen«:

Ist die Kirche ein Männerbund?

Hier, wie bei vielen anderen Streitpunkten, werden die Fragen, die der Laie aufwirft, keine end- und allgemeingültige Antwort erfahren. Aber wir wissen andererseits, daß gerade die Gleichberechtigungsdiskussion nicht enden wird, solange sich das »Aggiornamento« nicht auch darum kümmert, daß der Frau in der Kirche jene Rolle zugemessen wird, die dem Begriff Partnerschaft entspricht. Der aber umfaßt keineswegs nur das Problem der Altardienerinnen.

Dolores Bauer

»Wir sind Kirche«

Das Gesicht der Armut hat weibliche Züge

Ich komme gerade von einer längeren Reportage-Reise durch Brasilien zurück. Wieder einmal durfte ich es erfahren: Es ist gut und heilsam, Grenzen zu überschreiten, alte Ufer hinter sich zu lassen, neue anzusteuern. Dabei formen sich Bilder um, stellen sich Fragen neu und anders, werden Lernprozesse möglich. Das mir für dieses Buch gestellte Thema: Frauen und Kirche / Kirche und Frau / Frau in der Kirche – oder in welcher Variation diese Frage in den vergangenen Jahren mit zunehmender Dichte und Brisanz abgehandelt worden ist – hatte ich nicht zentral, aber sozusagen im Hinterkopf mitgenommen. Zwischen den Megastädten im Süden dieses gigantischen Landes auf dem krisengeschüttelten Subkontinent Lateinamerika und den kleinen, versteckten Basisgemeinden an den Ufern des Xingu und Amazonas merkte ich sehr bald, daß die sehr stark eurozentrisch geprägte Diskussion des Fragenkomplexes Frauen und Kirche im Rahmen der europäisch-ökumenischen Versammlung *Frieden in Gerechtigkeit* in Basel hier ganz neue Konturen bekam. Was in Basel mit feministischem Kampfesmut, schweizerischer Betulichkeit, deutscher Forschheit, südeuropäischer Radikalität und osteuropäischer Distanz behandelt worden war, oft auch sehr verkopft, sehr intellektualisiert, veränderte sich hier, auf einem ganz anderen Wurzelgrund, ohne an Brisanz zu verlieren.
Lassen Sie mich versuchen, das an Beispielen deutlich zu machen. Bleiben wir zuerst im Norden. Ich hatte die Chance, den österreichisch-brasilianischen Bischof Dom Erwin Kräutler auf einer seiner Pastoralreisen zu begleiten. Er, der für das Volk längst zum »wandernden Hirten« geworden ist, ist gewöhnlich zehn von zwölf Monaten eines Jahres in der größten Prälatur Brasiliens – mit immerhin 350 000 km² – unterwegs, einmal in den weiten Gebieten am oberen

Xingu, einmal an der Transamazonica-West, einmal an dieser »Straße der Bitternis«, wie sie genannt wird, gen Osten und eben einmal im Gebiet am unteren Xingu und Amazonas. Das war diesmal die Route. Fast drei Wochen auf dem Schiff, von einem Pfarrsektor zum anderen, von einer Gemeinde zur anderen.

Jeweils am Abend erzählen die Menschen von ihrer Gemeindearbeit, von ihrem Beten und Feiern, von der Tätigkeit der einzelnen Gruppen, von ihren sozialen Nöten, ihren Existenzproblemen. Der Bischof hört zu, hört hin. Am nächsten Morgen wird gemeinsam Eucharistie gefeiert – diese Chance haben die Menschen hier höchstens alle vier Monate, wenn der Priester die Gemeinde besucht. Dazu: In der gesamten Prälatur gibt es außer dem Bischof nur sechzehn – ja, Sie haben richtig gelesen – sechzehn Priester. Daher diese großen Intervalle. Nach der, jeweils von der Gemeinde vorbereiteten und gestalteten Messe – da erlebt man Erstaunliches! –, ist es am Bischof, in allen spirituellen und sozialen Belangen Rede und Antwort zu stehen. Sie erwarten von »unserem Bischof – nosso bispo« nicht nur fromme Ermahnung und Erbauung, sondern echte Lebenshilfe, Ermutigung und Solidarität in ihrem Kampf gegen die Unterdrückung.

Schon nach einigen solchen Begegnungen, unten an den Ufern des weiten Xingu, des riesigen Amazonas oder oben, an den Oberläufen der verschiedensten Nebenflüsse – wo die Welt noch beinahe heil zu sein scheint –, fiel mir die spezifische Rolle auf, die Frauen hier spielen. Bei den Berichten der Koordinatoren über die Probleme der jeweiligen Gemeinden hielten die Zahlen der Männer und Frauen einander die Waage. Im Duktus war ein erstaunlicher Unterschied festzustellen: Die Berichte der Frauen waren präziser, zeugten von einem intensiveren Gemeindeleben, waren wesentlich stärker auf das Evangelium bezogen und immens politisch.

Meine Rückfrage an Dom Erwin brachte die Auskunft, daß es bereits einen langjährigen Erfahrungsschatz gibt, daß die von Frauen geführten Gemeinden wesentlich lebendiger sind und besser funktionieren, daß hier im Norden der Prälatur noch etwa gleichviel Männer und Frauen zu Gemeindeleitern gewählt werden, während im Süden, am Oberlauf des Xingu, etwa achtzig Prozent der Gemeinden – dieser Prozentsatz gilt übrigens brasilienweit – von Frauen geleitet werden. Erstaunlicher noch als diese Zahlen ist die Atmosphäre. In diesen Ge-

meinden herrscht eine Atmosphäre der Geschwisterlichkeit, die berührend ist. Man/frau ist wirklich spürbar miteinander in dieser weitgehend priesterlosen Reich-Gottes-Arbeit unterwegs. Die Selbstverständlichkeit, mit der Frauen und Mädchen in der Messe, in den Gesprächen mit dem Bischof das Wort ergreifen, mit welcher Tiefe der Aussage, mit welcher Kompetenz hier geredet wird – das ist schon beachtlich, wenn man weiß, daß die offizielle Schulbildung minimal ist. Und dabei muß man bedenken, wie das noch vor etwa zwanzig Jahren in dieser Gegend gewesen ist. Da kam der Bischof oder der Priester in das Haus des Fazendero, des Großgrundbesitzers, logierte dort, und zur Messe wurde dann auch das »Volk« eingeladen, damit sie ihre Kinder zur Taufe oder zur Erstkommunion bringen, damit sie selber zur Firmung oder zur Trauung kommen können. Die Begegnung mit der Heiligen Schrift war auf die Lesungen der Messe reduziert und was sie halt dann in der Predigt zu hören bekamen.
Und dann war es für das nächste halbe Jahr oder Jahr wieder vorbei mit dem Faktor Kirche. Das Wort ergriffen nur der Priester oder der Hausherr. Keiner der Männer oder gar der Frauen hätte jemals gewagt, den Mund aufzumachen. Sie hatten *Amen* zu sagen, die Gebete mitzusprechen und die Lieder mitzusingen, sonst nichts.
Und jetzt? Es war in der Gemeinde Mararu, an einem der Nebenflüsse des Amazonas, als ich drei Frauen, alle Gemeindeleiterinnen mit einer reichen pastoralen Praxis, in ein Gespräch zog. Nach einigen Fragen zu den harten Lebensbedingungen, den Bedrohungen durch die Großgrundbesitzer, der immer schwieriger werdenden Versorgungslage, den Schulproblemen und ähnlichem mehr, fragte ich sie auch – es schien mir ganz natürlich – nach ihrer Rolle in der Kirche, hier, in einer sonst immer noch vom »machismo« geprägten Gesellschaft. Ich erntete erst einmal erstaunte, fragende Blicke, die sie mir und einander zuwarfen, und dann antworteten sie beinahe gleichzeitig: »Unsere Rolle in der Kirche? – Wir sind Kirche.« Das klang überhaupt nicht stolz oder überheblich, sondern schlicht selbstverständlich.
Ähnlich wurzelhafte Selbstverständlichkeit in dieser Frage fand ich bei weiblichen wie männlichen, bei alten wie zahlreichen jungen Delegierten zum 7. Treffen der brasilianischen Basisgemeinden in Nova Iguaçu, der verelendeten Millionenvorstadt von Rio de Janeiro. Ich

fand sie auch in sehr kompakten und wirksamen, unerhört mutig gegen Armut und Ausbeutung, gegen Gewalt und Terror kämpfenden kirchlichen Gemeinden in den Elendsbrutstätten der Favellas in Rio de Janeiro und der 15-Millionen-Stadt S̃ao Paulo.
Da fiel mir ein Gespräch ein, das ich irgendwo während unserer Reise auf dem alten und behäbigen Flußkahn »Livramento« mit Dom Erwin geführt hatte. Es war eher so etwas wie ein Laut-Miteinander-Nachdenken. Er meinte dann, daß die vom Zweiten Vatikanischen Konzil, von Puebla und Medellin ausgegebene Parole von der bis heute umstrittenen »vorrangigen Option für die Armen« eigentlich längst überholt sei. Angesichts der verarmten, verelendeten Mehrheit der Bevölkerung nicht nur Brasiliens, sondern der Welt, müßte die Kirche sich endlich darauf besinnen, daß es nicht darum gehe, noch dazu »vorrangig«, also gar nicht »ausschließlich«, für die Armen zu optieren, sondern daß sie selbst als Volk Gottes und in diesem Volk Gottes – arm ist.
Wenn man wie ich die Chance gehabt hat, über viele Jahre immer wieder in Asien, in Afrika und jetzt in Lateinamerika, aber auch zellenweise in Europa diesem arm gemachten Volk Gottes ins Gesicht zu schauen, dann erhärtet und vertieft sich der Eindruck, daß dieses Gesicht der Armut überwiegend weibliche Züge hat. Also ist auch das Gesicht der armen Kirche der Welt sehr stark weiblich geprägt. Ein dramatisches, schlimmes Ergebnis der von den Männern in den Machtzentralen der Kirche nur allzu halbherzig bekämpften, zum Teil sogar noch gestützten ungerechten Strukturen, die der Papst gerne »Strukturen der Sünde« nennt – wenn er predigt oder Enzykliken schreibt.
Über diese Fakten hinaus muß man sich aber auch die Frage nach der Kirchlichkeit und der Effizienz innerhalb dieser Kirchlichkeit stellen. Horst Goldstein, der durch seine Übersetzungen lateinamerikanischer Befreiungsliteratur bekanntgewordene deutsche Theologe, hat da in Nova Iguaçu sehr klar Stellung bezogen, wenn er sagte:
»Daß diese Kleinen, die Vergewaltigten, die Gedemütigten, die Schwarzen, die Mulatten, die Indios und in all diesen Gruppen vor allem die Frauen Kirche sind und Kirche sein wollen, steht völlig außer Zweifel. An wen ist die Frage nach Kirchlichkeit zu richten? Wer hat sich da eigentlich von wem entfernt? Kirchlichkeit ist eine Bewegung

– hin und her. Kann denn dieses manchmal etwas monumenthaft anmutende Selbstverständnis bestimmter kirchlicher Hierarchien wirklich als maßgebliches Zeichen von Kirchlichkeit betrachtet werden, oder ist nicht auch das Hoffen, das Beten, das Leiden, die Nachfolge Jesu von Millionen von Habenichtsen und Elendsgestalten ein Kriterium von Kirchlichkeit? – Es gibt natürlich Bedenken inner- und außerhalb der Kirche. Man sagt Kirche ist für alle da. Die Aufforderung Jesu zur Umkehr richtet sich an alle, und Kirche darf nicht in solch einer augenfälligen Weise für die eine oder andere Seite optieren. Prinzipiell ist das natürlich richtig, auch im Hinblick auf die 500jährige Kirchengeschichte in Lateinamerika, in der die Hierarchie durchgehend auf der Seite der Reichen und Mächtigen, vor allem der weißen Kolonialherren gestanden ist.

Wenn der Aufruf Jesu sich an alle richtet, dann muß man sich natürlich in dieser zerrissenen, gespaltenen Gesellschaft wie auch am Grabenbruch zwischen dem Norden und dem Süden fragen, auf welcher Seite dieses garstig breiten Grabens man steht. Gehöre ich – und das ist jetzt sehr schematisch gesehen und müßte differenziert werden – zur Seite derer, die unterdrückt sind, die nie eine Chance gehabt haben, die immer zu kurz gekommen sind, dann erheischt der Auftrag Jesu zur Umkehr von mir, daß ich jede Anwandlung von Gewalt und Haß aus mir verbanne. Das ist mein Akt der Umkehr. Gehöre ich aber zur anderen Seite, dann muß ich mich fragen – wenn ich den Anruf Jesu zur Umkehr und meine Kirchlichkeit ernst nehme –, kann ich mich weiterhin dieses Wohlstandes, dieser Möglichkeiten bedienen, von denen bewiesen ist, daß sie zu Lasten der anderen gehen?«

Die Mehrheit der Menschen, die heute weltweit Volk Gottes, also Kirche sind, befindet sich auf der dunklen Seite des Grabens, und von dieser Mehrheit ist die Mehrheit Frauen, wie ich schon angeführt habe. Was nun die Effizienz der Kirchlichkeit angeht, also die spirituelle Tiefe, die Glaubensstärke, das Engagement für dieses und in diesem Volk Gottes, die Tragkraft für die Institution Kirche im Süden wie im Norden dieser Welt, so wächst – in diesem Zusammenhang – die weibliche Mehrheit gewaltig an.

Denken Sie einmal an Ihre Pfarren und Gemeinden, an die Gottesdienste, an die Pfarrarbeit, und denken Sie einfach die Frauen weg.

Was bleibt? Wenn ich an Indien denke, an das, was Frauen dort in der Kirche leisten, an all die afrikanischen Staaten, die ich inzwischen recht gut kenne, an die Gemeinden im Busch, im Dorf, in der Stadt und an die dort auch schon weitgehend anerkannte Bedeutung der Frauen und jetzt an Brasilien und die achtzig Prozent der Gemeinden, die von Frauen geleitet werden – und wenn ich mir dann die Frauen wegdenke, dann bleibt sehr wenig, eigentlich nur Klägliches über. Dann sehe ich Krankenstationen, Schulen, Handwerkszentren, die, mühsam aufgebaut, wieder geschlossen werden müssen. Dann sehe ich Kirchen und Gemeindezentren, die, unter Opfern erkämpft, nun Leben verbreiten, langsam wieder verfallen. Dann sehe ich auch die Priester und den Bischof am Xingu nicht von einer bunten, hochgestimmten Menge begrüßt, voll geschwisterlicher Liebe empfangen werden, in überfüllten Gemeindehäusern Gespräche führen, diskutieren und den Glauben feiern, sondern in vernachlässigten Holzkirchen vor halbleeren Bänken predigen und erkennen müssen, daß sich ein Wiederkommen nicht mehr lohnt, weil die Gemeinde gestorben ist. Und was bliebe, würden heute die Frauen aus der Kirche auswandern – und dafür gibt es durchaus sich mehrende Anzeichen – wie im 19. Jahrhundert die arbeitende Klasse? Dieser von den christlichen Kirchen mitverschuldete Exodus – weil sie auf der falschen Seite des Grabens standen – führte zum Marxismus, zu diesem Kind der Sünde, diesem »Kind zur linken Hand«! Wohin würde der Exodus der Frauen führen? Nicht auszudenken.

Die Kirche als Volk Gottes ruht, längst als Selbstverständlichkeit hingenommen und kaum bedankt und noch weniger akzeptiert, auf den Schultern der Frauen, schlägt in weiblichen Herzen und ist erfüllt von weiblicher Spiritualität, getragen vom Gebet der Frauen der Welt. Wenn wir rein auf die Zahlen, auf die Quantitäten schauen, ist das nichts Neues. Immer waren, wie Hans Küng gerne sagt, »die Frauen der bravere Teil der Kirche«. Und immer waren es die Armen, die die Kirchenschiffe füllten, die im Glauben stärker waren, je größer ihre Not und Abhängigkeit war, die die schweigende und hörende Mehrheit stellten. Und aufgrund ihrer gesellschaftlichen Stellung, als Unterprivilegierte, ungebildete Menschen »zweiter Klasse«, war das Schweigen der Frauen tiefer, das Hören und damit Gehorchen der Frauen fragloser. Sie wurden so ja auch, vor allem in den bürgerlichen

Gesellschaften, zu den Systembewahrern schlechthin – und sind es in diesen Kreisen zum Teil auch heute noch.
Sie erzogen ihre Söhne zu braven Soldaten, zu treuen und gehorsamen Dienern des Staates und ihre Töchter für ihre Rolle als künftige Soldatenmütter und treusorgende Hausfrauen. Und auch heute noch kommen von Frauen – vor allem hier in unserem alten und doch ziemlich verkrusteten Europa – die scharfzüngigsten Proteste, wenn eine Geschlechtsgenossin ausbricht, ihre Kirchlichkeit und personale Kirchenberufung und -verantwortlichkeit ernst nimmt und sich einmischt, mitgestaltend, mitdenkend und auch mitredend. Das ist ja auch irgendwie verständlich, müßten diese Frauen doch – die da mit ihrer Rolle ein Leben lang zwar nicht unbedingt zufrieden waren, aber sich halt »dreingeschickt« haben, wie es sich gehört – eben dieses ganze Leben in Frage stellen. Wer tut dies schon gerne?
In der Qualität allerdings hat sich dieses weibliche Gesicht der Kirche schon stark verändert. Die Frauen – vor allem dort an den Rändern der jungen Kirchen und auch hier, wo bei (immer noch) Minderheiten die Glaubensfragen in ihrer Tiefe an Bedeutung gewinnen, die theologische Kompetenz und der Mut, sich mitzuteilen, wachsen – die Frauen also fragen eben nicht mehr nach ihrer Rolle, die die Männer ihnen zu spielen gestatten, sondern werden sich in diesem starken: (»Igreja sommos todos nos«) »Wir sind Kirche« ihrer Kirchlichkeit bewußt. Sie steigen damit aus der Passivität und Angewiesenheit auf die Wort- und Liturgiespenden des Klerus aus und beginnen aus den Quellen zu schöpfen, aus denen ihnen Kraft zuströmt, Erkenntnis, Impuls und Antrieb zum Handeln.
Ich glaube, daß das alles in den hierarchischen Machtwinkeln durchaus gewußt und erkannt wird, daß dieses Wissen und Erkennen einer neuen Situation aber nicht die Phantasie beflügelt, sondern einstweilen noch Urängste auslöst, die möglicherweise nicht nur patriarchalisch geprägt sind, sondern tiefer in die Evolution hineinreichen, in jene menschheitsgeschichtlichen Bereiche, aus denen noch »das Wüten der Großen Mütter« nachtönt. Sätze, wie sie in den Werken des französischen Geographen Elisée Reclus (1830 bis 1905) zu finden sind, der durch seine Reisen und Studien so viele heutige ethnologische, anthropologische, soziologische und paläolinguistische Erkenntnisse zumindest in Ansätzen vorweggenommen hat, können in

den Ohren von um ihre Vormachtstellung Bangenden schon bedrohlich klingen: »Der Frau verdankt die Menschheit alles, was sie menschlich gemacht hat. Sie ist die Schöpferin aller anfänglichen Elemente der Zivilisation.« Hundert Jahre später fügt Richard Fester hinzu: »Die Frauen waren der Beginn menschlicher Gesellschaftsbildung – entscheidend für das Überleben der Art. Sie schufen die Sprache – und damit die Voraussetzung zu kultureller Entwicklung. Sie erfanden die ersten Werkzeuge – und legten damit den Grundstein für jede weitere Technologie. Sie schufen Glauben und Kirchen.«
Diese und ähnliche, aus unterschiedlichen Forschungs- und Wissensbereichen gewonnenen Erkenntnisse sprechen sich heute langsam herum, und man beginnt einzusehen, daß das mit dem tradierten Frauenbild nicht in Deckung zu bringen ist, vor allem auch, weil die Frauen selber zu einem veränderten Selbstverständnis finden. Das aber führt in manchen Kreisen der Kirche wie der Gesellschaft zu tiefenpsychologisch unschwer erklärbaren Überreaktionen, die zwar nicht richtig und auch nicht zu rechtfertigen, aber menschlich durchaus verständlich sind. Schon Arnold Toynbee beschrieb sehr anschaulich, wie am Ende einer Kulturepoche, in deren Untergrund bereits Neues zutage drängt, die Reaktion derer, die sich als Säulen des Status quo empfinden, keineswegs phantasievoll, offen und kreativ bestimmt ist, sondern immer reaktionär wird. Und warum sollten die sich heute als mächtig und bestimmend empfindenden – selbstverständlich, aber nicht natürlich – männlichen Erben der patriarchalisch geprägten jüdisch-christlichen Tradition nicht auch ein solches Verhalten an den Tag legen? Warum sollten sie nicht mit aller Gewalt versuchen, das Überkommene abzugrenzen, abzustecken, ja notfalls einzumauern? Warum sollten sie nicht sogar zurückschielen auf eine Zeit, in der ihre Welt noch heil gewesen ist, in der für sie alles noch »seine Ordnung« hatte?
Daher ist es auch verständlich, daß ihnen der allmächtige, allwissende Gott, dieser, wie Wilhelm Bruners in einem Gedicht schreibt, »Dreimal-heilig-der Heere« entspricht. Auf ihn können sie die brennende Sehnsucht ihrer nicht selten ichschwachen Persönlichkeiten projizieren, weil sie sich in seinem ehernen Gesetz, dem er furchtbar strafend Geltung verschafft, geborgen fühlen können. Strengsorgende Hirten wollen sie der sich ängstlich und hilfesuchend um sie drängenden

Herde sein. (»Das war einmal, und das war einmal schön« – singt Erika Pluhar in einem ihrer Lieder.)
Jener arme geschundene Rabbi Jesus, dieser – um nochmals auf das Gedicht von Wilhelm Bruners zurückzukommen – »ins Fleisch gefahrene, heruntergekommene Gott«, den heute durch intensive und lebensvolle Auseinandersetzung mit seiner Frohen Botschaft immer mehr Menschen als ihren Herrn und Bruder entdecken und lieben, der taugt natürlich weniger als Identifikationsfigur der Reichen und Mächtigen. Er hat sich ja zeit seines kurzen Lebens mit den Armen, Ausgestoßenen, Leidenden seiner Zeit und seines Volkes und damit jeglicher Zeit und jegliches Volkes identifiziert. Die unbestreitbare Tatsache, daß er mit den Frauen in einer ganz besonderen, absolut unüblichen Weise umgegangen ist, ihnen mit Achtung und Liebe begegnete, sie seiner gottmenschlichen Zuwendung in wunderbarer Weise teilhaftig werden ließ, ihnen immer wieder Verzeihung und Erbarmung geradezu zeichenhaft schenkte, sie zu Botinnen, Verkünderinnen seines göttlichen Geheimnisses machte, bis hin zum Ostermorgen, alles das hat die Männer auch der noch jungen Kirche schon bald zu stören begonnen. Sie scheuten vor Abstrichen, ja sogar vor von heute bekannten Geschichtsfälschungen und falschen Gewichtungen nicht zurück – weil ja nicht sein kann, was nicht sein darf.
Obgleich das für mich persönlich nur ein Nebengeleise ist, muß auch das erwähnt sein: Die Frage nach der kirchlich zementierten Verweigerung des Priesteramtes für die Frau damit erklären zu wollen, daß Jesus nur Männer als Apostel berufen hat, ist, wie man aus Fachkreisen hört, theologisch umstritten. Die Erklärung, Jesus habe in seiner Endzeiterwartung und in seinem Bemühen, das Judentum zu neuer Höhe und Reinheit zu führen, durch die Berufung der Zwölf die zwölf Stämme Israels zeichenhaft noch einmal zusammenführen wollen – was klarerweise auch vom Gesetz her die Berufung von Frauen ausgeschlossen hat –, scheint da sehr viel plausibler.
Ich habe einen turbulenten Abend in der St.-Clara-Kirche in Basel noch in lebhafter Erinnerung. Da ging es um die männlich-weibliche Gemeinschaft in den christlichen Kirchen. Es gab heftige, von starken Emotionen der mehr als tausend mehrheitlich weiblichen Teilnehmer getragene Auseinandersetzungen. Die Fragen der Frauen am Podium wurden im Lauf des Abends immer deutlicher und konkreter, die

Antworten der geistlichen Herren immer vager und diffuser. Gegen Ende antwortete ein offensichtlich in die Enge getriebener Würdenträger auf die nochmals klar gestellte Frage: »Gibt es einen vernünftigen und theologisch haltbaren Grund, warum Frauen nicht Priester werden dürfen?« mit einer Geste der Verzweiflung: »Es gibt überhaupt keinen vernünftigen Grund, und die theologischen Gründe sind mehr als fragwürdig.«

Nach der auch kirchenpolitischen Vernunft fragt man sich spätestens dann, wenn man klar sieht, daß das Traumbild vom Hirten mit seiner sich um ihn drängenden Herde angesichts der Realität in der Weltkirche geradezu lächerlich geworden ist; ein Pastoralgebiet von 350 000 km^2 und 16 Priester! In Brasilien sollen gar nur 12 700 Hirten eine beachtliche 90- bis 100-Millionen-Herde um sich scharen! Die Frage nach der Vernunft kann man sich wohl auch mit einiger Berechtigung stellen, wenn man nüchtern nachrechnet, daß heute bereits weltweit die Mehrzahl von Basisgemeinden, aber auch von Pfarren, von Laien, vor allem Frauen, geführt werden, von Menschen, die als Gewählte der Gemeinde oder der Pfarre in allem »vorstehen«. So sind ihnen praktisch nur zwei Formeln verwehrt, die Worte der Wandlung und der Absolution.

Und die Frage, die weit über das nur Vernünftige hinausgeht und ebenfalls zu stellen ist, ist die Grundfrage nach der Gerechtigkeit im Zusammenhang mit der Eucharistie. Von den kirchlichen Amtsträgern wird zwar, wie ich schon anführte, »halbherzig«, aber immerhin doch ziemlich lautstark Gerechtigkeit gefordert, was die Verteilung der materiellen Güter, der Sicherung der Lebensgrundlagen, also auch des Brotes angeht. Aber die Kernfrage, die in vielen dieser kleinen Gemeinden an den Flüssen gestellt wurde und immer wird, betraf nicht sosehr die prekäre Versorgung mit Gütern des physischen Überlebens, sondern: warum man ihnen das lebensspendende Geheimnis ihres Glaubens, die Feier der Eucharistie – außer in den erwähnten Ausnahmsfällen –, verweigere. Diese Menschen verstehen sehr gut, daß es etwas anderes ist, ob sie während ihrer oder nach ihren Gottesdiensten, zu denen sie regelmäßig zusammenkommen, die vom Priester hinterlassenen Hostien aus dem Plastiksackerl zu sich nehmen oder ob das Gedächtnis an den Tod und die Auferstehung Christi gemeinsam gefeiert werden kann.

In Europa ist Eucharistie *noch* beinahe inflationär vorhanden. Wir können uns, zumindest in den Städten, noch aussuchen, wann es uns beliebt, zur Messe zu gehen. Diesen Menschen aber, die die Kraft des lebendigen Brotes zumindest so nötig hätten wie wir, denen wird es verweigert. Wird hier nicht dem ohnehin schon himmelschreienden Unrecht ein weiteres hinzugefügt?

Ich will jetzt gar nicht Bezüge zu ferneren Epochen herstellen. Eines wurde mir wieder einmal sehr deutlich vor Augen geführt: Das von bürgerlichen Normen und Wertvorstellungen geprägte europäische Kirchenbild, das wir da in alle Welt exportiert haben und oft immer noch verbreiten möchten, ist überholt, ist angesichts der Nöte der Welt sogar anachronistisch geworden.

Ebenso anachronistisch ist es, das alte, vergoldete, perlenbesetzte Marienbild wieder neu polieren zu wollen.

Ich habe kaum jemals eine so inbrünstige, tiefe Marienverehrung gefunden wie unter den Frauen in all diesen Gemeinden, die ich besucht habe. Wenigstens jede zweite Gemeinde trägt einen Mariennamen. Da gibt es alle nur denkbaren Variationen. Sie beten den Rosenkranz, sie singen Marienlieder, sie feiern alle Marienfeste. Vor allem aber ist Maria in ihrem Leben gegenwärtig. Sie ist da als Frau, die ihr bedingungsloses Ja gesagt und durch alle Freuden und Schmerzen durchgetragen hat. Sie ist vor allem aber als Maria des Magnificat da, die da sagte: »Er stürzt die Mächtigen vom Thron und erhöht die Niedrigen.«

Diese Maria – und weder der Meerstern noch die Himmelskönigin – rufen sie an, in ihrer Not, in ihrem Elend, in den Stunden, in denen sie von Ohnmacht und Verzweiflung besiegt zu werden drohen angesichts der zunehmenden sozialen, wirtschaftlichen und menschlichen Marginalisierung.

Und wenn man da so abendelang, im flackernden Schein kleiner Kerzen oder Öllampen, in diese Frauengesichter schaut, die gezeichnet sind von Leid und Entbehrung, ausgemergelt von der vielen, schweren Arbeit für die Familie, für die Gemeinde, oft vor der Zeit gealtert, und dann in ihren Augen doch wieder das Feuer der Begeisterung für die »Sache Christi«, für den »Plan Gottes« aufblitzen sieht und ihnen zuhört, wenn sie von der Hoffnung reden und von der Kraft, die ihnen trotz allem immer wieder geschenkt wird, um für die Verwirklichung

des Reiches Gottes weiterzukämpfen – dann erfaßt einen tiefe Betroffenheit.
Und ich habe mich dann gefragt, mich rückbesinnend auf die wirklich erhebende Lektüre des päpstlichen Schreibens über »Die Würde der Frau«, wie es denn in einer Zeit, in einer Welt, in der nachgewiesenermaßen die Hauptlast der Unterentwicklung und damit auch der sogenannten Entwicklung auf dem Rücken der Frauen liegt, noch möglich ist, Frau-Sein nur auf die Begriffe der Jungfräulichkeit und der Mutterschaft zu reduzieren.
Das mag noch hingehen für die Behütetheit einer bürgerlichen Idylle. Heute aber geht es doch nicht darum, kann es, darf es nicht um die Beschwörung schöner Bilder einer heilen Welt gehen. Heute geht es gerade für einen Christen darum, zum Bruder, zur Schwester vor allem jener zu werden, die leiden, stellvertretend für uns paar Privilegierte leiden. Es geht darum, den Menschen ins Gesicht zu schauen, damit wir in ihren Gesichtern das schmerzzerfurchte Antlitz Mariens und das blutüberströmte Antlitz Jesu Christi sehen.
Und weil es so vordringlich eben *darum* geht, kann es nicht um die relativ sekundäre Frage einer männlichen oder weiblichen Vormachtstellung gehen.
Ich will auch nicht, statt eines Vater-Gottes plötzlich eine Mutter-Göttin oktroyiert bekommen. Es geht um den Schöpfer allen Lebens, der uns liebt, der es gut gemeint hat mit den Frauen und Männern, die er nach seinem Ebenbild, also aus seiner väterlichen Mutternatur geschaffen hat.
Es geht darum, daß wir, Männer und Frauen, seine lebenserhaltenden Werkzeuge werden, die der fortschreitenden Zerstörung Einhalt gebieten.
Martin Gutl hat den Satz geprägt: »Jesus zeigt in einem Augenblick der Geschichte, was ein Mensch sein kann.« Ihm, diesem Gottmensch, nachzufolgen, ihm immer ähnlicher zu werden – darum geht es. Das aber hieße, daß Männer und Frauen sich zum Menschen, nach seinem Vorbild und Gleichnis hin emanzipieren.
Ein solches Ziel vor Augen, Hand in Hand unterwegs mit Schwestern und Brüdern, würden wir bald den Kleinkram innerkirchlicher Auseinandersetzungen und Streitereien hinter uns lassen und unserer Berufung und Sendung Schritt für Schritt gerecht werden: »Ihr seid das

Salz der Erde. Ihr seid das Licht der Welt. Ihr werdet das Angesicht der Erde verändern« – sie hätte es bitter nötig, glauben Sie mir. Wie steht geschrieben? – »An ihren Früchten wird man sie erkennen . . .«

Kirche und Sexualität

Welches der Zehn Gebote, dieses ewiggültigen Normenkatalogs, ist das wichtigste? Man wirft der Kirche vor, sie konzentriere sich auf ein einziges: das sechste. Die »Körperfeindlichkeit« habe dazu geführt, daß sogar der Urtext uminterpretiert worden sei: Aus dem »Du sollst nicht ehebrechen« sei ein »Du sollst keine Lust empfinden« geworden. Der eine Punkt, an dem nicht nur – wie Mephisto im »Faust« behauptet – »das ewig Weh und Ach«, sondern ganz allgemein vieles zu kurieren ist, dieser eine Punkt scheint zum Angelpunkt geworden zu sein. Er wuchs sich zum Eckstein des Gebäudes sittlichen Verhaltens aus. Im Sündenregister nimmt die Sexualität immer schon, und nicht erst seit Sigmund Freud, einen vordersten, wenn nicht gar den obersten Platz ein. Es wird der Kirche deshalb Fixierung vorgeworfen, Monomanie geradezu: Sie starre mehr auf den Leib als auf die Seele.

Der Streit in der Kirche um die Sexualität wird freilich auch »von draußen«, von außerhalb der Kirche, wissentlich oder unwissentlich, willentlich oder unwillentlich angeheizt: Man denke nur an den nach langen Diskussionen oftmals abgeänderten und schließlich fertiggestellten »Sexkoffer«, den Aufklärungs-Lehrbehelf für die Schulen. Er wird von kirchlicher Seite vehement abgelehnt, was seinerseits wieder Wasser auf den Mühlen jener ist, die der Kirche Weltfremdheit vorwerfen.

So tief, wie die Sexualität in das menschliche Leben eingreift, liegen auch die Wurzeln des Streits. Sollen, dürfen Unverheiratete zusammenleben? Ist für die Liebe ein Trauschein notwendig, oder genügt eben ganz einfach die Liebe? Ist die Empfängnisverhütung eine Frage kirchlichen Ge- oder Verbots oder eine Frage des Gewissens? Sind ganz allgemein Verständnis und Verzeihung oder Strenge und Unnachsichtigkeit zu verlangen? Sind, andererseits, Regeln dann zu lockern, wenn sie von der überwiegenden Mehrheit nicht eingehalten werden? Darf, soll sich das

kirchliche Sittengebot mit einer allfälligen Bewußtseinsverschiebung ändern? Fragen über Fragen. Nicht immer werden sie beantwortet und nicht immer befriedigend.
Aber gerade weil dieser Streitpunkt vielleicht mehr als jeder andere den Bereich des menschlichen Glücks, freilich auch den der Bequemlichkeit, zu berühren imstande ist – gerade deshalb ist er ein so intensiver. Und gerade deshalb auch, scheint es, sind die Fronten so verhärtet.

Andreas Laun

Der grüne Fleck

Ein Riß in der Kirche – und wie er geheilt werden kann

I. Thema Liebe

Ist die Kirche zu sehr mit den Problemen der Sexualität befaßt? Die Kirche! Wer in der Kirche? Die Priester und Bischöfe, die Kurie – Zölibatäre also, sagen manche mit einem hintergründigen Tonfall und meinen dabei nicht zuletzt den Papst selber. Warum sollten die Eheleute »inkompetenten Herren, die das alles nichts angeht, Rede und Antwort stehen müssen«[1]? Als ob es nicht wichtigere, größere Probleme auf der Welt gäbe als das Sexualverhalten der Menschen[2]! Größere Probleme ja, aber andererseits: Gibt es einen Bereich, der den Menschen tiefer berührte als eben seine Liebe, sein Geliebtwerden und sein Liebenkönnen? Ist nicht die Liebe wirklich »the one green thing«, der »grüne Fleck«, der in dem allgegenwärtigen Grau des Alltags, das den Menschen so bedrückend umgibt, tröstet, Freude macht und Spannung ins Leben bringt[3]? Darum kreisen die Gedanken des Menschen nicht nur ums Geschäft und den Erfolg, sondern in einer tiefen, verletzlichen und oft genug so ausgedörrten Schicht seines Wesens um die Liebe. Um den Menschen, dessen eigentlichste Bestimmung die Liebe ist, zu erreichen, mit ihm in einen Dialog zu treten, der ihn wirklich angeht und erreicht, muß die Kirche von der Liebe sprechen – natürlich zunächst und vordringlich von der Liebe zu Gott und der christlichen Liebe zum Nächsten, aber auch von der Liebe der Geschlechter.

II. Die emanzipatorische Abwendung von der Kirche als Lehrerin der sexuellen Moral

Die Menschen erwarten sich allerdings von allen möglichen Instanzen eine Auskunft darüber, »wie man liebt«, aber kaum noch von der Kirche! Diese scheint eher der Hemmschuh par excellence zu sein, die große und ewige Verneinerin. Wenn sie die Liebe schon nicht verbieten kann, dann zwängt sie sie wenigstens in das Korsett der Ehe und bindet sie an die Nachkommenschaft als den »Zweck« der Ehe – so wie man früher den Gefangenen eine eiserne Kugel an den Fuß kettete. Gerade was die sexuelle Liebe betrifft, erweist sich die Kirche in den Augen vieler Leute – unbeschadet ihrer Verdienste auf anderen Gebieten – als diejenige, die dem Menschen Prügel auf den Weg zu allem und jedem legt, was den Menschen wirklich freut. »Inzwischen sind wir dahin gelangt«, beklagt der Theologe E. Drewermann, »daß sogar der gütige Stand der Priester, . . . an sich einzig dazu bestimmt, das Dasein des Menschen zu segnen und Wege zurück in das verlorene Paradies der Welt zu weisen, selbst seit Jahrhunderten angewiesen und darin geschult ist, nach Art von Verwaltungsbeamten die Liebe zu strangulieren«[4].

Die Gesellschaft hat, so scheint es, sich längst zu helfen gewußt. Wenigstens zur späten Stunde, wenn die Kinder schon schlafen, gibt es im Fernsehen eine Fragetante für sexuelle Probleme oder auch, wie ein freundliches Betthupferl, ein Männer-Magazin – vielleicht für Einsame gedacht. Illustrierte und Zeitungen halten sich ein Sexualorakel, um sexuell frustrierte und ratsuchende Menschen exemplarisch zu beraten. Auch wenn sich da und dort Zweifler zu Wort melden und in Frage stellen, ob man menschliche Beziehungen wirklich durch eine besondere Stellung oder Bewegung der Leiber in Ordnung bringen kann oder auch durch Reizwäsche[5], Spiegel und Beleuchtungstricks – am Grundprinzip dessen, was man die »sexuelle Befreiung« zu nennen pflegt, läßt sich derzeit noch nicht rütteln. Und sogar wenn, wie nicht wenige Leute aus der feministischen Bewegung behaupten, etwas falsch laufen sollte, dann ist die Kurskorrektur sicher nicht in jene Richtung hin vorzunehmen, die die Kirche einmahnt.

Die »sexuelle Revolution« hat das allgemeine Grundrecht auf Freiheit endlich auch auf die Sexualität angewandt, dadurch konkret gemacht und erweitert: gemeint ist die Freiheit und das Recht auf alle Formen sexuellen Verhaltens, solange nicht die Rechte des anderen beeinträchtigt sind und weder AIDS noch sonst eine unangenehme Folge zu erwarten ist. Genauer gesagt: Alle sexuellen Bedürfnisse haben ein Recht auf Erfüllung, nur möge man sie so praktizieren, daß sie keine »Nebenwirkungen« haben. Und was die unerwünschte Schwangerschaft betrifft – in der breiten Palette von Verhütungsmitteln müßte doch jedermann etwas finden können nach seinem Geschmack. Und sollten alle Stricke reißen, bleibt immer noch die freiwillige »Schwangerschaftsbeendigung« (wie man die grausige Realität vornehm zu umschreiben pflegt) als längst garantiertes Menschenrecht der Frauen und indirekt auch der Männer. Zielgruppe der sexuellen Revolution sind prinzipiell wirklich alle Menschen, die sexuell schon oder noch ansprechbar sind. Das Paradies des sexuellen Alles-tun-Dürfens (vom phantasievollen Wünschen ganz zu schweigen) ist grundsätzlich ebenso offen für Jugendliche wie alte Menschen und Behinderte, die man gegebenenfalls durch sinnreich gebaute Apparate unterstützt, wenigstens aber zur Selbstbefriedigung anleiten sollte. Und was jene sexuellen Neigungen betrifft, die man früher rücksichtslos als »Perversionen« angesprochen hat, bemüht man sich redlich, sie gesellschaftsfähig zu machen – soweit es nur irgendwie möglich ist.

Was die siegreichen Sexualrevolutionäre über die Kirche bzw. ihre Vertreter denken, bedarf eigentlich keiner Erörterung: Im günstigsten Fall verachten sie diese »Eunuchen für das Himmelreich«[6] oder machen sich lustig über sie. Vom gelobten Land der sexuellen Freiheit aus betrachtet erscheint die Sexualmoral der Kirche als »Sex- und Horror-Show«[7] der Frustration, und das sollte man, ginge es nach dem Willen der geistigen Mütter und Väter des vom österreichischen Unterrichtsministerium bestellten »Sexkoffers«, schon den Kindern in der Schule drastisch vor Augen führen[8]. Wäre die Kirche nicht ohnehin so einflußlos, müßte man sie wohl bekämpfen.

III. Die Vorgeschichte

Was heute geschieht, läßt sich freilich nur von der Vergangenheit her verstehen. Gemeint ist freilich nicht die ganze 2000jährige Sittengeschichte des christlichen Abendlandes, auch wenn natürlich alles mit allem historisch verwoben und verknüpft ist. Dennoch sind Redewendungen wie: »Man hat uns zweitausend Jahre lang gesagt . . .« töricht und ohne Sinn für Menschen, deren Lebenserwartung zwischen siebzig und achtzig Jahren liegt. Wahr hingegen ist, daß viele Menschen der älteren Generation von heute – seltene, glückliche Ausnahmen bestätigen auch hier die Regel – eine prüde, schwüle Sexualerziehung durchlitten haben – »genossen haben« wäre eine Verhöhnung. Das heißt: Im 19. und zum Anfang des 20. Jahrhunderts lehnte die Gesellschaft Europas und Nordamerikas alles Leiblich-Sexuelle weitgehend ab, verdrängte und tabuisierte es, soweit es ging. Genau besehen »ging es« natürlich doch nicht, und es war das große Verdienst von S. Freud, der ausgegrenzten, gleichsam ins Exil vertriebenen Sexualität des Menschen wieder Heimatrecht und Legitimität verschafft zu haben – ein Verdienst, das ihm trotz aller aller sonstigen Kritik nicht genommen werden kann.

Man muß nur mit älteren Menschen sprechen und hören, welche geheimnisvolle, schuldig-machende Bedrohung die Sexualität für sie gewesen ist und da oder dort noch immer ist! Staunend erfährt man, wie die Sitte es verbot, sogar die Worte, die korrekte Bezeichnung für die Geschlechtsorgane oder bestimmte Kleidungsstücke in den Mund zu nehmen. Über manche Kindergeschichte von damals, über mißlungene oder einfach unterbliebene Aufklärung wird man heute lachen – aber wieviel Leid ist doch für unzählige Menschen von dieser Irrlehre der Leib- und Sexualfeindlichkeit ausgegangen! Freilich, das Leben hat sich dann doch auch immer wieder durchgesetzt, es hat sich seine Ventile geschaffen und Dämme eingerissen – aber das ist Verdienst der menschlichen Natur und kein Grund, die falschen Lehren über den Leib, die Liebe und die Lust in einem milderen Licht zu sehen.

Daß es so war, bestreitet heute niemand. Wie es soweit kommen konnte, darüber wird gestritten, und die einfachste, bequemste und ins Konzept gewisser Kreise am besten passende Antwort lautet: Die Kirche ist schuld, sie vor allem oder sogar sie allein!

Ausgerechnet einige Theologinnen und Theologen haben sich heute an die Arbeit gemacht, um dieser Geschichtslüge ein wissenschaftliches Kleid zu verpassen, in dem sie sich ohne zu erröten sehen lassen kann. Die einschlägigen Bücher von Uta Ranke-Heinemann, Karl-Heinz Deschner, Herbert Haag und Georg Denzler werden eifrig gelesen und auch im Radio und Fernsehen gerne propagiert: Das Thema Nr. 1 verkauft sich doppelt so gut, wenn man es, scheinbar nur an der geschichtlichen Wahrheit interessiert, auch noch mit antikirchlichen Gefühlen garnieren kann!

Es ist hier unmöglich, den vielfältigen Ursachen der sexualfeindlichen Atmosphäre der jüngsten Vergangenheit nachzuspüren und dabei »die Schuldigen« festzumachen. Die Verantwortung läßt sich auch nicht in prozentuale Segmente zerlegen wie das Ergebnis einer Wahl, um dann sagen zu können: die Hauptschuldigen waren die Aufklärer, die Pietisten, die Calviner, die Puritaner, die Staatsbeamten oder eben die Katholiken. Die Zusammenhänge und Interdependenzen sind zu komplex, um entsprechend den Bedürfnissen einer schnellen und überschaubaren Geschichtsjustiz mit ein paar Worten ein angemessenes Urteil fällen zu können.

Für den Zusammenhang genügt es festzuhalten: Alle Gesellschaftsschichten und alle weltanschaulichen Gruppen waren betroffen, alle haben auf ihre Weise zu dem prüde-schwülstigen Klima beigetragen – sei es durch ihre Lehre, sei es durch blindes Sich-Ergeben an den Zeitgeist, sei es durch einen faktischen Verrat an der eigenen Lehre.

IV. Die ersten Widersprüche

Was die katholische Kirche betrifft, so bedarf es aufgrund ihres Selbstverständnisses und ihrer Geschichte einer besonders differenzierten Wertung der Entwicklung:

Die Kirche behauptet, daß sie, »die Kirche«, in entscheidenden Fragen des Glaubens und der Moral »letztlich« nicht aus der Wahrheit fallen kann. »Die Kirche« irrt sich nicht, wohl aber – und diejenigen, die am ersten Satz Anstoß nehmen, sollten auch das folgende wirklich hören – irren katholische Christen, Laien und Bischöfe. Ja ganze Ortskirchen können sich manchmal in harmlose, manchmal aber auch in verhängnisvolle Irrtümer verstricken und verlaufen. Auch ist der Katholik keineswegs gehalten zu glauben, das Lehramt werde immer rechtzeitig, laut und präzise genug die Stimme erheben und die Irrtümer in einer Weise brandmarken, daß es auch im letzten Winkel des Orbis Catholicus keinen Zweifel mehr geben kann, was wahr und was falsch ist. Es ist »eine Tatsache«, stellt August Adam, einer der großen Bahnbrecher der Erneuerung auf dem Gebiet der katholischen Sexualmoral, schon 1940 fest, »daß eine Wahrheit in sämtlichen Katechismen stehen kann, aber trotzdem auf die Formung des Gewissens ohne Einfluß bleibt, wenn nicht eine aufrechte Pastoral allen hemmenden Zeitströmungen und Vorurteilen entgegenwirkt . . .«[9]

Schuld hin, Schuld her, genau das war der Fall: Auch in die katholische Kirche war der Geist der Zeit eingedrungen und hatte das Leben erstarren lassen. Gemessen an ihren irdischen und ewigen Folgen hielt man die Fleischessünden für die schlimmsten aller Verfehlungen, und logisch folgerichtig galt die Keuschheit – oder das, was man dafür hielt! – für die wichtigste aller Tugenden, die Perle der Perlen, die Königin im Bereich der Moral[10]!

Dietrich von Hildebrand war es, der die entscheidende Wende einleitete. Als sein kleines Werk »Reinheit und Jungfräulichkeit« 1927 zum erstenmal erschien, »brachte es« nach dem Urteil des Münchner Theologen Leo Scheffczyk »viele Menschen zur Besinnung, manche auch zur Bekehrung«[11]. »Zur Besinnung« brachte Hildebrand eigentlich nicht nur einzelne Christen, sondern die ganze Kirche. Denn von diesem Zeitpunkt an mehrten sich die Stimmen, die sich im Namen der Heiligen Schrift, der Tradition, der großen Lehrer der Christenheit gegen den herrschenden, prüden Geist zur Wehr zu setzen begannen, ermutigt unter anderem von keinem Geringeren als Eugenio Pacelli, dem späteren Pius XII.

Es war, als ob ein gewaltiger Damm einen Riß bekommen hätte: Wasser tritt aus, die ersten Steine werden herausgespült, von Minute zu Minute verbreitert sich der Spalt, mehr und mehr Wasser schießt aus der Bresche heraus, bis schließlich die Flut den Rest des Dammes einfach wegschwemmt und der Fluß schäumend und mit überwältigender Kraft sein ursprüngliches Bett in Besitz nimmt.

V. Der große Durchbruch

1. Die Lehrentwicklung von Dietrich von Hildebrand bis Johannes Paul II.

All jene, die auch heute noch in verächtlichem Tonfall von der kirchlichen Lehre über die sexuelle Liebe sprechen[12], haben das schon genannte Ereignis übersehen, dessen kirchen- und geistesgeschichtliche Bedeutung kaum überschätzt werden kann: Getragen zunächst von wenigen prophetischen Stimmen, kam am Anfang dieses Jahrhunderts in der katholischen Kirche ein Prozeß der Besinnung auf das Wesen der Ehe, der Liebe, der Sexualität in Gang, der vom großen Zweiten Vatikanischen Konzil unwiderruflich bestätigt wurde. Mag vorher noch die eine oder andere Frage nach dem, was nun die eigentliche Lehre der Kirche sei, unbeantwortet und offengeblieben sein: Von nun an kann es eigentlich kein »Zurück« in bestimmte Irrtümer der Leibverachtung geben.

Aber nicht genug damit: Gestützt auf die Konzilstexte und die Beiträge Pauls VI., hat Johannes Paul II. die katholische Lehre über die menschliche Liebe in einer geradezu atemberaubenden Weise weiter entfaltet, neu beleuchtet und durch eine sorgfältige Betrachtung der biblischen Texte – von der Genesis über das Hohelied bis hin zur Bergpredigt – so vertieft, daß man sagen kann: Diese katholische Lehrentwicklung stellt alles in den Schatten, was es auf diesem Gebiet in den zwanzig Jahrhunderten Kirchengeschichte bisher gegeben hat. Ganz abgesehen von so manchen Entgleisungen, falschen Akzentsetzungen und Irrtümern gewisser Kirchenväter und anderer kirchlicher Autoren im Lauf der Geschichte[13], braucht man sich nur auf die Suche nach denen zu machen, die am ehesten als Kronzeugen der echt christlichen Lehre gelten dürfen: Man vergleiche die schönsten und ausgewogensten ihrer Texte mit dem, was der jetzige Papst zu diesem Thema zu sagen hat, und man wird erkennen: Wir sind Zeitzeugen einer von Gott geschenkten Stunde des geistigen Durchbruchs – vergleichbar anderen bedeutenden Lehrentwicklungen, die die Geschichte der Kirche geprägt und verändert haben. Man kann ohne schmeichlerische Übertreibung sagen: Noch nie hat das Lehramt der Kirche in so differenzierter, einfühlsamer Weise über die eheliche Liebe, über die eheliche Umarmung und ihre »einzigartige, ja außerordentliche Bedeutung« (Johannes Paul II.) für Mann und Frau gesprochen, wie dies in den letzten Jahrzehnten der Fall war.

2. *Die Sexualmoral des Lehramtes*

Kurz umrissen läßt sich diese erneuerte, mit Autorität vorgetragene Sexualmoral des Lehramtes folgendermaßen darstellen: Der Mensch ist ein Ebenbild Gottes. Darum ist die Liebe seine »grundlegende und naturgemäße Berufung«. Es gibt zwei besondere Weisen, die Berufung zur Liebe in die Tat des Lebens umzusetzen: Die eine ist die liebende Verbindung mit Christus durch die geheimnisvolle Ehelosigkeit »um des Himmelreiches willen«, die andere die bräutliche Liebe[14]. Diese Liebe umfaßt den ganzen Menschen, Leib und Seele, die Kräfte des Herzens, des Willens und des Leibes. Sie verlangt nach einer endgültigen Entscheidung, »bis der Tod euch scheidet«! Die leibliche Vereinigung ist das äußere Zeichen der Ganzhingabe – ein Zeichen, das ohne das eheliche Jawort und die Liebe seines eigentlichen Sinnes beraubt und darum eine Sünde wäre. Umgekehrt verlangt die eheliche Liebe nach der Vereinigung, und darum kann Paulus von einer »ehelichen Pflicht« sprechen[15], die natürlich nur als »Pflicht der Liebe« richtig verstanden ist[16]. Ferner ist diese Liebe ihrem Wesen nach fruchtbar: Die Gatten sollen miteinander die Berufung aller Christen zur Heiligkeit leben, und sie sollen, wie es der Liebe selbstverständlich ist, füreinander dasein. Wenn von »Unterordnung« die Rede ist, dann nur im Sinne der juristisch unfaßbaren Gegenseitigkeit des Aufeinander-Hörens, das für Liebende selbstverständlich ist[17]. Die fruchtbare, eheliche Liebe findet ihre natürliche Erfüllung im Kind[18].

Alle Normen, alle Ge- und Verbote, die das sexuelle Leben des Menschen betreffen, müssen als Folgen einer konsequenten Liebesethik verstanden werden. Das gilt nicht nur für das Nein zum Ehebruch, sondern auch für den vorehelichen Verkehr, der – wie Paul Zulehner treffend formuliert – immer ein »voreiliger« Verkehr ist, das gilt auch für die Lehre von »Humanae vitae« oder auch die Ablehnung der künstlichen Befruchtung. Immer fehlt ein wesentliches Element der leib-seelischen Liebe, oder es wird künstlich ausgeschlossen. Man könnte sagen: In allen nach katholischer Lehre unmoralischen Verhaltensweisen steckt ein Dualismus, das heißt irgendein Zerbrechen der wunderbaren Einheit der bräutlichen Liebe, die Leib und Seele,

Vergangenheit und Zukunft, Hingabe der Personen und Offenheit für neues Leben umfaßt.
Wie in allen Bereichen seiner Natur ist der Mensch natürlich auch in seiner Geschlechtlichkeit von der Sünde schwer gezeichnet und bedroht. Immer dann, wenn die Liebe von der Selbstsucht unterlaufen wird, spricht die Kirche von einer bösen Begierde, und diese hält sie für eine Sünde. Diese beginnt nach dem Wort Jesu im Herzen und mit dem lüsternen Blick, und auch die Ehe ist keine »Insel der Seligen«, auf der es diese sexuelle Degradation des anderen zum Objekt der Lust nicht geben könnte. Spätestens seit der Diskussion um die Vergewaltigung in der Ehe sollte dies außer Streit sein[19]. Das moralische Immunsystem der Liebe, die sich gegen ihre Vereinnahmung durch sexuellen Egoismus wehrt, heißt Keuschheit. Mit einer Beschränkung der Liebe hat diese nichts zu tun, wohl aber mit einem entschlossenen Kampf gegen jede Form sexueller Unmenschlichkeit.
Es bleibt noch festzuhalten: In ihrer Ganzheitlichkeit ist die fruchtbare, in der sündigen Welt immer auch keusche Liebe zwischen Mann und Frau ein Zeichen, ein Gleichnis, eine Vorstellungshilfe für die Beziehung zwischen Gott und seiner vielgeliebten Kirche.

VI. Die Reaktionen

Wie hat nun die kirchliche und profane Öffentlichkeit auf diese Entwicklungen der offiziellen kirchlichen Lehre reagiert? Eigentlich in einer paradoxen, geradezu tragischen Art und Weise!
Allgemein kann man sagen: Die neue, großartige Lehre der Kirche über Liebe, Sexualität und Ehe ist für manche Kreise geradezu ein wohlbehütetes Geheimnis, anderen ist nur eine Karikatur bekannt; abgelehnt und ignoriert wird sie sowohl von manchen konservativen wie auch progressiven Kreisen. Viele Priester und Bischöfe (und vielleicht sogar nicht wenige Theologen) haben die einschlägigen, zugegebenermaßen anspruchsvollen Texte des Papstes nicht einmal gelesen. Wie so oft in der Geschichte der Kirche[20] kaufen nur wenige »den Acker«, in dem der geistige Schatz verborgen liegt, und noch weniger unterziehen sich der Mühe des Grabens – sei es, weil sie dazu nicht fähig sind, sei es, weil sie von der Existenz des Schatzes schlicht

und einfach keine Ahnung haben[21], sei es, weil sie das Gold für wertlosen Plunder halten[22].

1. Die konservative Reaktion

Auf der einen, im großen und ganzen eher einflußschwachen Seite stehen jene Traditionalisten, die dem Konzil nicht so richtig vertrauen, aber erst recht und überhaupt nicht Johannes Paul II.

W. Siebel, der führende Ideologe der »Sammlung glaubenstreuer Katholiken« – die allerdings längst noch vor Lefébvre den Bruch mit der katholischen Kirche vollzogen haben –, spricht zum Beispiel von der »apostatischen Haltung Johannes Pauls II., der mit diesem Schreiben (über die Würde der Frau. Anmerkung) zur Förderung des Feminismus den Aufstand gegen die legitime Herrschaft, den er mit der Annahme der Befreiungstheologie erheblich stärkte, zu einem weltweiten Brand ausgedehnt hat. Der Aufstand gegen die legitime Herrschaft – ob in Staat oder Familie – bleibt aber immer nach dem Bilde Satans ein Aufstand gegen Gott selbst. Johannes Paul II. hat sich damit aber als ein Zerstörer der Familie und der von ihr abhängigen moralischen Erziehung erwiesen.«[23] Und in einem Leserbrief in der gleichen Zeitschrift heißt es:

»Johannes Paul II. ist so sehr von dem Mann/Weib-Problem fasziniert, daß er gar nicht mehr aufhören kann, darüber zu reden. Der Mann Wojtyla gehört auf die Ottomane eines Psychotherapeuten. Was das Herz voll ist, läuft der Mund über. Er hat einem *in sexu* weise gewordenen Menschen nur Peinlichkeiten zu sagen.«[24]

Solche Stimmen können freilich mit keiner einigermaßen bedeutenden Anhängerschaft aufwarten und verdienen keine weitere Beachtung. Allerdings, die kritische Frage gilt auch jenen, die zwar äußerlich »papsttreu« sind, manchmal aber doch in einer Art und Weise über die sexuelle Liebe reden, die erkennen läßt: Sie haben das Ereignis nicht verstanden, sie haben sich von den puritanisch-, leib- und lustfeindlichen Einflüssen einer vergangenen Zeit nicht wirklich befreien können, und sie verstehen eigentlich nicht recht, worum es gegangen ist und wozu das Konzil notwendig war.

2. Der Protest nach »Humanae vitae«

Zur Zeit des Konzils und unmittelbar danach waren sich, von einigen Traditionalisten abgesehen, alle einig: In den Texten über Liebe und Ehe hatten die Konzilsväter eine wichtige Debatte zu Ende gebracht und einen neuen Aufbruch ermöglicht.

Diese Situation sollte sich bald ändern. 1968 erschien die Enzyklika »Humanae vitae«. Gegen das Mehrheitsvotum der von ihm selbst zu seiner Beratung eingesetzten Kommission war der Papst zu der Überzeugung gekommen, der Verhütungsmentalität und Praxis der Zeit ein bedingungsloses Nein entgegensetzen zu müssen. Und dies, obwohl er der Moderne gegenüber aufgeschlossen war und wußte, was er den Menschen und auch sich selbst anzutun im Begriffe war. Noch nie, bekennt Paul VI., habe er »die Last Unseres Amtes so empfunden wie in diesem Fall«, und die ganze Welt war Zeuge des päpstlichen Geständnisses, daß er, der Stellvertreter Christi auf Erden, vor der Entscheidung »gezittert« habe. Aber er war in seinem Gewissen überzeugt: Er mußte seine Entscheidung »in der Fassung der vorliegenden Enzyklika« zum Ausdruck bringen[25].

Das von Paul VI. vorausgeahnte geistige Erdbeben blieb nicht aus: Ein Sturm des Protestes brach los. Prominente Theologen stellten sich mehr oder weniger deutlich gegen die päpstliche Lehre und machten sich zum Wortführer einer immer größer werdenden Opposition. Kein Wunder, daß sich nicht wenige Bischofskonferenzen zu Erklärungen bereit fanden, die durch unklare Formulierungen versuchten, die praktisch-harten Konsequenzen der päpstlichen Lehre auf dem pastoralen Weg zu entschärfen[26].

Die kritisch-oppositionelle Reaktion auf die Enzyklika wertet der amerikanische Jesuit Ch. Curran allerdings positiv als »einen bedeutsamen Wendepunkt in der Geschichte der römisch-katholischen Kirche«, indem erstmals das »Recht zur abweichenden Meinung gegenüber einer autoritativen, aber nicht unfehlbaren päpstlichen Lehre von vielen innerhalb der Kirche anerkannt« worden sei[27].

Dann kam Johannes Paul II. auf den Stuhl Petri und eroberte im Sturm die Herzen der Menschen. Allerdings, offenbar unbeeindruckt von allen Widersprüchen, rief er wieder und wieder die Lehre seines Vorgängers in Erinnerung und sprach von göttlichen Gesetzen, die der Mensch nicht mißachten dürfe. Von einem innerkirchlichen

»Recht zur abweichenden Meinung« kein Wort, im Gegenteil, er berief sich auf das Konzil und verlangte Gehorsam: »Der Gehorsam Gott gegenüber hindert uns niemals am Gehorsam dem Papst gegenüber; je vollkommener dieser ist, desto vollkommener ist auch jener«, heißt es bei Katharina von Siena[28] – der Papst scheint nicht anders zu denken.

Sooft und so eindringlich tat er dies, zuletzt 1988 mit besonders starken und damit auch provozierenden Worten auf einem Kongreß in Rom, daß es nicht mehr möglich war, seine Stimme einfach zu überhören und so zu tun, als ob nichts gewesen wäre. Was dieser Papst als göttliches Gebot verkünde, sei, so hielten ihm rund 170 deutsche Theologen in der sogenannten »Kölner Erklärung« entgegen, eine Lehre, »die weder aus der Heiligen Schrift noch aus den Traditionen der Kirche begründet werden kann«[29]; mehr als ein Orientierungspunkt könne diese Privatmeinung des Papstes also nicht sein, und die Gläubigen sollten letztlich nach ihrem Gewissen entscheiden.

3. Die heutige Lage

Längst hat das Feuer des Widerspruchs gegen die päpstliche Lehre auch andere Positionen der kirchlichen Sexualmoral erfaßt: Vorehelicher Verkehr, homosexuelle Lebensgemeinschaften, Selbstbefriedigung und masturbatorisches Petting, alle diese Verhaltensweisen werden mehr oder weniger offen von Moraltheologen gegen den Vorwurf, es handle sich dabei um Sünden, in Schutz genommen. Denn, so lehrt H. Haag, »außer Ehebruch kann kein Sexualverhalten unter Berufung auf die Bibel als sündhaft erklärt werden: weder außereheliche Beziehungen noch Selbstbefriedigung noch Homosexualität noch Prostitution. Und auch das Prinzip der absoluten Unauflöslichkeit der Ehe findet in der Bibel keine Stütze«[30]. Ja in Hinblick auf die schwierige Lage der afrikanischen Mission meint man sogar, die Kirchenleitung vor einem »raschen und abfälligen Urteilen« über die Institution der Polygamie warnen zu müssen[31]. Längst hat man nicht nur das von der Kirche behauptete Band zwischen Liebesakt und Fortpflanzung durchgeschnitten. Auch die Bindung der sexuellen Liebe an das eheliche Jawort wird grundsätzlich abgelehnt: »Das Verhältnis von Liebe und Ehe ist prekär. Liebe und Ehe fallen weder dem Anspruch nach noch den Tatsachen nach einfach zusammen.

Darum«, so folgert der Tübinger Religionspädagoge W. Bartholomäus, »ist es nicht möglich, die geglückte sexuelle Erfahrung an die Ehe zu binden. Denn Ehe und Liebe können verbunden sein. Sie sind es aber nicht zwangsläufig.«[32] Und »undifferenziert an alle gerichtet« Treue als Schutz vor AIDS zu empfehlen, hält er für ebenso falsch wie eine »pauschale Enthaltsamkeitserwartung«[33]. Er empfiehlt sexuelle »Selbstbestimmung« und will vor allem die jungen Menschen, »die ihre Sexualität entdecken, im Experiment entfalten und in der Liebe leben wollen, nicht von ihrer Sexualität abschrecken«[34].

Die Beispiele ließen sich fast endlos vermehren. Das Gesamtbild ist klar: Manchmal verbunden mit persönlichen Angriffen[35], erheben viele Theologen schwerste Angriffe gegen die von Johannes Paul II. als göttliches Gebot vorgelegte Sexualmoral. Drastisch ausgedrückt: »Alles, was mit der Liebe zwischen Frau und Mann zu tun hat, ist in der Kirche den Händen der Dichter und Musikanten entglitten und in das schwere Blei der Gesetze geraten. Bis ins Peinliche, bis ins Schamlose verwalten kirchliche Gerichte das Zusammenleben der ›Geschlechter‹, als wenn es in Dingen des Herzens nichts mehr zu fürchten gäbe als die wirklichen Triebkräfte jeder echten Religion: als die Liebe, den Rausch und die Ekstase.«[36] Von der Art, wie der Papst sein Lehramt im allgemeinen und auf dem Gebiet der Sexualmoral im besonderen verwaltet, werde es, befürchtet der alte, mehr denn je gerühmte Theologe B. Häring, zu einem katastrophalen Auszug aus der Kirche und einem noch größeren Verlust ihrer Glaubwürdigkeit kommen[37]. Die Krankheit der Kirche schreitet fort: »Die Kluft zwischen der Theorie des kirchlichen Lehramtes, auf der zur Zeit vor allem der Papst selbst insistiert, und der gelebten Moral der Christen, die sich nicht darum kümmern, was die Kirche sagt, wird immer tiefer. Und immer mehr verliert die Kirche ... an Glaubwürdigkeit.«[38]

VII. Wie wird es weitergehen?

Ein Riß geht durch die Kirche. Er betrifft nicht nur, aber auch die Lehre über das Gebot Gottes, soweit es Geschlechtlichkeit des Menschen betrifft. Mit Appellen zur gegenseitigen Toleranz läßt sich die Wunde nicht heilen, so unverzichtbar und notwendig es auch sein

wird, in der Haltung der Ehrfurcht, der Güte, der Liebe gegenüber den jeweils Andersdenkenden zu verharren und sich um eine wahre Ethik des Dialoges[39] zu mühen. Miteinander reden ist eine Sache, gehorchen oder im Dissens zu verharren eine andere.
Es geht dabei um nichts Geringeres als die Liebe! Wenn Horkheimer zum Beispiel recht hat, daß wir die Pille »mit dem Tod der erotischen Liebe bezahlen« werden müssen[40], dann ist der Papst objektiv der Anwalt der Liebe, und man müßte ihm für seinen mutigen, zähen Kampf geradezu auf den Knien danken! Und dies gilt natürlich nicht nur für die leidige Verhütungsfrage, sondern für die Liebe und ihre Gesetze. Wenn die Liebe wirklich die Kraft ist, die nach dem berühmten Wort Dantes »im Kreis die Sonne führt und alle Sterne«[41], dann muß der Kampf ausgetragen werden. Wer siegen wird, ist innerweltlich betrachtet offen. Der Glaube vertraut auf den Geist Gottes, der die Seinen »in die ganze Wahrheit führen wird«, auch jene Wahrheit, die sie jetzt noch nicht tragen können[42].

Anmerkungen

1 Ranke-Heinemann, Eunuchen 308.

2 So etwa meint der Dominikaner B. Streithofen, die Kurie wäre gut beraten, »sich in Fragen der Sexualmoral zurückzuhalten«. Vgl. Popp, Aufbruch 27.

3 Pieper, Liebe 165.

4 Drewermann, Wege 13.

5 Wie der Zeitgeist in die Köpfe eindringt, zeigt folgende, erlebte Geschichte: Eine Frau, deren Ehe vor dem Scheitern ist, wendet sich an einen katholischen Priester. Im Gespräch mit Freunden der Krisenfamilie meint der Priester: Diese Frau sollte sich endlich ordentliche Reizwäsche besorgen. – Vielleicht ist ein solcher Ratschlag wirklich auch als zölibatärer Ausfall zu begreifen! Vgl. zu diesem Thema A. Brandstetter, Abtei 170.

6 Ranke-Heinemanns gleichnamiges Buch ist ein klassisches Beispiel für eine unsachliche Auseinandersetzung, und zwar nicht nur, weil sie die Texte nicht studiert, sondern tendenziös im Sinne ihrer These einsetzt, sondern auch deswegen, weil sie ständig persönliche, giftige Bemerkungen gegenüber jenen einstreut, mit denen sie sich auseinandersetzt.

7 Rote Grütze, Liebe 68.

8 Man muß die entsprechende Szene des Filmes »Was heißt hier schon Liebe?« gesehen haben, um zu wissen, mit welch boshafter Verachtung diese Leute auf die Botschaft der Kirche herabschauen!

9 Adam, Primat 24.

[10] Adam, Primat 87.

[11] L. Scheffczyck in: D. v. Hildebrand, Reinheit 6 (Einleitung zur Neuauflage 1981).

[12] Bei einem Vortrag meinte Drewermann, es sei gute katholische Lehre, daß Sexualität nur auf Fortpflanzung ausgerichtet sei. Angesprochen auf die Lehre des Vatikanums und des Papstes, antwortete er: Solange die Kirche den Menschen vor der Ehe zur Enthaltsamkeit zwingt, ebenso die Homosexuellen (etc.), halte sie ja doch am alten Modell fest, und sein Vorwurf sei daher berechtigt.

[13] Schon Adam (Primat 17) hat in diesem Kontext die katholische Binsenwahrheit festgehalten: »Die Möglichkeit einer Abirrung der Glaubensverkündigung nicht bloß bei einzelnen Persönlichkeiten, sondern auch in weiteren Kreisen steht durchaus nicht im Widerspruch zur Unfehlbarkeit des kirchlichen Lehramtes . . . Das gläubige Vertrauen auf das kirchliche Amt darf daher keineswegs den Katholiken, auch nicht den Priester, zu der verhängnisvollen Meinung verführen, als ob alle seine eigenen, im Bewußtsein des Glaubens selbstgegebenen Antworten auf brennende Zeitfragen ebenfalls mit dem Charisma der Unfehlbarkeit ausgestattet seien.«

[14] Johannes Paul II., Familiaris consortio, Nr. 13.

[15] 1 Kor 7,3: »Der Mann soll seine Pflicht gegenüber der Frau erfüllen und ebenso die Frau gegenüber dem Mann.«

[16] Ausdrücklich heißt es bereits in Casti connubii, Nr. 69: Das Pauluswort ist als »norma caritatis« zu verstehen.

[17] Vgl. Johannes Paul II., Dignitatis mulierem, Nr. 24; Familiaris consortio, Nr. 25; Erlösung 164.

[18] Von einer Moral, die Sexualität auf ihre Fortpflanzungsfunktion beschränkt, kann jedenfalls keine Rede sein. Aber es gab diese Fortpflanzungsmoral in der Kirche! Vgl. z. B. Ries J. (Kirche 16): »Es muß also im Geschlechtsverkehr eine feste, sichere Norm gegeben sein, eine Schranke, innerhalb deren allein der Geschlechtstrieb sich betätigen kann, ohne aufzuhören . . . sittlich zu sein . . . Diese Schranke aber kann und muß allein bestimmt werden durch den inneren Zweck des Geschlechtsaktes selbst, nämlich durch die Sicherung des Fortbestandes der Menschheit.«

[19] Ringel (Religionsverlust 140) hat Johannes Paul II. – wie viele andere! – hart angegriffen, weil er von einem bösen Begehren auch in der Ehe gesprochen hat. Er hätte in seinem eigenen Buch nur bis Seite 142 weiterlesen und das dort Ausgeführte mit den Worten des Papstes in Beziehung setzen müssen! Dort spricht er nämlich selbst von unsittlichen sexuellen Handlungen in der Ehe – und diese sind natürlich begleitet von dem entsprechenden Begehren!

[20] Als Pius XI. seine Enzyklika gegen die Nationalsozialisten schrieb, hätten die österreichischen Bischöfe und Priester nur lesen, verstehen oder wenigstens glauben müssen, um zu wissen, wer Hitler und seine Anhängerschaft ist. Man hat Pius XI. nicht widersprochen, schlimmer: Er wurde weithin einfach nicht wahrgenommen.

[21] Oft genug handelt es sich um ein Versagen der Pastoral. Ein erlebtes Beispiel mag dies veranschaulichen: Ein Studentenpfarrer muß am Ende einer Vorlesungsreihe über Sexualität, an der unter anderem zwei katholische (!) Theologieprofessoren mitwirkten, zugeben: Die Position der offiziellen Kirche ist niemals gründlich oder gar werbend zur Sprache gekommen. Wie soll sich bei solchen Angeboten die ka-

tholische Intelligenz von morgen ein korrektes Bild von der Lehre der Kirche machen?

[22] In seinen sogenannten Mittwoch-Ansprachen trug Johannes Paul II. in den Jahren von 1979 bis 1984 seine Lehre über die Theologie der Liebe und des Leibes vor. Auf die Publikation der Texte im »Osservatore Romano« reagierte ein Pfarrer mit den Worten: »Ich habe mir schon überlegt, dieses Sexblatt abzubestellen.«

[23] Siebel 214.

[24] Siebel 43.

[25] Paul VI., »Humanae vitae«: Anhang 58 f.

[26] Popp (Aufbruch 27) gibt die Stimmung richtig wieder: »In der Auslegung durch verschiedene bischöfliche Erklärungen in ganz Mitteleuropa wurde aber den Ehepaaren der Raum für eine abweichende Gewissensentscheidung offengelassen.« So jedenfalls wurden die verschiedenen Erklärungen verstanden, so waren sie wohl auch von vielen Bischöfen gemeint!

[27] Curran, Sexualität 38.

[28] Chéry, Herz 127. – Der zitierte Satz ist natürlich im katholischen Sinn zu lesen. Für Katharina eine Selbstverständlichkeit! Das heißt: Absolutistisch-blind verstanden wäre er unannehmbar. Vgl. Laun, Freiheit besonders 83 f.

[29] Kölner Erklärung Nr. 3.

[30] Haag, Stört nicht 225.

[31] Denzler (Lust 224 und 334), zitiert dabei W. Bühlmann.

[32] Bartholomäus, Unterwegs 124.

[33] Bartholomäus, Unterwegs 154. Zusammen mit E. Ringel wundert sich auch der Theologe A. Kirchmayr (Religionsverlust 139), daß die Kirche den »vor- und außerehelichen Verkehr« als schwere Sünde wertet. Ob die beiden Autoren auch den Ehebruch in den »außerehelichen Verkehr« einrechnen, ist nicht eindeutig auszumachen.

[34] Bartholomäus, Unterwegs 155.

[35] Besonders bedauerlich ist es, daß sich auch die Autoren der »Kölner Erklärung« davon nicht freigehalten haben – obwohl sie doch sagen, den Dialog zu suchen!

[36] Drewermann, Wege 12.

[37] Popp, Aufbruch 29.

[38] Haag, Stört nicht 9.

[39] Vgl. Laun, Ethik.

[40] Pieper, Liebe 165.

[41] Im letzten, 33. Gesang der »Divina Comedia« von Dante Alighieri steht in der letzten Zeile der bekannte Satz: »l'amor che move il sole e l'altre stelle.«

[42] Joh 16, 12–13.

Benützte Literatur

Adam A., Der Primat der Liebe. Eine Untersuchung über die Einordnung der Sexualmoral in das Sittengesetz. Kevelaer 1940.

Bartholomäus W., Unterwegs zum Lieben. Erfahrungsfelder der Sexualität. München 1988.

Brandstetter A., Die Abtei. München 1987 (dtv 10.218).
Chéry H.-Ch., Ein brennendes Herz. Lebensbild der hl. Katharina von Siena. Zürich 1967.
Curran Ch., Sexualität und Ethik. Frankfurt 1988.
Denzler G., Die verbotene Lust. 2000 Jahre christliche Sexualmoral. München 1988.
Drewermann E., Psychoanalyse und Moraltheologie, Bd. 2: Wege und Umwege der Liebe. Mainz 1983.
Haag H. und Elliger K., Stört nicht die Liebe. Die Diskriminierung der Sexualität – ein Verrat an der Bibel. 2. Aufl. Olten 1986.
Hildebrand D. v., Reinheit und Jungfräulichkeit. 4. Aufl. St. Ottilien.
Johannes Paul II., Apostolisches Schreiben »Familiaris consortio«. Über die Aufgaben der christlichen Familie in der Welt von heute. Rom 1981.
Ders., Die menschliche Liebe im göttlichen Heilsplan. Vallendar-Schönstatt 1985.
Ders., Die Erlösung des Leibes und die Sakramentalität der Ehe. Vallendar-Schönstatt 1985.
»Kölner Erklärung« in Kathpreß. Tagesdienst der Österreichischen Katholischen Presseagentur. Sonderpublikation 2/1988.
Laun A., Freiheit und Gehorsam im Salesianischen Verständnis. In: Jahrbuch für Salesianische Studien, Bd. 21. Eichstätt 1989, 71–106.
Ders., Ethik des Dialogs: Den Gegner nicht diffamieren. In: »Präsent«, 3. 3. 1988.
Paul VI., Enzyklika »Humanae vitae« über die rechte Ordnung der Weitergabe menschlichen Lebens. Ausgabe des Paulinus-Verlages Trier 1968.
Pieper J., Über die Liebe. München 1972.
Popp G., Aufbruch oder Rückzug? Zur gegenwärtigen Auseinandersetzung in der Kirche. Regensburg 1989.
Ranke-Heinemann U., Eunuchen für das Himmelreich. Katholische Kirche und Sexualität. Hamburg 1988.
Ries J., Kirche und Keuschheit. 2. Aufl. Paderborn 1922.
Ringel E. und *Kirchmayr E.*, Religionsverlust durch religiöse Erziehung. Tiefenpsychologische Ursachen und Folgerungen. 2. Aufl. Wien 1986.
Rote Grütze (Kinder und Jugendtheater), Was heißt hier Liebe? Ein Spiel um Liebe und Sexualität für Leute in und nach der Pubertät. München 1977.
Siebel W., Zu Dignitatis Mulierem. In: SAKA, 13. Jg., Nr. 12, Dez. 1988.

Kirche und Kunst

Im Baptisterium der Arianer in Ravenna zeigt eines der berühmten Wandmosaike die Taufe Christi im Jordan. Vor rund tausend Jahren geschaffen, ist das Bild naturalistisch – oder sollen wir sagen: natürlich? Jesus steht völlig unbekleidet im Wasser, und deutlich ist erkennbar, daß es sich um einen Mann handelt. Gott mit Genitalien? Eine Dokumentation des arianischen Glaubens, wonach Christus mit Gott nur wesensähnlich, nicht wesenseins sei – oder ein Beispiel dafür, daß die Kirche und ihre Gläubigen heute jene Unbefangenheit verloren haben, die im »finsteren Mittelalter« offenbar auch im Bereich der Kunst und der Kunstwerke geherrscht hat?

Kirche und Kunst: heute ein Punkt, an dem sich viele Geister scheiden. Ein Diskussionspunkt, einer, der oft zum Streit herausfordert. Denn er führt zu der so wichtigen Frage, ob die – neuerdings in der österreichischen Verfassung verankerte – Freiheit der Kunst begrenzbar sei und wo sie ihre Grenzen habe. Allein: Was ist Kunst? Die Definition ist man uns noch immer schuldig geblieben. Kann Kunst durch Deklaration vom Machwerk getrennt werden? Ist Kunst eine Frage des Handelswerts oder eine öffentliche Anerkennung? Und wer gibt die Richtlinien?

Zwischen dem »gesunden Volksempfinden« unseligen Angedenkens auf der einen, der völligen Freiheit auf der anderen Seite hat der Kunstbegriff noch immer nicht seinen fixen Platz gefunden. Aber vielleicht ist das gut so. Denn Kunst ist Streit, Diskussion, bisweilen auch Kampf. Kunst ist Emotion – kalte Kunst ist ganz gewiß keine.

Kunst und Glauben sind immer schon verschwistert gewesen. Neben Szenen aus der unmittelbaren Umwelt, der Existenzschaffung des Menschen – siehe, beispielsweise, die Jagd- und Tierskizzen in der Höhle von Altamira – sind Kultszenen und Kultfiguren die ältesten erhaltenen Kunstwerke. Der Begriff »Idol« hat sich, wenngleich in der Bedeu-

tung gewandelt, erhalten. Kirche und Kunst sind demnach nicht zu trennen.
Das ist im buchstäblichen und im übertragenen Sinn zu verstehen. Kirchen können Kunstwerke an sich sein. Sie können Kunstwerke bergen, können zu Stätten der Kunstausübung werden.
Neuer Streit bietet sich an. Nicht nur die Frage, was von wem und wie in der Kirche dargeboten werden kann und soll, will beantwortet werden. Auch die Trennung von heiliger Handlung und Kunstausübung, anders ausgedrückt: das Problem der Prioritätensetzung Messe-Musik ist aktuell. Im Klartext: Wird eine Messe gehört oder »gehört«, wenn dazu Mozart erklingt?
Kirche und Kunst – da ist auch der Begriff »Blasphemie« nicht ferne. Auch er ist umstritten und bedarf der Definition. Gerade deshalb hat er immer wieder zu hitzigem Streit Anlaß gegeben. Zu Streit in der Kirche und um die Kirche. Wo sind die Grenzen? Und: Wie läßt sich das Problem des Geschmacks oder der Geschmacklosigkeit unterbringen?
Kirche und Kunst – es wäre vermessen, nicht darauf einzugehen, wenn es unser Ziel ist, den heiligen Zorn zu analysieren.

Günter Rombold

Die Angst vor der Nacktheit

Ist die Kirche die einzige Instanz für Sinnvermittlung?

Kunst und Kirche waren lange Zeit, vom beginnenden 4. bis zum ausgehenden 18. Jahrhundert, verschwistert. Es gab damals eine kulturelle Einheit auf dem Hintergrund einer geschlossenen Weltanschauung. Spätestens seit der Aufklärung ist das anders geworden. Es ist zu einer Differenzierung der Gesellschaft gekommen, zu einer Aufsplitterung in relativ unabhängige Teilbereiche wie Politik, Wirtschaft und Kultur. Dieser Prozeß hat mit dem Humanismus und der Reformation begonnen und ist mit der Aufklärung zu einem gewissen Abschluß gekommen. Die Verselbständigung der Teilbereiche ist verschieden rasch erfolgt. Während schon Machiavelli die Eigenständigkeit der Politik proklamiert hat, ist die Kunst bis zum Ende des Barock weithin in Abhängigkeit von Staat und Kirche geblieben; wenigstens in Österreich war es so. Kaiserhaus, Adel und Kirche waren die Auftraggeber. Das hat sich seither vollständig geändert: Die Kunst ist autonom geworden; die Devise »l'art pour l'art«, die schon zu Beginn des 19. Jahrhunderts verkündet wird, erhebt diesen Anspruch. Damit ist die Kunst weithin vom öffentlichen Auftraggeber unabhängig geworden – sie hat dafür allerdings andere Abhängigkeiten (etwa vom Kunstmarkt) eingetauscht.

Man kann diese Entwicklung begrüßen oder ablehnen – an ihrer Tatsache läßt sich nicht rütteln. Natürlich hat es in diesem Prozeß Krisen und Rückschläge gegeben. Die Diktaturen des 20. Jahrhunderts haben den großangelegten Versuch unternommen, die Kunst an die Kandare zu nehmen. Dieser Versuch ist sowohl beim Nationalsozialismus als auch beim Kommunismus in spektakulärer Weise mißlungen. Die Folge war jeweils ein fürchterlicher Qualitätsverlust: »Die Kunst lebt nur von dem Zwang, den sie sich selber auferlegt: an fremdem Zwang stirbt sie« (Albert Camus).[1] Die Kirche ist Teil der Gesellschaft. Deshalb konnte diese Entwicklung nicht spurlos an ihr vorübergehen. Mit dem Ende des Barock hat die Kunst aufgehört, »ancilla ecclesiae« zu sein. Der Künstler ist auch finanziell von der Kirche unabhängig geworden, ist nicht mehr auf sie angewiesen. Alle »angewandte« Kunst wird problematisch; die künstlerischen Entscheidungen fallen in der »freien« Kunst. Es bildet sich eine kirchliche Sonderkunst heraus, die zumeist zweit- und drittrangig ist. Sie ist durch eine schwächliche Anpassung an den Geschmack der vielen charakterisiert.

Der Konflikt reicht tief. Die Kunst der letzten zweihundert Jahre erhebt den doppelten Anspruch, frei und innovativ zu sein. Alle Institutionen sind konservativ, wollen den Besitzstand wahren. So verlangt man in der Kirche vom Künstler die Beibehaltung der überlieferten Ikonographie. Neuschöpfungen stoßen auf Widerstand, ganz zu schweigen von Kritik, die ein Wesensmoment der neuen Kunst ist. Schon Albert Camus hat bemerkt, daß beinahe alles, was in der Literatur der letzten beiden Jahrhunderte an Bedeutendem geschaffen wurde, *gegen* die Gesellschaft geschrieben wurde. Während die Literatur zuvor die Rolle der Bejahung der Gesellschaft übernommen hatte, die den Mächtigen applaudierte, entstand nun eine Literatur der Auflehnung.[2] Was Camus von der Literatur sagt, gilt auch von der bildenden Kunst.

Dazu kommt ein zweites. Die Kunst früherer Zeiten bis zum Barock bejahte nicht nur die gesellschaftlichen Verhältnisse, sie bejahte auch die Schöpfung, war eine Kunst der Verherrlichung, des Lobes und Preises. Das änderte sich erst mit Goya und Blake. Immer stärker werden die negativen Seiten der Welt betont. Kleist und Dostojewskij bilden das Vorspiel; im 20. Jahrhundert entsteht eine Literatur, die die Absurdität der Welt herausstellt: Kafka und Beckett sind ihre herausragenden Vertreter. Auch Thomas Bernhard gehört hierher. In der bildenden Kunst geschieht ähnliches: Dadaismus und Surrealismus erheben das Absurde zum Programm. Große Maler ringen ein Leben lang in ihrem Werk mit diesem Problem; genannt seien nur Max Beckmann und Francis Bacon. In der Kunst überwiegt das Dunkle, das Negative. Nicht umsonst ist Schwarz die Farbe, die bei Arnulf Rainer alles überzieht. Es ist auch kein Zufall, daß Schopenhauer und Nietzsche die meistgelesenen Autoren in Künstlerkreisen des angehenden Jahrhunderts waren. An die Stelle der »besten aller möglichen Welten« (Leibniz) ist die »schlechteste aller möglichen Welten« (Schopenhauer) getreten. Das alles irritiert breite Bevölkerungskreise, und gerade die christlichen, die von der Kunst das Positive erwarten. Man wünscht sich vielfach nicht nur das »Positive« (das es immerhin bei Künstlern wie Paul Klee oder Henri Matisse gibt), sondern auch das Beruhigende, Behübschende.

Ein drittes: Kunst ist seit der Renaissance ein Anwalt des Eros. Die ersten Konflikte zwischen Kunst und Kirche in der Neuzeit entzünden sich an den Fresken Michelangelos in der Sixtina: Seine nackten Figuren mußten vom »Hosenmaler« überpinselt werden. Die Prüderie des 19. Jahrhunderts verschärfte diesen Konflikt. In den christlichen Kunstzeitschriften des deutschen Sprachgebiets gegen Ende des Jahrhunderts (es gab deren zwanzig!) wurde allen Ernstes als Kennzeichen der christlichen Kunst genannt, daß sie das Nackte perhorresziere.[3] Konsequenterweise wurden in dieser Zeit Renaissance und Barock als »heidnisch« abgelehnt; nur Romanik und Gotik konnten vor dem gestrengen Auge der Sittenrichter bestehen. Die Bewertung von Renaissance und Barock hat sich mittlerweile geändert, aber die Angst vor dem Nackten (Unterschiede werden nicht gemacht) ist in weiten kirchlichen Kreisen geblieben. Die Konflikte der unmittelbaren Vergangenheit beweisen es.

Solche Konflikte hat es in den letzten Jahrzehnten in Österreich häufig gegeben. Einige davon seien hier genannt.[4] Der heftigste Bilderstreit der ersten Nachkriegsjahre in Österreich entzündete sich an den Fresken für die Theresienkirche auf der Hungerburg in Innsbruck von Max Weiler. Nachdem schon das erste Bild, die »Verehrung des Herzens Jesu«, für Aufregung gesorgt hatte (hier empörte man sich über ein »blaues« Pferd), brachte die Kreuzigungsdarstellung den Volkszorn in Wallung. Weiler hatte das Geschehen nach Tirol und in die Gegenwart verlegt. Unter dem Kreuz steht eine Gruppe von Männern in moderner Kleidung, kalt und gleichgültig, »welche des Landes schönste Zier, den Glauben, weggeworfen haben« (Stadtpfarrer Dietrich), während ein Mann in Tiroler Tracht dem Heiland die Lanze ins Herz stößt.

Ein Entrüstungssturm durchtobte Tirol. Prominente Bauernführer verlangten vom Bischof die Entfernung des Bildes, ein Landarbeiter strengte einen Prozeß an. Schließlich wandte sich jemand an die römische Kurie, um den Fresken den Garaus zu machen. Diese Vorgangsweise hatte sich schon bei den Fresken von Albin Egger-Lienz in Lienz (Osttirol) bewährt, wo 1926 über die Kapelle das Interdikt verhängt wurde. Im Frühjahr 1950 mußten die Fresken der Hungerburg auf Weisung der römischen Behörde verhängt werden. Heute, dreißig Jahre später, sind sie wieder zu sehen, und jedermann kann sich ein Urteil darüber bilden.

Anfang der sechziger Jahre verlangte Bischof Rusch am Vorabend der Einweihung der Kirche von Innsbruck-Neuarzl die Entfernung des großen Altarkreuzes von Hans Ladner, eine zweifellos ungewöhnliche Arbeit in Beton. Der Christus wurde in der Nacht abgebaut und in einer Seitenkammer der Sakristei deponiert. Fünfundzwanzig Jahre später ersuchte der Nachfolger des Pfarrers den Künstler, die Plastik wieder aufzubauen, was auch geschah.

Für die Kirche in Linz-Langholzfeld hatte Karl Prantl 1969 einen Altar geschaffen, dessen Oberfläche auf der vorderen Seite plastisch bewegt ist; die Abstellfläche für die liturgischen Geräte dagegen ist eben. Bischof Zauner verlangte eine Änderung, da er sonst den Altar nicht weihen könne. Das Bischöfliche Konsistorium gab daraufhin die Weisung, der Altar müsse »mit einer Steinplatte auf der gesamten Horizontalfläche abgedeckt werden«. Dadurch wurde der Altar entstellt; außerdem ist er nun einige Zentimeter zu hoch. Diese Entscheidung wurde bis heute nicht korrigiert.

Zu den spektakulärsten Auseinandersetzungen gehört die an der Salzburger Fakultät 1974 wegen eines »Gekreuzigten« von Alfred Hrdlicka. Diese 1959 geschaffene, 160 Zentimeter hohe Plastik ist ein Torso. Arme und Beine sind verstümmelt, ebenso der Kopf. Was aber unübersehbar ist, ist das Genital des Gekreuzigten. Professor Welz stellte diese Plastik zusammen mit drei anderen Werken der Universität als Leihgaben zur Verfügung, worauf sie auf Beschluß des Akademischen Senats im Foyer der Großen Aula aufgestellt wurde.

Auch in diesem Falle erhoben sich lebhafte Proteste, und Erzbischof Berg ersuchte, die Plastiken ehestens zu entfernen. Kurze Zeit später kam es zu einer Aktion, bei der die Plastik von Hrdlicka ebenso wie eine Figur von Wotruba mit schwarzer Lackfarbe besprüht wurden. Dadurch und durch die Berichterstattung der Medien wurden die

Emotionen weiter angeheizt. Schließlich entschloß sich der Akademische Senat, die Plastiken (nach der Reinigung) an anderer Stelle im Universitätsbereich aufzustellen, wo sie sich heute ungestörter Ruhe erfreuen.
1980 erregte die Aufführung der Oper »Jesu Hochzeit« von Lotte Ingrisch und Gottfried von Einem anläßlich der Wiener Festwochen die Gemüter. Interessanterweise gingen die Wogen bereits vor der Aufführung hoch, als ein Urteil darüber noch schwierig war. Der Vorwurf lautete (wie bei den meisten der genannten Fälle): Blasphemie und Obszönität. Thema der Oper ist die Hochzeit mit dem Tod. Dieser erscheint romantischem Sprachgebrauch gemäß als »Tödin«, ähnlich der Madame Lamort der 5. Duineser Elegie Rilkes. Alfred Focke, Jesuit und Literaturwissenschaftler, verteidigte das Werk als eine Mysterienoper aus dem Geist der Mystik. Die Oper wurde aufgeführt, daran änderten auch lautstarke Proteste auf der Straße nichts.
Anders erging es der Tabori-Inszenierung des Oratoriums »Das Buch mit sieben Siegeln« von Franz Schmidt in der Salzburger Kollegienkirche während der Salzburger Festspiele 1987. Die dramatische Inszenierung von George Tabori ließ in den apokalyptischen Szenen auch nackte Gestalten auftreten. Im Unterschied zur Oper »Jesu Hochzeit« fand die Aufführung in einem kirchlichen Raum statt. Dieser wurde nach der ersten Aufführung nicht mehr zur Verfügung gestellt.
Im Bereich der bildenden Kunst entbrannte der bislang letzte Konflikt um einen Gekreuzigten von Rudi Wach, der 1986 auf einer Brücke in Innsbruck zur Aufstellung gelangen sollte. Rudi Wach versuchte, den Gekreuzigten zugleich als den Auferstandenen mit weit gebreiteten Armen und einer Sonnenscheibe hinter dem Haupt darzustellen. Was bei dem eher konventionellen Werk Anstoß erregte, war eine kleine Beule, die andeutet, daß Jesus ein Mann ist. Auch in diesem Fall war es eine eher kleine Gruppe von Fanatikern, die schließlich den Plan zu Fall brachte, das Kreuz an seinem ursprünglichen Bestimmungsort aufzustellen. Es hat nun seinen Platz im Innenhof des Volkskundemuseums gefunden.
Tirol scheint für Konflikte dieser Art besonders prädestiniert zu sein, was aber ein Übergreifen auf andere Bundesländer nicht ausschließt. Dafür ist das Drama »Stigma« von Felix Mitterer (1983) ein Beleg.

Das überaus realistische Drama nimmt die Zustände auf einem Tiroler Bauernhof im 19. Jahrhundert aufs Korn. Im Mittelpunkt steht eine Magd, die stigmatisiert ist, aber vergewaltigt wird. Sowohl der reiche Bauer, ihr Dienstgeber, als auch die pharisäische Umgebung werden bloßgestellt. Dazu gehört auch ein Monsignore, der einen Exorzismus gegen den »Satan« in der Magd spricht. Es ist eine unheimliche Szene, die dem Betrachter an die Nieren geht. Gegen dieses Stück gab es bei den Aufführungen in Innsbruck und Linz heftige Demonstrationen.

Nicht verwunderlich ist es, daß solche Konflikte besonders dann eskalieren, wenn das Massenmedium Film religiöse Themen behandelt. Das geschah bei Jean-Luc Godards Film »Je vous salue, Marie« und bei Scorseses »Letzter Versuchung Christi«. Diese Filme kamen nach Österreich, als es in anderen Ländern schon lange Auseinandersetzungen um sie gegeben hatte, die bis zur Demolierung von Filmtheatern führten. Es muß allerdings gesagt werden, daß die beiden Filme kaum vergleichbar sind. Godards Film ist von hoher Qualität, allerdings auch schwer verständlich – seine Handlung ist in unsere Zeit verlegt, mit Bezügen zur jungfräulichen Mariengestalt der christlichen Überlieferung. Scorsese bietet einen Jesusfilm als großes Spektakel, das auch vor kitschigen Szenen nicht zurückschreckt. Daß die »letzte Versuchung Jesu« eine sexuelle ist, daß er vom Kreuz herabsteigt, um Maria Magdalena zu heiraten und dann auch noch mit ihrer Schwester zu schlafen, ist das eigentlich Skandalöse. Dabei zeigt sich, daß Scorsese im Grunde ein Manichäer ist (denn die Versuchung spielt sich ja nur in der Phantasie Jesu ab, und er überwindet sie); im Grunde trifft er sich mit seinen Kritikern auf einer Ebene. Gerade dieses Beispiel zeigt, daß sich die Proteste nicht am Künstlerischen der Kunst entzünden, sondern immer an bestimmten Reizpunkten. Es gibt Menschen, denen jedes Gespür für Kunst fehlt, die sich aber in ihren »religiösen Gefühlen« – oder was sie dafür halten – verletzt fühlen. Treibende Kraft bei den Konflikten ist nicht die Hierarchie, sondern es ist meist eine kleine Gruppe von Fanatikern, die ihre Proteste lautstark vorbringen und keine Ruhe geben, bis sie ihr Ziel erreicht haben.

Die meisten dieser Konflikte sind überflüssig, andere aber unausweichlich. Merkwürdigerweise kommt es gerade da selten zu Auseinandersetzungen, wo man sie erwarten sollte. Es gibt in der Kunst unseres Jahrhunderts wirklich Obszönes – man denke an Schiele oder Picasso, und es gibt wirklich Blasphemisches – etwa bei Max Ernst. Große Kunst schließt Obszönität und Blasphemie nicht aus. Darüber würde es sich lohnen nachzudenken. Natürlich ist es mit einer einfachen Ablehnung nicht getan. Eines der wenigen mir bekannten Bücher, das sich mit dem »sogenannten Obszönen, Blasphemischen und Revolutionären bei Günter Grass und Heinrich Böll« auseinandersetzt, stammt von Hans-Rudolf Müller-Schwefe. Der Autor geht der Frage nach, warum diese Dichter an die Grenze der Sprache gehen, warum sie Tabus brechen. Er wagt es, von einer »Sprachtherapie für Sexual-, Ekklesio- und Politoneurosen« zu sprechen.[5]

Auf der anderen Seite wird man auch der Kunst keine schrankenlose Freiheit zubilligen können. Selbst ein Otto Mauer hat sich gegen eine Kunst gewandt, »die brutal, sadistisch, pornographisch ist, eine Kunst, die die Rassen diskriminiert oder den Antisemitismus propagiert«. Und er fährt fort: »Es ist keine Frage – ich erkläre schonungslos, was natürlich eine sehr unmoderne Erklärung ist, – daß ich nicht nur verstehe, sondern durchaus einverstanden wäre, wenn sich die Gesellschaft mit Restriktionen und Repressionen unter Umständen in einer bestimmten Situation gegen eine so geartete Kunst und ihre schrankenlose Freiheit wehrt.«[6]

Auf jeden Fall handelt es sich dabei um ein sehr heikles Problem. Auf der einen Seite besteht ein gewaltiges Bildungsdefizit in weiten Kreisen; vielfach wird der Künstler einfach mißverstanden. Die Kirchen haben es auch weithin nicht gelernt, mit Freiheit umzugehen. Insbesondere fundamentalistische Gruppierungen halten ihre eigene Meinung für die absolute Wahrheit, die mit allen Mitteln (Verleumdung, Denunziation, Verboten) durchzusetzen ist. Es fehlt auch die Einsicht, daß die Kunst ein autonomer Bereich ist, der der Not des Menschen wie seiner Sinnsuche Gestalt verleiht. Die Kirche hat nicht das Privileg, die einzige Instanz von Sinnvermittlung zu sein.

Auf der anderen Seite ist zu sagen, daß keine Gesellschaft darauf verzichten kann, Freiheit einzuschränken. Was öffentlich erlaubt ist, ist soziokulturell variabel. Hier kann keine für alle Zeiten gültige Regelung getroffen werden, wohl aber muß für eine bestimmte Gesellschaft ein Rahmen geschaffen werden. In unserer Verfassung ist die

Freiheit der Kunst verankert, andererseits ist auch gesetzlich geklärt, daß diese Freiheit dort endet, wo individuelle Rechte verletzt werden: bei Mord, körperlicher Verletzung, Ehrenbeleidigung. Die Frage ist, ob es neben diesen gesetzlichen Einschränkungen nicht auch ethische gibt, die darüber hinausgehen. Das ist heute weithin kontrovers. Wir werden lernen müssen, mit Konflikten zu leben und sie auszuhalten. Man braucht kein Prophet zu sein, um vorauszusagen, daß es auch in Zukunft Streitpunkte zwischen Kunst und Kirche geben wird.

Tragisch ist es, daß wir immer nur auf diese Konflikte hinstarren, statt die Augen zu öffnen für die vielfachen religiösen, ja sogar christlichen Bezüge in der heutigen Kunst. Sie sind gerade bei den führenden Vertretern der österreichischen Kunst unserer Tage unübersehbar.

An erster Stelle sei *Fritz Wotruba* genannt. Seine statuarischen Plastiken sind Ausdruck der Auseinandersetzung mit dem menschlichen Leib. Mehrfach hat er sich dem Thema der Kreuzigung gestellt. Im Spätwerk gewinnt seine Skulptur architektonische Qualitäten, weshalb es nicht verwunderlich ist, daß Wotruba, der aus dem sozialistischen Arbeitermilieu stammt, gegen Ende seines Lebens eine Kirche entwarf, die er selbst als »die Quintessenz eines Lebens« bezeichnet hat.[7] Ursprünglich als Karmelitinnen-Kirche in Steinbach geplant, wurde die Kirche am Georgenberg in Wien gebaut. Innerhalb des Kirchenbaus der letzten Jahrzehnte spielt sie eine Sonderrolle, ist unvergleichbar. Auf den ersten Blick erkennt man in ihr das Werk eines Bildhauers, dem es um Tragen und Lasten, um die Schaffung eines kraftvollen Gefüges und eines Raumes geht, der um- und durchschritten werden will. Dieser Bau »dramatisiert die Spannungen zwischen offener und geschlossener Form, zwischen Fragment und Endgültigkeit, Senkrechten und Waagrechten, Innen und Außen, Masse und Raum. Mit subtiler Dialektik hat Wotruba es fertiggebracht, elementare Gegensätze an den Punkt zu führen, wo sie einander nicht ausschließen, sondern bedingen.«[8] Die integrative Kraft dieses Baus gleicht die Gegensätze nicht aus, sondern macht sie »in aller Klarheit und Schärfe sichtbar«.[9] Darin ist diese Kirche Ausdruck eines Künstlers, der in seinem Leben und Werk Gegensätzen nie aus dem Weg gegangen ist, sondern sie stets ausgetragen hat.

Der Kirchenbau ist jener Bereich, wo sich Kunst und Kirche am nächsten gekommen sind. Unter den vielen hundert Kirchen, die in den letzten Jahrzehnten gebaut worden sind, verdient eine ganze Reihe Beachtung. Da ist die Kirche in Salzburg-Parsch von der Gruppe 4 zu nennen mit ihrer kühnen Verbindung von dunklem Schiff und hellem Chor (die Franziskanerkirche ist nicht weit!), da sind die Bauten von Josef Lackner in Innsbruck und Wien, das Gemeindezentrum in Steyr-Ennsleiten von Gsteu und der Gruppe 4, die sammelnden Zentralräume von Roland Rainer in Puchenau und Leonding, ebenso wie der hohe, über einem schmalen elliptischen Grundriß errichtete Raum von St. Theresia in Linz. Er stammt von Rudolf Schwarz, einem der Erneuerer des deutschen Kirchenbaus. Im Kirchenbau hat die liturgische Erneuerung ihren Niederschlag gefunden, die Heranführung der Gemeinde an den Altar, wofür St. Laurentius in München von Emil Steffann wegweisend war, was über Vermittlung des Autors stark auf den oberösterreichischen Kirchenbau gewirkt hat (Langholzfeld, Marchtrenk). Da sind die Studentenkapellen von Ottokar Uhl in Wien und Melk, die der Gemeinde einen Freiraum der Bewegung schaffen, wo Einsichten der Anthropologie ebenso Ausdruck finden wie ein neues Konzept von Pastoral, das auf Karl Strobl und Ferdinand Klostermann zurückgeht.

Es ist merkwürdig, wie viele dieser Einsichten heute in Vergessenheit geraten. Als äußersten Gegensatz zu den Bauten der Erneuerungsbewegung vor und nach dem Zweiten Vatikanum (aber auch zur Kirche von Wotruba) muß die jüngste spektakuläre Kirche von Friedensreich Hundertwasser in Bärnbach (Steiermark) angesehen werden (1988). Es ist die Verwandlung eines sehr bescheidenen Baus der Nachkriegszeit ins Spielerisch-Verspielte. Hier ist alles bunt, laut und bewegt – zum mindesten im Äußeren. Zahlreiche Symbole zieren die Außenmauern, eine goldene Kuppel macht den Bau weithin sichtbar – und die Touristen kommen. Im Inneren allerdings ist das Verbot der geraden Linie, das Hundertwasser allerorten proklamiert, nicht durchzuhalten. Den Innenraum hat man auch nicht seiner Gestaltung überlassen, sondern dafür lokale Künstler herangezogen – ein wahres Sammelsurium. Vielleicht paßt die Bezeichnung »unseres lieben Herrgotts Disneyland« am besten auf das Ganze. Doch trifft der Bau genau die Bedürfnisse einer Zeit, die von den nüchternen und bildlosen Bauten der letzten Jahrzehnte enttäuscht, sich einem Emotionen ansprechenden Irrationalismus hingibt. Man kann nur wünschen, daß die Entwicklung in eine andere Richtung geht; als Beispiele nennen wir den strahlend hellen, gewiß nicht nüchternen Raum der Kirche in Kleinarl (Salzburg) von Heinz Tesar.

Nach diesem Exkurs über den Kirchenbau zurück zu jenen Künstlern, deren religiöse Kraft vielfach unerkannt bleibt. Da ist die solitäre Gestalt von *Karl Prantl*, der zwar auf seinen Bildhauersymposien mit Künstlern vieler Länder Freundschaft geschlossen hat, aber in Österreich ein Einsamer geblieben ist. Prantl hat in den Anfängen seines Schaffens Holzbildwerke geschaffen, die christliche Symbolik aufnehmen, so etwa die »Fünf Wundmale«. Später hat er am liebsten in Stein gearbeitet und ist mit seinen Freunden in die Landschaft gegangen, wo die Reste der Symposien wie Menhire der Steinzeit als Zeugen geblieben sind. Prantl nennt die späteren Arbeiten häufig »Steine zur Meditation«. Hier wird der Stein selbst mit seinen Verwerfungen und Unebenheiten, aber auch mit seiner wundersamen Schönheit und Klarheit Objekt der Meditation und mit ihm die Natur. Eine naturverbundene Frömmigkeit findet darin ihren Ausdruck, die sich fernöstlichen Meditationspraktiken verbunden weiß.[10]

Wir sprechen von gegensätzlichen Persönlichkeiten. Kaum ein größerer Gegensatz ist denkbar als der zwischen Karl Prantl und *Alfred Hrdlicka.* Dieser, aus der Schule Wotrubas hervorgegangen, revoltierte bereits 1959 gegen die abstrakte Kunst. Damals schlug er – nach vergeblichen Versuchen in der Abstraktion – jenen Torso eines Gekreuzigten aus dem Stein, dessen Bronzeversion in Salzburg später für soviel Aufregung sorgen sollte. Hrdlicka ist »Naturalist« geblieben. Seine Figuren befreien sich mühsam aus dem Stein, aus der Materialität, der sie doch unterliegen. Hrdlickas einziges Thema ist der Mensch. Mensch sein heißt im Leibe, im Fleische leben. Leiblichkeit ist Geschlechtlichkeit. »In der Kunst geht alle Macht vom Fleische aus.« Hrdlicka entfaltet in seinen Plastiken und Graphiken eine ganze Anthropologie, die darauf insistiert, daß der Mensch der Leiblichkeit verfallen ist. Sein Fleisch ist »geiles Fleisch« und »geschundenes Fleisch«. Gegenstand seiner Radierungsfolgen sind »Sex and Crime«. Es verwundert, daß im Werk eines Künstlers, der sich zum Materialismus und zur Religionskritik eines Ludwig Feuerbach bekennt, immer wieder die Gestalt des Gekreuzigten auftaucht: Inmitten von grauenvollen Szenen, in denen Menschen verfolgt, gequält, massakriert werden, wird das Kreuz aufgerichtet. »Das Kreuz steht für mich für das Martyrium. Es ist für mich ein Zeichen des Widerstandes.«[11] Immer wieder begegnen im Werk Hrdlickas Christen, Heilige, die Widerstand geleistet haben. Der Mensch ist zwar dem Fleische ausgeliefert und unterliegt der Gewalt: Seine Würde besteht allein darin, daß er Widerstand leisten kann. Hrdlickas Werk ist eminent politisch, gesellschaftskritisch. Abstrakte Kunst ist in seinen Augen ein Verschließen der Augen vor der zugleich faszinierenden und grausamen Wirklichkeit der »conditio humana«, Ausdruck des Idealismus. Dagegen ist die Bibel konkret, läßt sich ein auf die Situation des Menschen. Was Hrdlicka an der Christusgestalt interessiert, ist die Inkarnation, die Fleischwerdung Gottes. »Christus ist ja nicht irgendein Symbol, das gewissermaßen am Himmel schwebt, und ist nicht irgendein abstraktes Zeichen, sondern er ist die Fleischwerdung Gottes.«[12]

Adolf Frohner ist – bei aller Unvergleichbarkeit – Hrdlicka darin verwandt, daß es ihm um den Menschen geht. Eros und Tod sind seine Themen. Er ist bekannt geworden durch seine vulgären Frauengestalten. Damit will er nicht die Würde der Frau in den Dreck ziehen, sondern ein Klischee von der Frau zerstören, wie es die Illustrierten zeigen: »schön, erotisch, angenehm, zierlich, sportiv, gebräunt«. Er ist der Überzeugung, daß dieses Klischee es ist, das die Würde der Frau verletzt, weil gewissenlose Spekulanten damit Geld verdienen wollen. Im Thema »Salome« hat Frohner das Verbindungsglied zwischen seinen beiden Leitthemen gefunden: Eros und Tod. Beide gehören aufs engste zusammen. Und schließlich bricht Frohner noch ein drittes Tabu: das der Religion, über die man in der Öffentlichkeit nur Belanglosigkeiten sagen darf. Immer wieder tritt uns die Gestalt Christi entgegen. Er ist der Christus der Passion. Doch möchte Frohner keine »erbauende religiöse Ikone schaffen, sondern alle seine Themen beibehalten. Es ist eine angereicherte Passion«.[13]

Wieder ein Sprung: von Hrdlicka und Frohner zu *Arnulf Rainer.* Das Thema seiner Kunst – im Grunde sein einziges Thema – ist der Tod. Mitte der fünfziger Jahre hat er angefangen, seine Bilder zu übermalen, alle Figuration auszulöschen. Seine einzige Farbe war damals Schwarz, Schwarz und noch einmal Schwarz. Rainer, der in seinen frühen Jahren ein krasser Außenseiter war, begegnete in dieser Zeit Otto Mauer, dem Domprediger von St. Stephan und Leiter der Galerie, die diesen Namen trug (später auf kirchlichen Wunsch hin umbenannt in »Galerie *nächst* St. Stephan«). Mauer setzte sich in einer Weise der modernen Kunst aus, wie das bei einem Kleriker höchst ungewöhnlich war, er trat ins Gespräch mit den Künstlern ein, stellte sie aus, sammelte ... Arnulf Rainer begriff, daß seine Probleme keine ästhetischen, sondern existentielle waren, daß er nicht der Übereinstimmung mit der Welt, sondern einem tiefen Ungenügen Ausdruck verlieh. So begann die lange Reihe seiner »Kruzifikationen«, die sein Werk seit nunmehr dreißig Jahren begleiten, der Übermalung des Kreuzes und der Gestalt des Gekreuzigten. Später entstanden die Übermalungen von Totenmasken. »In dieser Totenmaskenserie kommen direkt (und indirekt als Metapher) spirituelle und gestalterische Prinzipien zum Tragen, die für mein Werk im Laufe seiner Entwicklung wichtig wurden: Auslöschung, Abwendung, Tabuberührung, clownesker Übermut, das Quasi-Sakrale, die Entrückung, Sterbeneugier, Todesmystik usw.«[14]

Das Gesamtwerk von *Walter Pichler* kreist um archaische Rituale. Schon 1962 begegnete er in der Galerie nächst St. Stephan dem Architekten Hans Hollein, der in einem Vortrag sagte: »Der Ursprung der Architektur ist sakral. Das Bedürfnis des Menschen, zu bauen, manifestiert sich zuerst in der Errichtung von Gebilden sakraler Bestimmung, magischer, sakral-sexueller Bestimmung.«[15]

Ein Jahr später machten Hollein und Pichler in derselben Galerie eine gemeinsame Ausstellung »Architektur«, in der sie ihre Utopien zur Darstellung brachten.

Mittlerweile hat Pichler ein großes zeichnerisches Werk geschaffen. Mit sensiblen Strichen, oft in dunklen, braunen oder violetten Farben aquarelliert, stellt er Kultisches dar: merkwürdige Gestelle, in denen sich Aktionen vollziehen, wobei die Agierenden zartgliedrige, vom Tode gezeichnete Gestalten sind, die oft in Maschinerien eingezwängt, ihnen ausgeliefert erscheinen. Doch das Hauptwerk Pichlers ist der kultische Bezirk, an dem er seit vielen Jahren im abgelegenen St. Martin im Burgenland arbeitet. Rund um einen alten Bauernhof, in dem Pichler lebt, entsteht ein ganzes Ensemble von kleinen Kulträumen, die weniger einer Kapelle, eher alten bäuerlichen Nutzbauten ähneln, wie man sie im Burgenland noch finden kann. In sie überträgt er nach ihrer Fertigstellung die von ihm geschaffenen Kultob-

jekte in einer Art Prozession. In einem Haus befinden sich der »Rumpf« und mehrere »Schädeldecken« in Bronze (wieder der Tod!), in einem anderen die »Bewegliche Figur«, ein drittes Haus birgt ein großes liegendes Kreuz.
Die Werke sind Meditationsobjekte eines künstlerischen Kultes, der auf ganz frühe, archaische Vorstellungen zurückgreift, die sich aber in der bäuerlichen Welt oft erhalten haben: Kunst als Ritual, der Künstler als Priester. Kunst ist das Eigentliche, sie ist »einfach das Leben selbst. Ich kann mir gar kein anderes vorstellen.«
Hermann Nitsch baut nicht nur einen kultischen Bezirk wie Walter Pichler, er vollzieht in großem Stil kultische Rituale. Was Nitsch anstrebt, ist ein »Gesamtkunstwerk«, ein dionysisches Fest, wo sich blutige Rituale vollziehen, von Musik und Geräuschen umbrandet, in einem Mahl mit Brot und Wein endend. Nitsch bricht so ziemlich alle Tabus, die unsere Gesellschaft aufgerichtet hat. Vor allem fließt Blut in Strömen, Tiere werden ausgeweidet, Blut wird über nackte Körper geschüttet. Dabei werden auch christliche Symbole einbezogen: das geschlachtete Lamm, der gekreuzigte Knabe. Nitsch greift hier auf vorchristliche blutige Opferrituale zurück, die in den Dienst eines säkularisierten Kultes gestellt werden. Das Orgien-Mysterien-Theater ist ein Abreaktionsspiel für die sexuellen und aggressiven Triebwünsche des Menschen. Das Unästhetische wird bewußt einbezogen. Die Bejahung der Gesamtwirklichkeit mit ihren schönen wie grausamen Seiten soll zur Befreiung des Menschen führen. Dabei ist Dionysos die Leitfigur, ein Dionysos freilich, der im Sinne von Nietzsche, Freud, Bataille und natürlich von Nitsch selbst interpretiert wird. Daß die Öffentlichkeit schockiert ist, ist nicht verwunderlich. Zu einer echten theologischen Auseinandersetzung ist es noch nicht gekommen. Jedenfalls steht zu vermuten, daß hier das Christliche ins Dionysische integriert wird und damit die anverwandelnde Kraft des Katholizismus sich in Auflösung verwandelt.
Wotruba, Prantl, Hrdlicka, Frohner, Rainer, Pichler und Nitsch: das sind nicht die schlechtesten Namen der österreichischen Kunstszene der letzten Jahrzehnte. Und sie alle setzen sich in einer existentiellen, wenn auch sehr subjektiven Weise mit Religion, meist sogar mit Christus, dem Gekreuzigten auseinander. Das ist ein in Europa ziemlich einzigartiges Phänomen. Offensichtlich ist die katholische Tradition

dieses Landes viel stärker, als wir glauben, auch wenn es offensichtlich ein barock-katholisch-heidnisches Amalgam ist.
Merkwürdig ist, daß die Katholiken Österreichs diese Tatsache bisher kaum zur Kenntnis genommen haben. Gewiß, es gab einen Monsignore Otto Mauer, aber er war eine heftig (und oft bösartig!) befehdete Figur. Es gab die Ausstellung »Christusbild im 20. Jahrhundert« in der Neuen Galerie der Stadt Linz (1981), in der das Thema von Kokoschka bis Wotruba, Hrdlicka, Prantl und Rainer, aber auch von Nolde über Klee, Jawlensky, Rouault bis Tàpies in hundertdreißig Exponaten ersten Ranges zur Anschauung gelangte. Es gibt seit Mauers Zeiten den Wettbewerb »Geist und Form« für junge Künstler und seit 1981 den Otto-Mauer-Preis, mit öS 100 000,– der höchstdotierte Preis für Künstler unter vierzig Jahren, beides gewichtige Signale an die Künstler, daß die Kirche bereit ist, sich ohne Vorgaben auf die Kunst einzulassen.
Doch gibt es neuerdings auch Gegensignale: In der Erzdiözese Wien ist ein »Rat für Kunst und Kultur« eingesetzt worden, dem kein einziger anerkannter Künstler und kein Kunstkenner (etwa Museumsmann) angehört (wie es bei den genannten Preisen eine Selbstverständlichkeit ist). Meint man, die Kunst wieder in den Dienst der Kirche nehmen zu können, sie zu vereinnahmen, wie das früher möglich war? Dagegen spricht die eingangs analysierte Situation einer autonomen Kunst. Kunst und Kirche sind durch einen »Graben« getrennt, wie es auch Papst Johannes Paul II. in München ausgesprochen hat. In dieser Situation müssen neue Modelle des Umgangs miteinander erprobt werden. Friedhelm Mennekes hat jüngst den Vorschlag gemacht, es mit einem »kleinen Grenzverkehr« zu versuchen. »Wo die Blöcke aneinanderstoßen, gibt es die Vernunft, daß man hin und her gehen kann, in kleinen Schritten, ohne daß man groß erobern will. Da geht es einfach um menschliche Kontaktnahme. Und darum geht es auch zwischen Kirche und Kunst: Man muß sich gegenseitig kennenlernen, Angst abbauen. Obwohl viele Künstler außerhalb der Kirche stehen, gibt es einen religiösen Eros. Natürlich kann man sagen, daß vieles nicht dogmatisch fixiert oder ausreichend theologisch reflektiert ist – aber Theologie hat ja eben die klare Funktion der Aufklärung; Theologie ist daher wesentlich progressiv, weil sie aufklären, durchdringen und neu erkennen will. Diese Durchdringung und Re-

flexion ist nicht die Aufgabe der Kunst – das wäre eben die Aufgabe der Kirche. Die Kirche kann aber bei diesem Dialog auch unglaublich viel gewinnen: nämlich religiöse Ursprünglichkeit, wirkliche Erneuerung – Dinge, die sie manchmal verlernt hat.«[16]
Vielleicht kann man dem Bild vom »kleinen Grenzverkehr« an dieser Stelle noch ein zweites folgen lassen: das vom »Funkensprung«. Von der Kunst kann ein erweckender Funke von Authentizität, von Lebendigkeit und Ursprünglichkeit überspringen auf die allzu ängstlich-erstarrte Kirche, oder mit den Worten von Otto Mauer: »Wenn die Kirche sich wieder mit der zeitgenössischen Kunst einläßt, kommt die Charismatik in der Kirche hoch. Also nicht mehr nur der Ordo, nicht mehr nur die Hierarchie, nicht mehr nur das, was sich immer aeternalisieren will und was von Natur aus die Immobilität sucht, sondern das freie Wehen des Geistes, der wie der Wind ist, die Charismatiker, die durch nichts ersetzbar sind, die neuen Propheten, die neuen Hermeneuten, die neuen Therapeuten oder wie sie alle heißen . . . Gleichzeitig kommt etwas Kreatives ins Christentum. Das Christentum kann doch nicht nur in Rechtsverhältnissen bestehen, nicht nur in Untertänigkeit und Oberherrschaft, nicht nur in Gesetzen und Rabbinismus, nicht nur in Dogmatismen, sondern es muß doch eine große, überzeugende, gewinnende Ekstasis, ein Außersichgeraten und eine Mobilisierung aller menschlichen spirituellen Kräfte sein, es muß doch etwas Kreatives sein.«[17]

Anmerkungen

1 Albert Camus, Der Künstler und seine Zeit, in: Kleine Prosa, Reinbek bei Hamburg 1961, 29.

2 Ebenda, 19.

3 Adolf Smitmans, Die christliche Malerei im Ausgang des 19. Jh.s – Theorie und Kritik, Sankt Augustin 1980.

4 Eine ausführliche Dokumentation erfolgt in Kunst und Kirche, Heft 4/1989 (Thema: Konflikte zwischen Kunst und Kirche).

5 Hans-Rudolf Müller-Schwefe, München 1978, 189 ff.

6 Otto Mauer, Recht auf Kunst, Rede aus dem Jahr 1971, wiedergegeben auf der Langspielplatte »Otto Mauer, Über Kunst zu reden«, die von der Galerie nächst St. Stephan herausgegeben wurde.

7 Fritz Wotruba im Gespräch mit dem Autor, vgl. dazu: Günter Rombold, Fritz Wotruba – Karmel Steinbach, in: Christliche Kunstblätter, 106. Jg., 1968, 75.

[8] Werner Hofmann, Zu Wotrubas Kirche auf dem Georgenberg, in: Kunst und Kirche, 40. Jg., 1977, 30.

[9] Ebenda.

[10] Vgl. dazu: Eva Badura-Triska, Religiöse Kunst zwischen konfessioneller Bindung und individueller Erfahrung, in: Kunst und Kirche, 46. Jg., 1983, 148 ff.

[11] Alfred Hrdlicka im Gespräch mit Friedhelm Mennekes, in: Franz Joseph van der Grinten und Friedhelm Mennekes, Menschenbild – Christusbild, Stuttgart 1984, 67.

[12] Ebenda.

[13] Adolf Frohner im Gespräch mit Günter Rombold. Das Interview erscheint in Kunst und Kirche, Heft 4/1989.

[14] Arnulf Rainer, zitiert nach: Günter Rombold, ». . . meine eigene Verwandlung und Auflösung« – Arnulf Rainers Arbeiten zu den Themen Kreuz und Tod, in: Kunst und Kirche, 40. Jg., 1977, 170.

[15] Hans Hollein (Hg.), Walter Pichler, Katalog der Biennale di Venezia, Salzburg 1982, 6.

[16] Friedhelm Mennekes im Gespräch mit Michael Maier, Kleine Zeitung, Graz, 13. Juli 1989, 3.

[17] Otto Mauer, Christentum muß doch etwas Kreatives sein, Vortrag in der Kath. Akademie in Bayern vom 7. Oktober 1972, erstmals publiziert in Kunst und Kirche, 37. Jg., 1974, 186.

Kirche und Medien

Wir leben, das ist unbestritten, in einer »Mediokratie«, und zwar weltweit. Public Relations im eigentlichen Sinn, nämlich »Beziehungen zur Öffentlichkeit«, sind selbst im Kreml bereits als der Weisheit vorletzter Schluß entdeckt worden. Kommunikation in jeder Hinsicht wird immer wichtiger, und nicht erst, seit Glasnost – wir nennen es mit einem anderen Fremdwort »Transparenz« – im Osten großgeschrieben wird, ist das Verkünden und Offenlegen wichtig geworden. Die einen nennen es »Außenwirksamkeit«, die anderen negativ »Show«: Faktum ist, daß auch die Kirche sich gedruckter und elektronischer Medien zu bedienen hat, um ihrem Auftrag gerecht zu werden. Es ist keine Zeit für Katakomben. Oder noch keine Zeit.

Die Frage, ob die Kirche in und mit diesen Medien den richtigen Weg geht, ist einer der heißesten Punkte im Streit. Wie weit darf die Offenheit, darf Transparenz gehen? Wohin führt Glasnost in kirchlichen, in religiösen Fragen? Was kann, was soll die Kirche tun, um – wie ein bezeichnenderweise aus dem Theaterjargon stammender, längst auch von der Politik übernommener Ausdruck heißt – »über die Rampe zu kommen«?

Der Streit ist erst in jüngerer Zeit in Österreich wieder neu entflammt. Vor allem an der Frage, wer in welcher Form was aus dem Bereich des Glaubens und der Kirche in den Medien berichten und kommentieren darf, hat zu hitzigen Diskussionen geführt. Brauchen etwa katholische Journalisten eine Sondererlaubnis, wenn sie über kirchliche Themen schreiben wollen? Sind Kleriker und wohl auch Bischöfe verhalten, sich nicht in Medien zu äußern, deren Linie nicht immer jener der »Amtskirche« entspricht? Wo endet der Appell an die Verantwortung, wo wird er zur Zensur? Darf andererseits ein »Medienpriester« in einem, sagen wir, Werbefilm für Tabaktrafiken auftreten?

Viele meinen, das »Aggiornamento« der Kirche habe die Medienarbeit noch nicht erreicht. Katholische Presseagenturen, Zeitungen, Filme, die Abteilungen für Religion in den elektronischen Medien seien noch immer nicht »frei« genug, um die Botschaft, die sie zu verkündigen haben, entsprechend wirkungsvoll unter die Menschen zu bringen. Die Kirche müsse auch dort, wo es die Publicity betreffe, mit der Zeit gehen. Also Werbeagenturen engagieren? Oder darauf setzen, daß, wie es Marshall McLuhan, der berühmte Medienexperte, einmal formuliert hat, »die Botschaft das Medium« sei?
Über die Frage, wie die Kirche mit den Medien umzugehen habe, wird noch viel zu diskutieren sein. Und zu streiten. Jene ihrer Vertreter, die sich zu Äußerungen berufen fühlen, haben den Weg zwischen Zensurdenken und schrankenloser Freiheit noch nicht gefunden.

Fritz Csoklich

Hinaus aus dem Aquarium

Die kirchliche Medienarbeit braucht das offene Wort

Als besonders überraschende Konsequenz des Zweiten Vatikanischen Konzils begann die katholische Kirche vor etwa fünfundzwanzig Jahren zum ersten Mal jene Mediensakristei zu verlassen, in die sie sich seit Entstehen der modernen Massenmedien zurückgezogen hatte. Unter dem Eindruck des konziliaren Aufbruchs entdeckte man in der Kirche plötzlich, daß gegenüber den Phänomenen der Massenkommunikation der Rückzug oder die Verweigerung kein taugliches Mittel sein konnten. Die katholische Presse in ihrer konventionellen Gestalt wurde als Kind des 19. Jahrhunderts erkannt, ähnlich wie die katholischen Schulen, die katholischen Vereine, die katholischen Parteien, die als Ausdruck einer Kirche der Defensive gegründet worden sind.

Die Tatsache, daß sich das Konzil nicht nur an einen Kreis von Eingeweihten, nicht nur an die Katholiken, sondern an alle Menschen des Erdkreises wandte, führte zwangsläufig zu einer neuen Einschätzung der Massenmedien. Das gewaltige Medienecho, das die Arbeit des Konzils in aller Welt fand, war ein Beweis dafür, daß ganz andere Dimensionen medialer Möglichkeiten und medialer Wirksamkeit von der Kirche erkannt werden mußten. So war es ein Erlebnis besonderer Art, das die Katholiken in den sechziger Jahren hatten, als sie auf einmal erfuhren, wie viel die Menschheit von einer Kirche erwartete, wenn sie sich nicht mehr mit einer Nabelschau begnügte, sondern den Problemen, den Sorgen, den Nöten und Freuden der Menschen zuwandte.

Die Konzilsväter waren allerdings noch nicht imstande, diese neue Situation in hinreichender Klarheit zu analysieren. Aus diesem Grund blieb das Konzilsdekret über die sozialen Kommunikationsmittel »Inter mirifica« blaß und konventionell, befangen in dem Mißtrauen, das

man in der Kirche Jahrzehnte hindurch in allen Fragen an den Tag legte, die mit Presse oder Medien zu tun hatten. Ein Grund für dieses bescheidene Ergebnis mag auch der Umstand gewesen sein, daß dieses Konzilsdekret schon als zweites Konzilsdokument beschlossen wurde, bevor noch die Konstitution über die Kirche und das bahnbrechende Konzilsdokument über die Kirche in der Welt von heute behandelt worden waren.
Erst im Jahr 1971 erschien nach mühseliger Vorarbeit die vom Konzilsdekret »Inter mirifica« versprochene Pastoralinstruktion über die modernen Massenkommunikationsmittel, die unter dem Namen »Communio et Progressio« Aufsehen erregte. In diesem Dokument verzichtete die Kirche auf einige traditionelle Inhalte der katholisch-kirchlichen Medienideologie, die mehr als hundertfünfzig Jahre lang die defensive Einstellung vieler Katholiken und vieler Vertreter der Amtskirche zu den modernen Medien geprägt hat.
»Communio et Progressio« markierte den Ausbruch der Kirche aus dem Mediengetto, in das sie sich selbst so lange eingesperrt hatte.
In dieser Pastoralinstruktion wird es als lebensnotwendig bezeichnet, auch innerhalb der Kirche eine öffentliche Meinung zu entfalten. Daher wird eine offene und selbstkritische Informationspolitik auch in der Kirche gefordert, die ein »Höchstmaß an Vollständigkeit, Wahrhaftigkeit und Offenheit« anstreben soll: »Wenn kirchliche Stellen Nachrichten zurückhalten oder nicht in der Lage sind, zu informieren, öffnen sie schädlichen Gerüchten Tür und Tor, anstatt die Wahrheit ans Licht zu bringen. Geheimhaltung muß daher unbedingt auf solche Fälle begrenzt bleiben, bei denen es um den Ruf und das Ansehen eines Menschen geht oder anderer Rechte einzelner oder von Gruppen verletzt werden.«
»Communio et Progressio« führte außerdem den Begriff der Freiheit in die Erörterung über die Erfordernisse der Massenkommunikation ein: »Die Freiheit des Gesprächs in der Kirche belastet den Zusammenhalt und die Einheit in ihr keineswegs; im Gegenteil, gerade im ungehinderten Prozeß öffentlicher Meinungsbildung vermag sie Einmütigkeit und Gemeinsamkeit des Handelns herbeizuführen.«
Das Dokument beschränkt sich aber nicht nur auf die innerkirchlichen Konsequenzen des Gebrauchs von Kommunikationsmitteln, sondern stellt deren Bedeutung für die ganze Menschheitsfamilie in

den Vordergrund: Massenmedien vermitteln eben jedermann ein Bild des Lebens in der heutigen Welt, vervielfältigen die Beziehungen zwischen den Menschen und können auf diese Weise zu einer tieferen Gemeinschaft zwischen den Menschen beitragen.
Solche Töne hatte man von der Kirche zu diesem Thema noch nicht gehört. In einer Ansprache vor einem Journalistenkongreß im Juli 1968 in Berlin nahm Kardinal Franz König einige dieser aufsehenerregenden Ergebnisse bereits vorweg, als er erklärte: »Katholische Presse kann nicht nur eine Presse für die Katholiken sein, sondern muß in Zukunft noch mehr publizistische Arbeit der Katholiken für alle Menschen bedeuten ... Die katholische Presse des zu Ende gehenden 20. Jahrhunderts wird eine Presse sein, in der die Katholiken mit der Kirche über ihren eigenen Kreis hinaus zu allen Menschen sprechen, so wie die Kirche im Konzil zu allen Menschen gesprochen hat.«
In dieser Aufbruchsstimmung wurde in der Bundesrepublik Deutschland im Jahr 1968 mit Millionenaufwand versucht, eine katholische Wochenzeitschrift ganz neuen Typs mit dem Namen »Publik« zu gründen. Diese Zeitung mit großem Format und glanzvollem Stil sollte, wie man damals meinte, die Tore der Kirche zur offenen Gesellschaft auftun und die Gesprächsbereitschaft mit der Welt beweisen. »Publik« wollte den Dialog der Katholiken mit allen Gruppen der Gesellschaft sowie der Katholiken untereinander führen und nicht als apologetische Feuerwehr dienen.
Der allzu früh verstorbene Gründer der Zeitung, Hans Suttner, umriß die Zielsetzung dieser Neugründung folgendermaßen: »Diese Zeitung wird sich bemühen, eine katholische Zeitung zu sein, auf eine so ursprüngliche Weise, wie es kaum jemandem mehr ins Bewußtsein kommt, wenn von katholisch die Rede ist. Diese Zeitung wird nur existieren können, wenn es ihr gelingt, unbefangen zu fragen und zu antworten, ohne Rücksicht auf bequem oder unbequem, auf nützlich oder weniger nützlich.«
Schon drei Jahre später mußte »Publik« eingestellt werden, da es nicht den erwarteten Leserstamm gefunden hatte, der eine Weiterführung des Blattes ermöglicht hätte. Dieses Ereignis war ein Signal dafür, wie schwer es war, die hochgeschraubten Erwartungen der nachkonziliaren Ära in bezug auf die Massenkommunikation in die Reali-

tät umzusetzen. In der letzten Ausgabe von »Publik« schrieb die Redaktion: »Woran wir gestorben sind? Am katholischen Milieu.«
Dieser Hinweis war gewiß verkürzt. Denn es gab eine ganze Reihe anderer Ursachen für den Tod von »Publik«. Aber zweifelllos war es richtig, daß das katholische Milieu diesen kühnen Versuch eines Ausbruchs aus dem eigenen Mediengetto nicht voll verstanden und nur unzureichend honoriert hat. Damit ist ein hoffnungsvoller Versuch, den konziliaren Geist auf dem Feld der Massenkommunikationsmittel beispielhaft ins Konkrete umzusetzen, gescheitert. Und dieser Fehlschlag war ein Hinweis darauf, von wie vielen Schwierigkeiten und Hindernissen der Weg zu einem neuen medialen Verständnis der Kirche gesäumt sein würde.
Auch die Hoffnungen, die Pastoralinstruktion »Communio et Progressio« könnte in der Kirche schon in den nächsten Jahren grundlegende Wandlungen bewirken, haben im großen und ganzen getrogen. Anläßlich der Zehnjahresfeier dieses Dokuments stellte der Salzburger Kommunikationswissenschaftler Michael Schmolke mit einer gewissen Resignation fest: »So wie ich es übersehen kann, haben sich weder Fundamentaltheologen noch Homiletiker oder theologische Sozialphilosophen – mit Ausnahme des Müncheners Eugen Biser – mit ›Communio et Progressio‹ ernsthaft auseinandergesetzt. Die einzige theologische Disziplin, die uns nicht ganz im Stich läßt, ist die Pastoraltheologie soziologischer Orientierung. Nur weil es Kollegen wie Ferdinand Klostermann, Karl Forster oder Paul Zulehner gibt, spreche ich den Satz nicht aus, daß die wissenschaftliche Theologie gegenüber ›Communio et Progressio‹ vollkommen versagt hat.«
Sowenig also die Umsetzung der neuen Kommunikationstheorie in die Praxis der Kirche den ursprünglichen Hoffnungen und Erwartungen des Konzils entsprach, muß doch vermerkt werden, daß es eine markante Gestalt der nachkonziliaren Ära gegeben hat, die in instinktiver Erkenntnis der Möglichkeiten moderner Medienwelt von Anfang an völlig neue Wege ging: Es war und ist Papst Johannes Paul II., der die Gegebenheiten der Massenmedien bei seinen weltweiten Pastoralreisen in nahezu perfekter Weise nützte, obwohl er nach der Euphorie in den ersten Jahren seines Pontifikates die vermutlich überzogenen Erwartungen der Medien in zunehmendem

Maß nicht erfüllte und schließlich zu einem »medialen Reibebaum« wurde.
In Erkenntnis dieser Situation bekannte Kardinal Franz König 1987 in einem Referat aus Anlaß des fünfundzwanzigjährigen Bestehens des Zusammenschlusses der katholischen Presseagenturen des deutschen Sprachraumes in Rom: »Wenn wir in der Kirche miteinander unser Gewissen erforschen, müssen wir mit einer gewissen Betroffenheit eingestehen, daß wir von dem Bild des ›Hauses aus Glas‹, wie es der Papst gezeichnet hat, immer noch ein Stück entfernt sind.«
Mittlerweile hatte sich innerhalb der Kirche schon längst ein verbreiteter Stimmungsumschwung vollzogen, und den Medien wurde in Teilen des kirchlichen Lebens wieder mit den Vorurteilen alter Feindbilder begegnet. Dieser Umschwung führte im Gegenzug zu neuen antikirchlichen Ressentiments in säkularen Medienbereichen, wo sich bei »neutralen« Journalisten da und dort allmählich die Auffassung durchzusetzen begann, die Differenz zwischen Anspruch und Realität der katholischen Kirche sei – ähnlich wie im Kommunismus – letztlich unüberbrückbar, jeder fundamentale Reformversuch der Kirche müsse zwangsläufig scheitern.
So wird die Kirche in westlichen Industrieländern von den Medien immer häufiger von öffentlich geäußerter Grämlichkeit, Schadenfreude, Ablehnung, aber auch von Hohn und Spott begleitet. Dieser Umstand führt andererseits zu einer neu auflebenden Feindseligkeit nicht weniger Katholiken gegen die Medienwelt unserer Tage, und in der Kirche wächst die Tendenz, sich abermals auf das eigene Mediengetto zurückzuziehen.
Während der Ära des Zweiten Vatikanischen Konzils ist es der Kirche gelungen, einige tragende Themen der Zeit vorzugeben. Heute werden den Katholiken die Themenfelder des Tages in den meisten Fällen von Menschen anderer Geistesrichtung vorgegeben, und in der Regel müssen sie jene Fragen wiederkäuen oder auf sie reagieren, die von ganz anderer Seite erdacht, formuliert, auch aufgedrängt worden sind.
Dadurch hat sich die öffentliche Atmosphäre unserer Gegenwart im Vergleich zur Zeit des Zweiten Vatikanums grundlegend verändert. Damals ging es darum, die Kirche für die Erfordernisse und Herausforderungen der Zeit bereitzumachen und Antworten auf diese Her-

ausforderungen zu geben. Der Effekt war, daß die Welt aufhorchte, daß christlich bestimmte Lösungsvorschläge für Probleme der Zeit im Vordergrund des großen Weltgesprächs standen. Heute verfällt der christliche Glaube immer stärker einer seltsamen Tabuisierung, Religion wird in den Medien zunehmend »uninteressant«, Gott verschwindet aus dem öffentlichen Bewußtsein.

Gerade traditionalistische Kreise in der Kirche arbeiten dieser Tendenz in die Hände, indem sie zum Rückzug der Kirche aus der Gesellschaft beitragen und die Realität der heutigen Mediengesellschaft völlig verkennen. So kommt es, daß Grundfragen des christlichen Glaubens immer stärker einem öffentlichen Tabu anheimfallen, das stärker ausgeprägt ist als das sexuelle Tabu in der viktorianischen Ära der Prüderie.

Gewiß, nach wie vor gibt es bei uns und anderswo eine quantitative Fülle katholischer Zeitungen und Zeitschriften, die aber in den allermeisten Fällen keine wie immer geartete prägende Wirkung auf den Lebensstil ihrer Leser haben. Wohl haben wir Kirchenblätter und Kirchenredaktionen mit eigenen Sendezeiten in den elektronischen Medien zur Verfügung, die sich oft verdienstvoll auf die Wiedergabe kirchlicher Nachrichten oder auf die Erörterung von Problemfällen aus dem kirchlichen Bereich konzentrieren. Sie tragen aber in der Praxis relativ wenig zur Glaubensverkündigung und zur Einübung in eine christliche Lebensweise bei, und noch viel weniger ist es ihnen möglich, über die Grenzen der Kirche hinaus überzeugend oder gar attraktiv zu wirken. In den meisten Fällen ist dies solchen Organen und Sendungen auch gar nicht möglich, weil die Enge, die innerhalb der Kirche zunehmend sichtbar wird, auf Menschen am Rande oder gar auf Andersdenkende so abschreckend wirkt, daß diese Kommunikationsinstrumente kaum mehr jenes Maß an Glaubwürdigkeit gewinnen können, das die Voraussetzung für die Weitergabe des Glaubens ist.

Die Folgen sind fatal: Wie man sich benimmt, wie man miteinander umgeht, wie man die Welt betrachtet – das wird in der Regel in den Unterhaltungsprogrammen des Fernsehens, in den bunten Nachrichtenmagazinen und in der säkularen Presse »gelernt«. Der bekannte deutsche Publizist Otto B. Roegele macht auf diesen verhängnisvollen Tatbestand seit Jahr und Tag in Vorträgen und Artikeln aufmerk-

sam. Er erinnert bei jeder Gelegenheit daran, daß der Anteil dessen, was wir alle über die Welt erfahren, durch das von den Medien dargebotene Welt-Bild bestimmt wird: »Wie man leben soll, was man tut und was man nicht tut, das lernt die Nation heute weniger in der Schule oder im Alltag der weltlichen und der kirchlichen Gemeinde, viel eher nimmt sie es vom Bildschirm ab. Deshalb ist es so wichtig, daß das Christliche nicht völlig ausrinnt aus dem Bewegtbilderbuch des zeitgenössischen Daseins ...
Wenn religiöse Verhaltensweisen im Alltagsprogramm der Medien nicht mehr gezeigt werden, wenn es in keiner Unterhaltungsserie eine Familie gibt, die bei Tisch ein Gebet spricht, dann muß das Kind es zu Hause als seltsam und erklärungsbedürftig finden, wenn seine Eltern vor dem Mittagessen Gott danken. Diese Wirklichkeit macht für den Gewohnheitsseher vor dem Bildschirm die Fälle christlicher Praxis zu exotischen, im eigenen Land rechtfertigungsbedürftigen Fällen. Auf diesen Mißstand hinzuweisen, ihn bewußtzumachen, ihn abzustellen, ist womöglich wichtiger als der Protest gegen einen einzelnen Film oder eine wahrheitswidrige Fernsehdarstellung, gegen die sich in der Öffentlichkeit argumentieren läßt. Gegen das Verschweigen gibt es kein solches Mittel.«
Dieses Ausblenden der religiösen Dimension in zahlreichen Sendungen elektronischer Medien, aber auch in so manchen Presseprodukten hat verhängnisvolle Folgen. Denn wenn diese religiöse Dimension nur noch im kirchlichen Raum verkündet wird, so warnt Roegele mit Nachdruck, verschwindet sie vom Bildschirm, an dem sich die Menschen sonst über ihre Welt informieren, dann muß sie an Lebensmächtigkeit verlieren, zum Randphänomen, zur Nebenerscheinung ohne Bedeutung werden.
Mit anderen Worten: Gegenwärtig gerät das Christentum in unseren Breiten in die akute Gefahr, zur Privatsache zu werden. Es ist seltsam, daß das Verhalten zahlreicher Christen diese Entwicklung noch fördert. Denn es muß gar nicht die böse Absicht irgendwelcher Medienleute sein, wenn die religiöse Dimension ausgeblendet wird, sondern es liegt auch am mangelnden Engagement und Interesse vieler Christen, die sich viel zuwenig für die »Aufgabe Medien« interessieren. Besonders erschreckend ist das Defizit religiöser Vorstellungen in den Kinder- und Jugendprogrammen geworden – trotz der hervorragen-

den Arbeit, die von den Mitarbeitern des Kirchenfunks in Hörfunk und Fernsehen gerade in Österreich geleistet wird, die aber eben nur die »religiöse Ecke« in diesen Medien zu betreuen haben.
Anton Fellner, der langjährige Chef des Kirchenfernsehens in Österreich, stellte schon vor Jahren fest: »Die Christen sollten hier an die eigene Brust klopfen, weil es oft nicht am guten Willen in der betreffenden Abteilung mangelt, sondern einfach am Angebot. Offenbar fällt den Christen nicht ein, wie sie Religion an Kinder heranbringen können.« Auch im Bereich Fernsehspiel und Unterhaltung gebe es eine arge Angebotslücke, klagte Fellner, es mangle eben am Können, die sicher vorhandenen Stoffe mediengerecht umzusetzen und Zeitfragen aus christlichem Geist literarisch zu bewältigen. Aber wo sind die (jungen), engagierten Christen, die aus christlicher Verantwortung einen Medienberuf beginnen, die schreiben können und Themen aufgreifen, wo bleibt die Kirche, (junge) Menschen für eine solche Aufgabe zu motivieren?
Das sind tatsächlich Fragen, die heute mehr denn je auf den Nägeln brennen. Sie werden in der Regel im kirchlichen Raum nicht gesehen oder verdrängt, und die Mahnungen christlicher Medienleute, die in vielen Fällen über eine jahrzehntelange Berufserfahrung verfügen, stoßen auf taube Ohren. Noch ärger: Die gegenwärtige Zeitstimmung, die die Kirche insgesamt zu einer neuen Privatheit und falschen Innerlichkeit verführt, hat nicht wenige Kirchenzeitungen und katholische Zeitschriften nach dem vorübergehenden Aufbruch des Konzils in harmlose, idyllische Postillen verwandelt, die sich nur noch mit den jüngsten Priesterjubiläen oder Kirchenrenovierungen beschäftigen und kaum ein Thema anrühren, das die Menschen direkt betrifft, aufregt oder persönlich berührt.
Diese bedenkliche Tendenz, die die ohnehin kargen Fortschritte seit dem Konzil auf dem Mediensektor laufend weiter einengt, wird durch jene traditionalistische Grundwelle noch zusätzlich verstärkt, die uns einreden möchte, die Kampffelder der Zukunft seien in der Konfrontation mit Andersdenkenden, in einer neuen »acies ordinata« und in der strengen Reglementierung oder gar Überwachung der Christen zu suchen, vor allem jener Christen, die in den Medien tätig sind, denn diese gelten bei manchen Leuten als besonders »gefährlich«.

Dazu kommen noch die Einflüsse der inzwischen gegründeten innerkirchlichen Fraktions- und Kampfblätter im Stil des in Oberösterreich erscheinenden Pamphlets »Der 13. – Zeitung für Glaube und Kirche«, die die Polemik gegen die »Feinde« innerhalb der Kirche als ihre Hauptaufgabe sehen und auf diese Weise zu einer innerkirchlichen Polarisierung beitragen, die den Auftrag des Evangeliums völlig verkennt.

Es paßt ins Bild, daß in einer solchen Zeit, in der die Feindbilder aufs neue zu triumphieren scheinen, noch stärker als sonst Eiferer auftreten, die sich besonders christlich dünken und in periodischen Abständen lautstarke und meist überflüssige Feldzüge gegen bestimmte Fernsehsendungen, Filme, Theaterstücke, Publikationen oder Autoren starten. Ihr einziger Erfolg ist meist die zusätzliche Propaganda für die von ihnen Attackierten und eine weitere Imageverschlechterung für die Kirche selbst, die in zunehmendem Maß in das Zwielicht des Banausentums und der Antiintellektualität gerät. Wenn nun gar ein kirchlicher Amtsträger wie der Wiener Weihbischof Kurt Krenn dazu übergegangen ist, katholische Journalisten wegen ihrer Schreibweise zu rüffeln, zum Widerruf oder zur Entschuldigung aufzufordern, um schließlich sogar die »Missio canonica« für katholische Journalisten vorzuschlagen, braucht man keine allzu große Phantasie, um sich vorstellen zu können, was daraus an Verhärtung und Provokation aller auch nur einigermaßen kritischen Kräfte im ganzen Land erwächst.

Nur eine völlige Verkennung der Situation, die auf einige verunsicherte Gruppierungen im eigenen Lager fixiert ist, kann zu solchen Verirrungen führen. Denn die Schwäche, die bei der Weitergabe des Glaubens in unserer Gegenwart tatsächlich konstatiert werden muß, hängt wenigstens zu einem Teil mit der mangelnden Präsenz des christlichen Glaubens in der Öffentlichkeit zusammen, die durch das Erlahmen der konziliaren Reformkräfte bewirkt worden ist. Der bekannte spanische Publizist José Luis M. Descalzo beschrieb diesen Rückfall in die Fixierung auf engste binnenkatholische Vorstellungen in plastischer Weise so: »Christus hat uns beauftragt, Menschenfischer zu werden, wir aber haben es vorgezogen, Aquariumbesitzer zu sein. In den Aquarien gibt es gottlob nicht die Gefahr des offenen Meeres, und wir fühlen uns glücklich in der Gewißheit, daß es weder in unseren Zeitungen noch in unseren Aquarien jeweils Häresie oder Haifische gibt ...«

Diese Einstellung, die wohl dazu beigetragen hat, daß die Gesamtauflage der Kirchenzeitungen aller österreichischer Diözesen zwischen 1978 und 1988 durchschnittlich um zehn, in Einzelfällen um vierzehn bis zwanzig Prozent zurückgegangen ist, muß geändert werden, wenn nicht der Rückgang weitergehen und die verhängnisvolle Trennung von Kirche und Welt, wie sie durch das Konzil vorübergehend durchbrochen werden konnte, wieder wirksam werden und zu neuen, noch ärgeren Entfremdungsprozessen von der Kirche führen soll. Voraussetzung ist freilich, daß das Freiheitsvotum von »Communio et Progressio« mit der Anerkennung der relativen Eigengesetzlichkeit des Medienbereiches ernstgenommen und endlich in die Praxis übersetzt wird. Der deutsche Journalist Hermann Boventer hat erst im Vorjahr in einer sehr persönlichen Stellungnahme gemeint, Glaube und Kirche stünden zu wenig unter der Autorität des freien Wortes: »Darin spiegelt sich das Elend von großen Teilen der kirchlichen und katholischen Publizistik. Das säkulare und theologische Freiheitsvotum ist konstitutiv für sie. Communio kommt von Communicatio. Wo letztere unterbunden wird oder nicht stattfindet, kommt es nicht zur Communio, zur Gemeinschaft im Geist. So verstehe ich die Kirche in der modernen Welt. Die Christen sind dem Geist des Evangeliums als einem Geist des freien und öffentlichen Wortes verpflichtet. So sehe ich die publizistische Aufgabe. Der Glaube ist öffentlich. Das Volk Gottes muß ein informiertes Publikum sein. Es braucht die Öffentlichkeit und öffentliche Meinung für das Christsein in der modernen Welt und der Demokratie.«

Nur in dieser Gesinnung können die derzeit aktuellen Gefahren der Ausblendung des Christlichen aus der Öffentlichkeit und der Beschränkung und Verengung kirchlicher Publizistik auf Public Relations einer gesellschaftlichen Gruppe begegnet werden. Es geht heute darum, das theologisch ungeklärte Verhältnis der Kirche zur Öffentlichkeit durch konzeptives Weiterdenken in eine neue Dimension überzuführen. Die neu erwachte integralistische Ängstlichkeit, die innerhalb der Kirche in den letzten Jahren in allen Fragen, die mit Medien oder öffentlicher Meinung zu tun haben, zu beobachten ist, verhindert derlei Möglichkeiten. Damit verringert sich automatisch die

Chance auf Konfliktlösungen. Denn wo das offene Wort freier Christenmenschen nicht mehr geschätzt ist oder gar zum Schweigen gebracht wird, wo es keinen unbehinderten Austausch von Meinungen und Erfahrungen gibt, ist kein Ansatz dazu zu finden.

Es ist daher hoch an der Zeit, die Amtsträger der Kirche, aber auch die vielen engagierten Christen und die vom Evangelium motivierten Medienleute zu ermutigen, die Aquarien katholischer Mediengettos zu verlassen und auf die hohe See des großen, umfassenden Meinungsaustausches mit ihren Überzeugungen hinauszufahren. Nicht neue Vorschriften oder Reglementierungen, schon gar nicht Drohungen oder Überwachungsmaßnahmen dürfen die mediale Zukunft der Kirche bestimmen, sondern die Motivierung der personellen und spirituellen Ressourcen, die allenthalben vorhanden sind, ist notwendig. Experimente wie die erfolgreich umgestaltete »Kärntner Kirchenzeitung« sind ein Hinweis darauf, was auch in unseren Tagen möglich ist. Notwendig sind aber nicht nur punktuelle Versuche, sondern es bedarf, wie der Fernsehjournalist Paul Schulmeister eindringlich feststellte, langfristiger Konzeptionen und der Bereitschaft der Kirche, viel mehr zu investieren als bisher: »So fehlt bis zur Stunde ein europäisches Konzept der kirchlichen Fernseharbeit, während die Bildung internationaler Medienverbund-Konzerne immer unheimlichere, weil machtvollere und schwerer kontrollierbare Formen annimmt.«

Eines muß freilich auf jeden Fall klar sein: Ob der beständige Auftrag zur kirchlichen Erneuerung auch im Medienbereich gelingt und ob ein neuer Anlauf in dieser Richtung zum Ziel führen wird, steht und fällt mit dem offenen Wort in der Kirche.

Kirche und Zukunft

Und jetzt? Wie soll, wie kann, wie wird es weitergehen in der Kirche, um die Kirche, mit der Kirche? Sie ist, hat der junge Wiener Caritas-Direktor Schüller formuliert, »im Schlamassel«. Die prägnante Diagnose ist unwidersprochen geblieben. Schlamassel, laut Duden ein aus dem Jiddischen stammender Ausdruck der Umgangssprache, bedeutet »Unglück«, auch »Widerwärtiges«. Die Kirche im Unglück, von Widerwärtigem umgeben?

Es gilt vorerst, das Schlamassel zu definieren. Das ist auf den vorhergehenden Seiten geschehen. Was den heiligen, bisweilen auch unheiligen Zorn erregt, ist analysiert worden. Die Streitpunkte – wie gesagt: demonstrativ, nicht taxativ aufgezählt – wurden untersucht. Das Schlamassel ist solcherart eingegrenzt worden.

Am Ende stellt sich die Frage, die auch den Anfang beherrscht: Wo ist die Tür aus der Widerwärtigkeit? Welcher Weg ist einzuschlagen, um das Schlamassel verlassen zu können? Oder, ganz einfach ausgedrückt: Welche Zukunft hat die Kirche?

Der Streit in ihr läßt sich, scheint es, auf einen besonders schmerzhaften Punkt reduzieren: Der heilige Zorn entfacht sich an der vermeintlichen Tatsache, daß sich in einer Ära, die wir die postkonziliare nennen, ein Teil der sogenannten Amtskirche von den Beschlüssen eben dieses Konzils entfernt habe. Oder anders gesagt: Die Richtung, die das Zweite Vatikanum angegeben habe, sei verlassen worden. »Vorwärts, Brüder und Schwestern, wir gehen zurück«, sei die Devise, meinen die Kritiker.

Für den Gläubigen ist die Frage nach der Zukunft der Kirche eine rhetorische. Die Pforten der Hölle würden sie nicht überwältigen, steht im Evangelium. Und Gott schreibt gerade auch auf krummen Zeilen. Es gibt dennoch Zweifler. Es gibt – siehe das »jüngste Jahrzehnt« – die modernen Endzeitpropheten. Optimismus ist ein Gottesgeschenk, Pessimis-

mus stammt folgerichtig vom Teufel. Dazwischen liegt die Skepsis. Sie kann auch gesund sein.
Die Skeptiker fragen: Wie kommt es, daß das Schlamassel der Kirche ein so publikumswirksames ist? Was ist die Ursache dafür, daß die medialen und literarischen, zumeist freilich pseudoliterarischen Verstärkereffekte eine solche Wirkung erzielen können? Negativ zu zeichnen, und das noch im Illustriertenstil, garantiert Verkaufserfolge. Es gibt, scheint es, auch einen religiösen, besser: antireligiösen Voyeurismus.
Er blinzelt aus den Pforten der Hölle – um im Bild zu bleiben. Er sieht die Zukunft der Kirche in tiefschwarzen Farben. Hoffnung und Zuversicht sind für ihn Fremdwörter, wie ihm auch der Begriff Glaube fremd zu sein scheint.
Wohin geht die Kirche? Ist der heilige Zorn zu besänftigen? Wird der Streit beigelegt? Ist die Kirche wirklich im Schlamassel? Oder wird sie, wurde sie nur hineingeredet?

Franz König

Ein immerwährendes Ringen

Es geht um die Einheit in der möglichen Vielfalt

Wer sich heute Gedanken macht über die Zukunft der katholischen Kirche – etwa auch in Verbindung mit der ökumenischen Bewegung – in einer Welt, die immer mehr bedroht wird durch ökologische, biogenetische, atomare Sorgen, wird in realistischer Weise von der Gegenwart ausgehen und sie auf die Zukunft hin zu interpretieren versuchen. Dies in unseren Tagen einmal deswegen, weil wir in unserer Gegenwart ängstlich Ausschau halten nach der Stellung und der Aufgabe des Menschen im Universum; und damit im Grunde Ausschau halten nach dem letzten Ziel der Dinge und Menschen in einer neuen Epoche unserer Geschichte. Wohl auch deswegen, weil der Mensch in unserer Gegenwart seine Macht so weit ausgedehnt hat, daß er sie mit dem Blick nach vorne kaum mehr so steuern kann, daß sie ihm wirklich immer dient. Schritt für Schritt entdeckt er die Gesetze des gesellschaftlichen Lebens und weiß doch wieder nicht, welche Ausrichtung er allem geben soll. Es ist also auch die teilweise Ratlosigkeit, die Unsicherheit unserer Gegenwart, die nach Orientierung durch eine religiöse Zukunftshoffnung drängt.

In unserer Welt der Medien, in der das menschliche Wort immer mehr abgenützt wird, neue und modische Formulierungen sich rasch verbrauchen, geht es nicht um bloße Wiederholung der bisherigen Theologie; auch nicht um eine bloße Verurteilung von Irrtümern, sondern um eine der Gegenwart entsprechende Auslegung der immer gleichen Lehre des christlichen Glaubens. Das heißt, es geht nicht um eine Anpassung des Glaubensinhaltes an den Wandel der Zeit, sondern um eine verständliche Darlegung der gleichbleibenden Botschaft Gottes in der jeweiligen Zeit.

Für die katholische Christenheit und ihre Führung geht es darum, die Zeichen der Zeit zu erforschen, sie im Lichte des Evangeliums zu erkennen und mit dem Blick auf die Zukunft zu deuten; das heißt, nach den Bedingungen Ausschau zu halten, unter denen der »Sauerteig« der Botschaft Christi entsprechend wirksam werden kann. So oder ähnlich ist das Motiv, um heute nach der Zukunft der Kirche, nicht nur in unserem Land, zu fragen. Es wird dabei immer das besondere Anliegen sein, die Einheit in der möglichen Vielfalt zu erkennen und zu wahren, in der Gegenwart und vor allem in der Zukunft.

In der Diskussion der letzten Zeit – ich denke an den westeuropäischen und mitteleuropäischen Raum – ging es auch um die Bewertung verschiedener Konzilsaussagen. Die dabei in Erscheinung getretenen Fronten kreisen vor allem um das rechte Kirchenbild in der Welt von heute. Dabei legen die einen den Akzent auf Uniformität im Gegensatz zur legitimen Vielfalt. Die anderen bringen ihre Sorgen zum Ausdruck, daß fundamentalistische Unterströmungen das Bild der Kirche für die Zukunft einengen und verzerren könnten. Niemand wird dem anderen von vornherein den guten Willen absprechen können. – Wer zeigt, wie zeigt man aber zukunftweisende Wege aus der Verunsicherung?

Es ist schade, daß in diesem Zusammenhang die klärende Orientierung der Konzilien – ich spreche bewußt nicht nur vom Zweiten Vatikanum – zu wenig beachtet wird.

Die Einheit des Glaubens zu wahren, angesichts möglicher Vielfalt in menschlicher, kultureller und historisch überlieferter Hinsicht – dies war im Grunde immer auch das Anliegen der Konzilien. Auf ihnen begegneten sich jeweils Gegenwart und Zukunft der Kirche Jesu Christi.

Ich halte es daher für wichtig, die Bedeutung der Konzilien, nicht nur des Zweiten Vatikanums, vor allem auch mit dem Blick auf die Zukunft zu sehen. Im Ringen um die Einheit des Glaubens und einer christlichen Lebensordnung für das wandernde Gottesvolk in die unbekannte Zukunft – darin sehe ich persönlich die bleibende Bedeutung der Konzilien.

Wenn zum Beispiel im Jahre 1545 – nach langem Zögern der Päpste – das Reformkonzil zu Trient ein Jahr vor Luthers Tod (1546) zusammentrat, so ging es dort nicht nur um die Reform der Gegenwart, sondern auch um Orientierung für die Zukunft. Rückblickend kann man sagen, daß die damals durch das Konzil erfolgte Erneuerung der

Kirche von ähnlicher Bedeutung für den Weg der Kirche war wie jene, die das Konzil von Nicäa (325) bewirkte. – Auch damals stand die Einheit des Glaubens auf dem Spiel.
Und im Rückblick auf das Erste Vatikanum (1869/70) hat die Klärung des Primates des Bischofs von Rom, trotz mancher damaliger Widerstände, mitgeholfen, den Übergang von einer europäischen Kirche zu einer Weltkirche vorzubereiten.
Man war sich damals allerdings noch nicht bewußt, daß ein Übergewicht konziliarer Vorstellungen als alleiniger Garant der Einheit in einer Weltkirche immer weniger ausreichen würde. Man konnte sich andererseits aber auch zu wenig bewußt sein, daß die Definition des päpstlichen Primates allein – ohne Verbindung mit dem Kollegium der Bischöfe – als Garant der Einheit in einer Weltkirche, mit eingebunden in den Prozeß der einswerdenden Welt, auf immer größere Schwierigkeiten stoßen würde.
Ein Blick auf das noch weiter zurückliegende Konzil von Konstanz (1414) zeigt uns eine etwa ähnliche Situation: Damals ging es um die Beseitigung des abendländischen Schismas: die Ablehnung der konziliaren Vortellungen eines Jan Hus. Durch das Zusammenwirken von Papst und Kollegium der Bischöfe auf dem Konzil wurde die Wiederherstellung der Glaubenseinheit ermöglicht.
Alle Konzilien reflektierten so auf ihre Weise letztlich das Ringen um die Einheit der Kirche; sie bemühten sich, damit die Botschaft des Evangeliums ihrer Zeit verständlich zu machen. Die so gefaßten Entschlüsse wirkten und wirken in die nähere und fernere Zukunft der Kirche – aber auch der Staaten und der gesellschaftlichen Bereiche.
Aus einer solchen Sicht hat das Zweite Vatikanum (1962 bis 1965) seine besondere Bedeutung für die Zukunft der Kirche: Die zur Weltkirche heranwachsende christliche Glaubensgemeinschaft hat die Defensivhaltung des 19. Jahrhunderts mit dem »Syllabus« überwunden; sie hat sich dem Dialog mit der Welt geöffnet, wissend um »Freude und Hoffnung, Trauer und Angst der Menschen von heute« (zit. nach Lumen gentium 1,92). Sie hat sich damit zum Grundsatz der Religionsfreiheit bekannt; das heißt, nicht (nur) Freiheit *von* Religion, sondern zur Freiheit *für* Religion in der staatlichen Gemeinschaft. Sie verkündete vor den getrennten Christen und vor der ganzen Welt, eine besondere Aufgabe darin zu sehen, mitzuhel-

fen, um die Einheit aller Christen wiederherzustellen. »Denn Christus hat eine einige und einzige Kirche begründet« (Ökumenismusdekret, Nr. 1).

Auf solche Hinweise gestützt, will ich auf das Zweite Vatikanum – mit dem Blick auf die tiefergehenden Auseinandersetzungen unserer Gegenwart – näher eingehen, um seine in die Zukunft reichenden und das weitere Geschick der Kirche bestimmenden Themen deutlicher herauszuheben:

I. Konzilien waren in der Geschichte der Kirche immer gewissermaßen Leuchttürme für das wandernde Gottesvolk. –

Die katholische Kirche zählt bis heute einundzwanzig allgemeine oder ökumenische Konzilien, zum Unterschied von der weitaus größeren Zahl regionaler Kirchenversammlungen. Auf allgemeinen oder ökumenischen Konzilien fassen die Leiter (Bischöfe) aus allen Teilkirchen zusammen »in Sachen von Glauben und christlichem Leben« verbindliche Beschlüsse. Alle ökumenischen Konzile weisen gemeinsame Grundzüge, aber verschiedene »Profile« auf, die durch unterschiedliche Anlässe von außen oder von innen gegeben sind. Alle diese Konzile haben Kirchengeschichte beziehungsweise Geschichte gemacht. Von ihnen sind Impulse ausgegangen, die weit in die Zukunft reichen, oder Prozesse eingeleitet worden, die lange nachgewirkt haben.

Auf dem Zweiten Vatikanum wurde die Bedeutung und kirchenamtliche Stellung eines allgemeinen, ökumenischen Konzils zum ersten Mal näher präzisiert in der Dogmatischen Konstitution über die Kirche, wo es heißt: »Die *höchste Gewalt* über die *ganze Kirche*, die dieses Kollegium (das heißt das »Kollegium oder die Körperschaft der Bischöfe«) besitzt, wird in feierlicher Weise im ökumenischen Konzil ausgeübt. Ein ökumenisches Konzil gibt es nur, wenn es vom Nachfolger Petri als solches bestätigt oder wenigstens angenommen wird. Der Bischof von Rom hat das Vorrecht, »Konzilien zu berufen, auf ihnen den Vorsitz zu führen und sie zu bestätigen« (Lumen gentium, Nr. 22; vgl. dazu die dem Dokument beigefügten »Bekanntmachungen«).

Wie es also zur Einberufung des letzten Konzils (am 25. Jänner 1959) kam, können wir heute nachlesen im Tagebuch Papst Johannes' XXIII. aus dieser Zeit: Diese Idee, so schreibt er, sei nicht auf eine Anregung durch die Kirchengeschichte zurückzuführen, wie man es bei einem früheren Professor dieses Faches in Bergamo vermuten könnte. »Über meinen Entschluß war ich selber am meisten überrascht«, schreibt er wörtlich, »da niemand mir zuvor eine Andeutung gemacht hatte.« – So ähnlich hörte ich es selber aus dem Munde Johannes' XXIII. bei einer persönlichen Begegnung im Vatikan.

Aber zurück zum Zweiten Vatikanum selbst: Alle seine richtungweisenden Dokumente, es waren insgesamt sechzehn, wurden – zum Teil nach langen und schwierigen Diskussionen – einzeln abgestimmt. Bei den feierlichen Endabstimmungen mit ungefähr 2 200 bis 2 300 Konzilsvätern gab es – und dies ist im Rückblick auch sehr auffallend – bei den endgültig verabschiedeten Dokumenten bloß bei zwei oder drei Texten an die 70 bis 80 Neinstimmen. (»Religionsfreiheit« mit 2 306 Ja- und 70 Neinstimmen; »Verhältnis zu den nichtchristlichen Religionen« mit 2 221 Ja- zu 88 Neinstimmen; »Kirche und Welt«, als längstes Dokument mit zirka 100 Seiten mit 2 309 Ja- zu 75 Neinstimmen). Alle anderen Texte blieben mit ihren Neinstimmen weit darunter.

Das heißt, alle Texte wurden fast einheitlich, mit überwältigender Stimmenmehrheit angenommen. Dies bleibt ein eindrucksvolles Zeichen für die Glaubensgemeinschaft, wie sie durch die Abstimmung zum Ausdruck gekommen ist.

Ein Konzilsdokument mit rund fünf Seiten, »Erklärung über das Verhältnis der katholischen Kirche zu den nichtchristlichen Religionen« (Nostra aetate), enthält in seinem vorletzten Kapitel (Nr. 4) auf weniger als zwei Seiten die weltweit vielzitierte Klärung des Verhältnisses von Juden und Christen. Das war in der Tat eine geschichtliche Wende. Von dieser kurzen Erklärung mit ihren fünf Kapiteln heißt es – und das wohl mit Recht –, daß sie in der Geschichte der Kirche und ihrer Konzilien einzigartig sei, durch ihre innere, in die Zukunft weisende Dynamik.

Die auf diesem Konzil fast demonstrativ gezeigte Einheit des Glaubens fand ein bedeutendes internationales Interesse, gesteigert durch ein pressefreundliches Klima gegenüber dieser Kirchenversammlung. Ursache waren dafür die Internationalität dieses Konzils, die Teilnahme vieler Bischöfe, auch aus den Ländern hinter dem Eisernen

Vorhang von damals, wie auch die Anwesenheit vieler nichtkatholischer Beobachter und Laien.

Dieser Hinweis auf die Anwesenheit von »Laien« – verschieden von den staatlichen, politischen Missionen von Laien in einer früheren Zeit – war (und ist) ein neues Zeichen der Zeit: Es geht dabei nicht einfach um das Apostolat der Kirche, wie es immer bestand, sondern um eine spezifisch neue Aufgabe: Der Wandel der Zeit verlangt den sachkundigen Laien als Glaubenszeugen in den verschiedenen Lebensbereichen. Es gibt heute neue Probleme für den Auftrag der Kirche, »die das eifrige Bemühen sachkundiger Laien erfordern. Dieses Apostolat wird um so dringlicher, als die Autonomie vieler Bereiche des menschlichen Lebens – und zwar mit vollem Recht – sehr gewachsen ist« (Dekret über das Laienapostolat, Nr. 1). Ein solcher Hinweis auf die vielgestaltige und dringende Notwendigkeit des Laienapostolates liegt wohl auch in einem unverkennbaren Wirken des Heiligen Geistes, der dem Laienstand mehr und mehr das Bewußtsein der ihnen eigentümlichen Verantwortung schenkt und damit allenthalben zum Dienst für Christus und seine Kirche aufruft. (Vgl. dazu die bereits von Papst Pius XI. verfaßte Enzyklika »Rerum ecclesiae« aus dem Jahre 1926. Letztere war der erste mutige Schritt in Richtung auf eine neue Sicht der Aufgaben des Laien in der Kirche. Die Aufgabe der Eltern und ihrer Familien erhält dadurch einen ganz neuen Aspekt.)

Die demonstrativ gezeigte Einheit des Glaubens fand auch ihren dementsprechenden Niederschlag in der öffentlichen Meinung. So drückte es zum Beispiel Oscar Cullmann, Professor für Neues Testament in Basel und Paris, als nichtkatholischer Beobachter am Schluß des Konzils in einem Vortrag wie folgend aus: »Zum Schluß, auf das Konzil zurückschauend, kann ich sagen, daß, aufs Ganze gesehen, die Erwartungen – soweit es nicht Illusionen waren und abgesehen von einzelnen Fällen – erfüllt und in vielem sogar übertroffen sind.« – Oder ein anderer Beobachter, ein Mitglied des ökumenischen Rates, Dr. Lukas Vischer, meinte bereits im Jahr 1963 in Rochester, von einer Neuorientierung sprechen zu können: Die Vorgänge auf dem Konzil – es war nach der ersten Sitzungsperiode – seien mit einem Dammbruch zu vergleichen gewesen. Das orthodoxe Griechenland verfolgte die Vorgänge ebenfalls mit großem Interesse, obwohl man

am Anfang große Skepsis zeigte. Der Patriarch von Moskau sandte gleich zu Konzilsbeginn zwei Beobachter – wozu sich der Patriarch von Konstantinopel zunächst nicht entschließen konnte.
Im Rückblick von heute, fünfundzwanzig Jahre später, nimmt es wunder, daß die positiven Eindrücke von damals in der nichtkatholischen Öffentlichkeit zum Teil verwischt, im innerkatholischen Bereich durch die nachkonziliaren Diskussionen in manchen Kreisen sich ins Gegenteil verkehrt zu haben scheinen. Die heftigen Kritiken von Minderheitsgruppen mit Erzbischof Lefébvre als Speerspitze sind zeitweise an Schärfe kaum zu überbieten. Erzbischof Lefébvre – (er selbst hatte alle Konzilsdokumente unterzeichnet, mit Ausnahme von zweien, nämlich: Religionsfreiheit und Welt und Kirche) – meinte in der Einleitung eines auch in deutscher Übersetzung vorliegenden Buches »Sie haben ihn entthront« (3. Aufl. 1988, S. 111) über das letzte Konzil: »Ohne dieses Konzil als Ganzes zu verwerfen, glaube ich, daß es das größte Unglück dieses Jahrhunderts, ja aller Jahrhunderte seit der Stiftung der Kirche ist.«
Diese besonders in Westeuropa auftretende scheinbare Trendwende geht nicht nur auf fundamentalistische Gruppen und ihre entsprechende Mentalität zurück. Mitursache ist wohl auch die einige Zeit nach dem Konzil erfolgte Änderung im Meßritus und in der Liturgie, ohne entsprechend ausreichende Vorbereitung und ohne eine Zwischenphase des Übergangs. Das reizte einige an die äußere Tradition gebundene Gemüter zum Widerspruch. Dazu kommen noch Einflüsse, Themen und Tendenzen, die aus der Zeit vor dem Konzil in der nachkonziliaren Zeit wieder auftauchten – ohne direkten Zusammenhang mit dem Konzil.
II. Kein Konzil hat konkrete Anweisungen für die Glaubensverkündigung, für die religiöse Unterweisung oder die Seelsorge gegeben. Wohl waren es aber immer Akzente, dazu bestimmt, die Zeichen der Zeit zu erkennen, zu deuten und damit der Glaubensverkündigung die entsprechende Ausrichtung zu geben. Die Einheit des Glaubens muß sich unablässig mit der sich immer wieder wandelnden möglichen Vielfalt auseinandersetzen.
In diesem Sinn ging es bei den Konzilien immer um einen neuen Anfang der Evangelisierung. Und das gilt auch für das Zweite Vatikanum. Die zu wahrende Einheit des Glaubens muß sich mit einer neu

gewachsenen, geschichtlich bedingten Vielfalt auseinandersetzen. Das heißt, die veränderten Zeitumstände wahrzunehmen und doch die Botschaft Christi ohne Abstriche zu verkünden. An vier nun folgenden Beispielen will ich das Gesagte näher erläutern:

1. Weltkirche

Das äußere Antlitz der Kirche, das Bewußtsein einer Weltkirche, hat sich, der Zeit entsprechend, verändert. Die katholische Kirche hat ihr europäisches Kleid auf diesem ökumenischen Konzil des 20. Jahrhunderts abgelegt. Das kuriale Zentrum des Vatikans ist seitdem in seinen Kongregationen und Kommissionen international zusammengesetzt worden. Diese »Umschichtung« machen folgende Zahlen deutlich: Während das Konzil von Nicäa ca. 300 Konzilsväter versammelte, waren es beim Ersten Vatikanum 769. Zum Zweiten Vatikanum waren 2 850 als Berechtigte zur Teilnahme geladen. Das heißt, in den rund hundert Jahren zwischen dem Ersten und dem Zweiten Vatikanum hat sich die Zahl der Teilnehmer fast vervierfacht. – Beim Ersten Vatikanum kamen 488 Bischöfe aus Europa; das waren siebzig Prozent der Gesamtzahl. Beim Zweiten Vatikanum kamen 1 175 Bischöfe aus Europa, das waren aber nur mehr vierzig Prozent der Gesamtzahl. Aus Afrika kamen beim Ersten Vatikanum vierzehn Bischöfe, davon keiner ein geborener Afrikaner. Das waren damals knapp zwei Prozent der ganzen Versammlung. Diesmal waren es 279 oder zehn Prozent; davon waren 135 eingeborene Afrikaner. Ähnliche Zahlen gelten für die asiatischen Länder.
Dementsprechend kam auch im letzten Konzil eine Änderung des Bewußtseins in der einen oder anderen Form auch in den Dokumenten zum Ausdruck. So hieß es zum Beispiel: »Daher wendet sich das Zweite Vatikanum ... ohne Zaudern nicht mehr bloß an die Kinder der Kirche und an alle, die Christi Namen anrufen, sondern wendet sich an alle Menschen schlechthin, in der Absicht, allen darzulegen, wie es Gegenwart und Wirken der Kirche in der Welt von heute versteht« (Welt und Kirche, Nr. 2). – Drüber hinaus wurde die vertikale Gliederung der Kirchenleitung durch den päpstlichen Primat in Einklang gebracht mit der bischöflichen Kollegialität. Denn, so heißt es in der Dogmatischen Konstitution über die Kirche: »Die Ordnung der Bischöfe aber, die dem Kollegium der Apostel im Lehr- und Hir-

tenamt nachfolgt, ja, in welcher die Körperschaft der Apostel immerfort weiterbesteht, ist gemeinsam mit ihrem Haupt, dem Bischof von Rom, und niemals ohne dieses Haupt, gleichfalls Träger der höchsten und vollen Gewalt über die ganze Kirche.« (Lumen gentium, Nr. 22). Daher heißt es nun auch in den Schlußformeln der einzelnen sechzehn Konzilstexte – anders als früher –: »Was in dieser Konstitution, in diesem Dekret ... im Gesamten und Einzelnen ausgesprochen ist, hat die Zustimmung der Väter gefunden; und Wir, der von Christus uns übertragenen apostolischen Vollmacht entsprechend, billigen, beschließen und verordnen es, zusammen mit den ehrwürdigen Vätern im Heiligen Geist und gebieten zur Ehre Gottes die Veröffentlichung dessen, was durch das Konzil verordnet ist«. – Dann folgen die einzelnen Unterschriften aller anwesenden Konzilsväter. Auf diese Weise sollte die gemeinsame Verantwortung auf eine neue Weise deutlich zum Ausdruck kommen.
In der nachkonziliaren Zeit allerdings ist immer noch weitgehend das vertikale Autoritätsprinzip, aufgebaut auf einem kurialen und zentralen Verwaltungssystem, dominierend geblieben. Bis jetzt wurde noch kein allseits befriedigender Weg gefunden, um dies mit dem horizontal verbreiteten Kollegium der Bischöfe, dem Leitungsprinzip »Einheit in der Vielfalt« entsprechend, ausreichend zu koordinieren. Die kurialen Strukturen der Vergangenheit allein reichen dafür nicht aus.

2. Dialog

Die Defensive, die Verteidigungsstellung, in die die Kirche des 19. Jahrhunderts geraten war, um sich gegen die Zeitirrtümer zu verteidigen, wie Pantheismus, Rationalismus, Liberalismus und Kommunismus von damals, wurde nun abgelöst durch den Dialog, welcher in den drei neuerrichteten Sekretariaten (Zur Förderung der Einheit der Christen, Für den Dialog mit den nichtchristlichen Religionen und Für den Dialog mit den Nichtglaubenden) seinen sichtbaren und bleibenden Ausdruck fand.
Diese Defensive, diese Isolierung, als Grundeinstellung gegenüber den geistigen Vorgängen ringsum, wurde einerseits durch die beiden Weltkriege, aber andererseits tieferreichend abgelöst durch eine bewußte pastorale Hinwendung zur Welt im Konzil.
Deutliche Signale in diese Richtung setzte schon Papst Johan-

nes XXIII. bei seiner Eröffnungsansprache an die Kirchenversammlung am 11. Oktober 1962. Er warnte davor, zu meinen, daß sich in der Geschichte dauernd alles zum Schlechteren wende. Er wies auf Unglückspropheten hin, »die in der modernen Zeit nichts anderes zu sehen vermögen als Unrecht und Untergang«.
Den tiefreichenden Wandel erlebten wir als Konzilsteilnehmer am 8. Dezember 1965 beim päpstlichen Gottesdienst in St. Peter, mit dem das Zweite Vatikanum seinen Abschluß fand. Ein offizieller Vertreter des Patriarchen von Konstantinopel war in seiner liturgischen Kleidung beim Gottesdienst anwesend. Er stieg am Schluß zum Papstaltar empor, als Paul VI. im überfüllten Dom von St. Peter folgendes mitteilte: Im gegenseitigen Einvernehmen mit dem Patriarchen von Konstantinopel, dessen Vertreter an seiner Seite stehe, werde jene gegenseitige Bannbulle aufgehoben, durch die im Jahr 1054 das abendländische Schisma besiegelt wurde. – Damals gab es einen Beifallssturm in St. Peter, den kein Teilnehmer jemals vergessen kann. Kommentare meinten damals, man hörte in jener Stunde in St. Peter Fesseln fallen, die nun für die gesamte Christenheit den Blick in die Zukunft frei machten.
Der Wandel der geschichtlichen Situation wird noch in anderer Hinsicht deutlich: Vor fast genau hundert Jahren veröffentlichte Papst Pius IX. im Jahr 1864 den sogenannten »Syllabus«, durch den achtzig namentlich angeführte Zeitirrtümer verurteilt wurden. Bezeichnend für damals: Die Regierungen von Italien, Frankreich und Rußland verboten eine Zeitlang die Veröffentlichung des Syllabus in ihren Staaten. Im Jahr 1910 verurteilte Papst Pius X. in einem Dekret »Lamentabili« in fünfundsechzig Sätzen den Modernismus als »Sammelbecken« aller Häresien und traf damit nicht nur eine antiklerikale Philosophie, eine gegen den Glauben gerichtete Naturwissenschaft, sondern auch eine liberale, vergleichende Religionswissenschaft mit einseitiger Bibelkritik. Die Kluft zwischen Kirche und wissenschaftlichem Fortschritt, zwischen Kirche und Welt schien unüberbrückbar. Hundert Jahre nach dem Syllabus, zu Beginn des Zweiten Vatikanums, hatten Philosophie, Naturwissenschaften, vergleichende Religionswissenschaft ihre Sicherheit verloren: Der Fortschrittsglaube selber war in eine Sackgasse geraten. Angesichts dieser neuen Situation hat die Kirche im Zweiten Vatikanum ihre Defensivhaltung endgültig

aufgegeben und – die Zeichen der Zeit erkennend – sich dem Dialog mit der Welt, mit allen damit gegebenen Risiken, geöffnet.

Das Konzil selber brachte dies zum Ausdruck in einem seiner Texte, wo es heißt: »Betroffen von einer so komplexen Situation, tun sich viele unserer Zeitgenossen schwer, die ewigen Werte recht zu erkennen und mit dem Neuen, das heraufkommt, zu einer richtigen Synthese zu bringen. So sind sie zwischen Hoffnung und Angst hin und her getrieben, durch die Frage nach dem heutigen Lauf der Dinge zutiefst beunruhigt ... Im Lichte Christi also, des Bildes des unsichtbaren Gottes ... will das Konzil alle Menschen ansprechen, um das Geheimnis des Menschen zu erhellen und dabei mitzuwirken, daß für die dringlichsten Fragen unserer Zeit eine Lösung gefunden wird« (Kirche und Welt, Nr. 4 und 10).

Damit hatte sich ein ganz neuer Zusammenhang aufgetan. Nicht um Verteidigung des Glaubens ging es gegenüber einer kritischen Welt, sondern die Bereitschaft zum Dialog wird nun offiziell ausgesprochen. Nicht das Evangelium, sondern die Zeit hatte sich geändert. Papst Paul VI. hat ganz besonders in diese Richtung gewiesen mit seinem Rundschreiben »Ecclesiam suam« (1964). Der Ausgangspunkt war für ihn der Dialog des Vaters im Himmel mit den Menschen durch die Offenbarung; und durch die Menschengestalt seines Sohnes soll dieser Dialog sich fortsetzen; mit den getrennten Christen, in Richtung auf Rückkehr zur verlorenen Einheit; er soll sich fortsetzen im Gespräch mit den nichtchristlichen Religionen, bis hin zum Gespräch mit den Nichtglaubenden.

Die geistige Orientierung dieses Konzils war daher nicht rückwärts gewandt, sondern vorwärts gerichtet, in eine Zeit mit anderen Sorgen und Problemen als das 19. Jahrhundert. Und auch der Missionsauftrag der Kirche Christi blieb damit nicht fixiert auf die Situation des 19. Jahrhunderts. – Das muß man wohl denen sagen, die heute mit Zitaten aus dem Syllabus und dem Dekret »Lamentabili« die letzte ökumenische Kirchenversammlung, das Zweite Vatikanum, und seine Dokumente bekämpfen wollen.

3. Ökumene

Von großer geschichtlicher Bedeutung und Fernwirkung ist die auf dem Zweiten Vatikanum offiziell beschlossene Mitarbeit an der ökumenischen Bewegung. Auch diese wurde zum Anlaß für ablehnende Debatten und Diskussionen in der nachkonziliaren Zeit. Bei der feierlichen Abstimmung des Ökumenismusdekretes gab es allerdings nur elf Neinstimmen. – Der Ökumenismus, so heißt es in einer gegnerischen Stellungnahme, »ist in offenem Gegensatz zu der göttlichen Offenbarung, welche ›Trennung‹ vorschreibt und Vereinigung verwirft, zwischen dem Licht und der Finsternis, zwischen dem Glauben und Unglauben, zwischen dem Tempel Gottes und dem der Sekten« (Vgl. Lefébvre, Offener Brief an den Papst, 1977, S. 258 ff.).

Die ökumenische Bewegung ist außerhalb der Kirche entstanden. Ihr Ziel war es zunächst, die im Laufe der Zeit getrennten und voneinander unabhängig gewordenen christlichen Kirchen in einem eigenen Forum des Weltrates der Kirchen, des »Ökumenischen Rates der Kirchen« (ÖRK – 1948), zusammenzufassen und so zu gemeinsamen Überlegungen und, so weit als möglich, zu gemeinsamem Handeln zu kommen. Heute zählt der ÖRK an die 310 Mitgliedskirchen. Die katholische Kirche hat sich im Vatikanum II. offiziell zur Mitarbeit dabei entschlossen. Zu diesem Zwecke wurden im Konzilsdekret »Über den Ökumenismus« die Grundsätze für die Teilnahme an der gemeinsamen ökumenischen Bewegung skizziert. Schon allein das Bestehen dieser Möglichkeiten zeigt den tiefgreifenden Wandel im Verhältnis der katholischen Kirche zu anderen christlichen Kirchen und kirchlichen Gemeinschaften. Dabei weiß sich die katholische Kirche selbstverständlich auch jetzt, wie früher, als die Kirche, in der die eine Kirche Christi »subsistiert«.

Für eine auf die Zukunft orientierte Christenheit konnte kaum etwas wichtiger sein als die Überwindung des großen Ärgernisses der Spaltungen. Nach dem Willen Christi sollen seine Jünger »eins sein, damit die Welt glaube« (Joh 17,21). Ich darf in diesem Zusammenhang an die einschneidendsten Spaltungen, die in der Geschichte der Christenheit aufgetreten sind, erinnern: vor allem jene zwischen Ost- und Westkirche (Abendländisches Schisma von 1054) und die durch die Reformation im 16. Jahrhundert innerhalb der Westkirche aufgetretenen Spaltungen.

Weil die katholische Kirche auf lokaler, regionaler und universaler Ebene die ökumenische Bewegung mitträgt, ist dieser gemeinsame Aufbruch in Richtung auf Wiederherstellung der verlorenen Einheit – das gemeinsame Erbe der Vergangenheit höher schätzend als das Trennende – zu einem Zeichen der Hoffnung geworden, trotz aller Schwierigkeiten, die weiterbestehen oder aber neu auftauchen. Mit dem Blick nach vorne, in die Zukunft einer fragenden und suchenden Menschheit, braucht diese Bewegung als geschichtlicher Prozeß aber viel Zeit und Geduld.

Das Sekretariat »Zur Förderung der Einheit der Christen«, seit Johannes XXIII. bestehend und der Leitung des deutschen Kardinals Bea anvertraut, hat viel innerhalb und außerhalb des Konzils zur Vorbereitung des konziliaren Ökumenismusdekretes beigetragen. Vieles von seiner Arbeit ist in die Abfassung des Dokumentes mit eingeflossen. In der Einleitung heißt es dort: »Denn der Herr der Geschichte ... hat in jüngster Zeit begonnen, über die gespaltene Christenheit ernste Reue und Sehnsucht nach Einheit reichlicher auszugießen« (Einleitung, Nr. 1). Davon seien heute »viele Menschen ergriffen und auch unter den von uns getrennten Brüdern ist durch Einwirkung des Heiligen Geistes von Tag zu Tag eine wachsende Wiederkehr zur Wiederherstellung der Einheit aller Christen entstanden« (ebd.).

Daß die Einheit aller Christen, die einmal bestanden hat, in der Zukunft wiederherzustellen sei – davon wurde das Konzil nach langen Diskussionen überzeugt und brachte das auch in seinem Ökumenismusdekret zum Ausdruck. Es geht um die »Fülle der Einheit«, die Jesus Christus will – »daher mahnt das Heilige Konzil alle katholischen Gläubigen, daß sie, die Zeichen der Zeit erkennend, mit Eifer an dem ökumenischen Werk teilnehmen« (a. a. O., 4). – »Nichts ist dem ökumenischen Geist«, so heißt es weiter, »so fern wie jener falsche Irenismus, durch den die Reinheit der katholischen Lehre Schaden leidet« (a. a. O., 11). – »Jede Leichtfertigkeit, wie auch jeder unkluge Eifer sind zu meiden, da sie dem wahren Fortschritt der Einheit schaden können ... die ökumenische Betätigung muß ganz und echt katholisch sein, das heißt treu zur Wahrheit, die wir von den Aposteln und Vätern empfangen haben« (ebd., 24).

Die katholische Kirche ist daher in vielen bilateralen Dialogen engagiert. Das mancherorts behauptete Erlahmen des ökumenischen Interesses liegt zum Teil am Mangel an Publizität der vielfältigen Arbeitsvorgänge. Einen deutlichen Gegenbeweis konnte unlängst die Versammlung von Basel (Frühjahr 1989) erbringen. Die ökumenische Bewegung ist eben ein langwieriger Prozeß und nicht mit einer Parlamentsdebatte mit Abschlußkommuniqués zu vergleichen.

Daß auf lokaler Ebene gelegentlich unkluger Eifer und falscher Irenismus der Sache schade, kann nicht geleugnet werden. Es ist aber falsch, solche Einzelfälle dem Konzil oder dem konziliaren Prozeß als solchem anzulasten.

4. Religionsfreiheit

Vergangenheit, Gegenwart und Zukunft begegneten sich bei den langen und harten Auseinandersetzungen während der Vorbereitung der Dokumente über Religionsfreiheit und »Verhältnis der Kirche zu den nichtchristlichen Religionen«. Beide Dokumente konnten erst kurz vor Schluß des Konzils endgültig abgestimmt werden, mit – wie gesagt – wenigen Gegenstimmen. (Siebzig beziehungsweise achtzig Neinstimmen). In beiden Fällen handelte es sich um eine gesamtkirchliche Orientierung in einer Materie, die *so* auf keiner früheren Kirchenversammlung behandelt wurde. Es war allerdings früher auch kein Anlaß dafür vorhanden gewesen.

An diesen beiden Themen wurde deutlich, in welchem Ausmaß die Welt von heute und ihre Medien an den Vorgängen dieser allgemeinen Kirchenversammlung Anteil nahmen. Es war wohl nur zum geringen Teil Sensationsgier. Die Behandlung solcher Themen – dazu kommt etwa noch das lange Dokument »Kirche in der Welt von heute« – erweckte das Interesse auch jener Kreise, die sonst kaum von Kirchenfragen Notiz nahmen, die an religiösen Fragen kein Interesse hatten. Hier wurde ein Gegensatz zum Ersten Vatikanum sichtbar: Denn damals verfolgte man nur mit Mißtrauen die Vorgänge auf dem Konzil und berichtete darüber, soweit das überhaupt geschah, mit Ironie und wenig Sachkenntnis.

Auf dem Zweiten Vatikanum wurden damit Fragen aufgegriffen, die nicht nur für die Kirche selber neu und brennend geworden waren, sondern auch die Welt von heute bewegen. In beiden zuletzt genannten Dokumenten wurden Weichen gestellt, die über unser Jahrhundert hinausweisen. Die einswerdende Welt erfährt den religiösen Pluralismus auf Schritt und Tritt. Dabei muß es Aufgabe besonders der katholischen Christenheit sein, »Einheit und Liebe unter den Menschen zu fördern. Dazu gehört es, das zu sehen und herauszuheben, was allen Menschen gemeinsam ist und der Gemeinschaft dient« (Verhältnis zu den nichtchristlichen Religionen, Nr. 1). Daraus ergibt sich ferner eine sozusagen vorchristliche Situation, in der alle Menschen mit verschiedenen religiösen Voraussetzungen »Antwort suchen auf die ungelösten Rätsel des menschlichen Daseins, fragend ... was ist der Mensch ... was ist der Weg zum wahren Glück ... was ist der Tod, das Gericht und die Vergeltung nach dem Tode? ... und was ... das unsagbare Geheimnis unserer Existenz, aus der wir kommen und wohin wir gehen?« (Nostra aetate, Nr. 1).

Denn »die katholische Kirche lehnt nichts von alldem ab, was in diesen Religionen wahr und heilig ist« (a. a. O., Nr. 2) – darüber hinaus wird sie in der wachsenden Pluralität unserer Zeit, mit den verschiedensten religiösen Antworten und Botschaften, unablässig – ohne dadurch menschliche Würde und Freiheit zu mißbrauchen – auf Christus hinweisen; in Ihm hat Gott alles mit sich versöhnt. Bei allem Respekt vor anderen religiösen Überzeugungen wird sie darlegen, daß Christus nicht gewachsen ist aus menschlicher Weisheit und Sehnsucht. Er allein kommt von oben als »Wahrheit und Leben«. Die Auseinandersetzung mit dieser Wahrheit und Lebensfrage kann weder durch Nötigung noch durch staatliche Vorschriften erreicht werden. Die persönlichen Zeugen des Glaubens sind es, auf die es ankommt. Für das Konzil ging es nicht – noch einmal sei es gesagt – um Freiheit von Religion, sondern um Freiheit für Religion; das heißt, Freiheit vom Einfluß des Staates, Religion für sich auszuwerten oder überhaupt zu unterdrücken. Aufgabe des Staates ist es – das meint die Religionsfreiheit auf dem Konzil –, den notwendigen Freiheitsraum zu schaffen für jede Religionsgemeinschaft innerhalb der staatlichen Ordnung.

Lefébvre meinte mit dem Blick auf die europäische Vergangenheit: »Die Neutralität der Staaten in religiösen Dingen ist beleidigend für unseren Herrn und seine Kirche, wenn es sich um Staaten mit katholischer Mehrheit handelt« (a. a. O., 7). – Über diese Auffassung einer Staatskirche ist unsere Zeit aber längst hinweg. Der marxistische

Staat zum Beispiel hat solche Vorstellungen einer Überaufsicht in Sachen Religion dazu benützt, um jeder Religion das Todesurteil zu sprechen. Der religiöse Freiheitsraum innerhalb eines Staates ist außerdem nicht ein Privileg, das der Staat der Religion gewährt, sondern ein auf Menschenwürde und Freiheitsrecht gründendes natürliches Recht. Religionsfreiheit gilt nicht nur für das Innere des Menschen, sondern auch für das Leben in der Öffentlichkeit der menschlichen Gesellschaft. Dieses Freiheitsrecht darf und muß die katholische Kirche in allen Teilen der Welt beanspruchen, sie kann und darf es aber auch anderen Religionen nicht versagen, sondern muß es in gleicher Weise für sie gegenüber jedem Staat verlangen. Hier weisen persönlicher Glaube und Missionsauftrag der Kirche Christi neue Wege in die Zukunft.

Im Mittelpunkt wird aber immer die Frage stehen: Wer ist Christus? Kommt er als einziger von oben, oder ist er einer der vielen religiösen Führergestalten in der Menschheitsgeschichte? Das kann nie der Staat entscheiden, sondern nur die persönliche Glaubensüberzeugung. Jene Männer und Frauen, die als Heilige das Antlitz der Kirche prägten, sind immer noch Wegweiser und Orientierung für die Kirche von morgen.

III. Assisi

Aufs neue und heftig entfacht wurde der nachkonziliare Streit durch das Ereignis von Assisi. Im Oktober 1986 waren auf Einladung des Papstes Vertreter anderer Religionen, Vertreter der Weltreligionen, dort zusammengekommen, um für den Frieden in der Welt zu beten; dies geschah allerdings nicht gemeinsam, sondern alle Religionsvertreter beteten jeder für sich um den Frieden.

Die vielen Vorwürfe, die man damals der Veranstaltung von Assisi machte, kann man ungefähr so zusammenfassen: Das erste Gebot des Dekalogs und der erste Artikel des Glaubensbekenntnisses seien bei jenem Treffen als Grundlage für den katholischen und christlichen Glauben relativiert worden. Assisi habe den Missionsauftrag der Kirche verunsichert. Der Papst und die Kirchenführung seien auf diese Weise so sehr in den Sog eines neuzeitlichen Relativismus und bloßen Humanismus hineingeraten, daß die Wahrheitsfrage immer mehr an Bedeutung verliere.

Abgesehen von absichtlicher, fundamentalistischer Mißdeutung müssen wir allerdings jene zu verstehen versuchen, die nicht erkennen, daß wir auf dem Weg zu einer globalen Welteinheit sind. Das Wissen um diese wachsende Schicksalsgemeinschaft der Menschen läßt zugleich auch die Bedeutung der Religionen stärker hervortreten. Wie überhaupt das gesamte religiöse Erbe der Menschheit – und hier in besonderer Weise das Christentum – eine immer deutlicher hervortretende friedensstiftende Aufgabe hat. Das für manche besorgte Christen befürchtete Risiko der Vermengung ist wohl immer zu sehen im Zusammenhang mit dem Wort der Schrift, wo es heißt: »Seid gewiß: Ich bin bei euch alle Tage ...« (Mt 28,20 b).
Dort allerdings, wo heute Religion und Politik sich mischen, entsteht oft ein fundamentalistisch-explosives Haßgemenge, das zur Gefahr kriegerischer Verwicklungen führen kann.
Die in die Zukunft weisende Bedeutung von Assisi sehe ich persönlich vor allem darin, daß erstens die Christenheit, die katholische Kirche, durch den einladenden Papst ein Zeichen gesetzt hat, wie sehr sie es als ihre Aufgabe ansieht, Einheit und Eintracht unter den Menschen zu fördern. Als Weltkirche wächst hier der katholischen Kirche eine friedensfördernde Aufgabe in besonderem Maße zu. Zweitens: Angesichts der religiösen Anlage aller Menschen – die Religionswissenschaft selber hat heute dafür ausreichende Beweise erbracht – soll es Aufgabe aller aus menschlicher Erfahrung stammenden Religionen sein, Religionsfreiheit und menschliche Würde im weltweiten Gemeinwohl zu verteidigen. Die katholische Kirche soll dabei beispielgebend vorangehen. Daher ist der Missionsauftrag der Kirche Christi nicht geändert worden, sondern hat eine neue Situation zu berücksichtigen. Drittens: In Assisi wurde vor aller Welt das Religiöse, religiöser Glaube, aus einer rationalistischen Mindereinschätzung gehoben. Eine gesteigerte Wertschätzung für das Religiöse konnte so vor der Weltöffentlichkeit betont werden. Solches schafft dem ersten Gebot des Dekalogs, wie dem ersten Glaubensartikel, eine neue Resonanz unter unseren verunsicherten Zeitgenossen. Viertens schließlich hat das Ereignis von Assisi eine Vielzahl religionsgeschichtlicher, rationalistischer und theoretischer Diskussionen um Interpretationen sowie Fragestellungen der Religionswissenschaft aus der zweiten Hälfte des 19. wie aus der ersten Hälfte des 20. Jahrhunderts fast

wortlos zur Seite geschoben und die Kraft des Religiösen für die Zukunft der Menschheit neu ins Bewußtsein gerückt. Das, so scheint mir, ist die große Zukunftsperspektive, die sich damals in Assisi eröffnete. Darunter hatte seinerzeit bereits das Konzil (Nostra aetate, Nr. 2) die Worte geschrieben: Deshalb mahnt die Kirche »ihre Söhne, daß sie mit Klugheit und Liebe, durch Gespräch und Zusammenarbeit mit den Bekennern anderer Religionen sowie durch das Zeugnis des christlichen Glaubens und Lebens« – das Verständnis ermöglichen, für jene Herausforderung, die Christus an die ganze Menschheit darstellt: »Niemand hat Gott je gesehen«, so sagt uns Johannes 1,18. »Der Einzige, der Gott ist und am Herzen des Vaters ruht, er hat Kunde gebracht«. – Und die christliche Glaubensgemeinschaft, die katholische Kirche, trägt diese Kunde durch die Geschichte. Damit ist durch alle Generationen auch die Evangelisierung verbunden, die zu allen Zeiten immer neu überdacht werden muß.

Mit der in diesem Beitrag versuchten Darstellung des größeren Zusammenhanges sollten die für den einzelnen gewiß oft schmerzlichen Auseinandersetzungen des Tages viel an Bitterkeit verlieren. Die innerkirchlichen Diskussionen verstellen nur zu leicht den Blick für die größeren Zusammenhänge.

Wenn auch ein naiver und nicht immer ganz realistischer Optimismus gemeint hat, das Konzil allein werde Wunder wirken, so daß Gerechtigkeit und Liebe die Kirche einhüllen würden in einen paradiesischen Zustand, so geht dies an der Wirklichkeit des Menschen und seiner Geschichte vorbei. Auch das letzte Konzil hat keine pastoralen Anweisungen gegeben, sondern – wie in der Vergangenheit – Akzente gesetzt. Dies sind die Zeichen der Zeit, die erkannt werden nicht nur vom kritischen Beobachter, sondern noch mehr vom glaubenden und betenden Menschen und Christen.

Wer sich schließlich heute Gedanken macht über die Zukunft der katholischen Kirche, wird in realistischer Weise ausgehen von der Gegenwart – nicht losgelöst von der Vergangenheit – und sie auf die Zukunft hin zu interpretieren versuchen. Wer das anhand der Konzilien und daher auch des Zweiten Vatikanums tut, erkennt sehr deutlich das Ringen um die Einheit des Glaubens inmitten der möglichen Vielfalt. Der weiß aber auch um die Bedeutung von Inkulturation christlichen Glaubens und Lebens in der Tradition fremder Völker.

Die Zukunft der Kirche hängt an diesem Ringen um Einheit in der möglichen Vielfalt.
Dies verbindet sich schließlich immer mit einem Rückblick auf die Apostelgeschichte 6,34 ff.: Angesichts verhafteter Apostel vor dem Hohen Rat sagte Gamaliel, ein Pharisäer, zu seinen Richterkollegen: ». . . darum rate ich euch jetzt: laßt ab von diesen Männern und gebt sie frei; denn wenn dieses Vorhaben oder dieses Werk von Menschen stammt, wird es zugrunde gehen. Stammt es aber von Gott, so könnt ihr es nicht vernichten, sonst werdet ihr noch als Kämpfer gegen Gott dastehen«.

Die Autoren

Dolores Bauer, Leitende Redakteurin der Hauptabteilung Religion des ORF-Hörfunks, Gemeinderat und Stadtrat der ÖVP Wien 1986 bis 1988.

Dr. Erhard Busek, Bundesminister für Wissenschaft und Forschung.

Dr. Fritz Csoklich, Chefredakteuer der »Kleinen Zeitung«, Graz.

Dr. Hubert Feichtlbauer, Leiter der Pressestelle der Bundeswirtschaftskammer, Vorsitzender des Verbands der katholischen Publizisten Österreichs.

Pater Dr. Heinrich Ferenczy OSB, Schottenabt in Wien, Direktor des Schottengymnasiums.

Dr. Egon Kapellari, Bischof der Diözese Gurk - Klagenfurt, in der österreichischen Bischofskonferenz zuständig für Jugend, Kunst und Liturgie.

Dr. Rudolf Kirchschläger, Österreichischer Bundespräsident 1974 bis 1986.

Mag. Brigitta Klieber, Leiterin der Finanzkammer der Erzdiözese Wien.

Dr. Franz König, Kardinal, Erzbischof von Wien 1956 bis 1985

Pater Dr. Andreas Laun OSFS, Professor für Moraltheologie an der theologischen Hochschule in Heiligenkreuz, Generalsekretär der Wiener Katholischen Akademie.

DDr. Günther Nenning, Publizist.

Dr. Pia Maria Plechl, Stellvertretende Chefredakteurin der »Presse«, Wien.

Dr. Günter Rombold, Professor für Philosophie an der katholisch-theologischen Hochschule Linz, Leiter des Instituts für Kunst und Kirchenbau an dieser Hochschule, Chefredakteur von »Kunst und Kirche«.

Dr. Leopold Ungar, Prälat, Direktor der österreichischen Caritas, ehem. Direktor der Caritas der Erzdiözese Wien.